JN248962

覚醒の道

マスターズ・メッセンジャー

アルーナ・バイヤース 著
中嶋 恵 訳　加藤成泰、スキップ・スワンソン 監訳

THE MASTERS' MESSENGER

EMERGENCE OF AN AWAKENED CHANNEL

ARUNA BYERS

ナチュラルスピリット

The Masters' Messenger
Emergence of an Awakened Channel
by Aruna Byers

Copyright © 2012 Aruna Byers
Japanese translation rights arranged
directly with Aruna Byers

献呈の辞

本書を、目に見えない世界について勇気を持って書き、私がそのような世界の存在を認識することを可能にしてくれた、シャリー・マクレーン氏に捧げます。

次に記すマスターや師、ガイドの方々に感謝と御礼を申し上げます。私の今世において出会った順番に、バーソロミュー、ラマナ・マハルシ、エルモリヤ、サンジェルマン、ライフ・スプリング・トレーニング、ジェセフ・ラエル、チャック・スペザーノ、ドン・リチャード・リソ、ラス・ハドソン、ガンガジ、バラット・ミトラ・レヴ、H・W・Lプンジャジ（パパジ）。

また、山川紘矢氏・山川亜希子氏に対して、本書に綴られた私の人生においてとても重要な役割を担って下さいましたことに厚く御礼申し上げます。そして、初めて出会ったときからずっと私の最も貴重な友人でいて下さるサンジェルマンに感謝致します。

謝辞

本書の制作にあたり、次に挙げる方々より多くのご支援をいただきました。彼らの存在と、本書の作成に貢献してくださったこと、私を支えて下さったこと、あるがままにいて下さったことに心より感謝申し上げます。

原稿の執筆と編集に力を貸して下さったジアコモ・ヴォッテロ、執筆環境を準備してくださったスティーブ・ウィロウズ、より良い本の執筆のために私を促して下さったロバート・パワー、事前編集をして下さったリン・グラスバーグ、レビューをし、抜けがないか確認作業をして下さったダグラス・チエンバーズ、内容提案や編集およびその他多くの価値あるサポートをして下さったマーガレット・ペイマン、私が最終原稿だと思ったところからもう一段上へと引き上げて下さったリアン・ワカバヤシ、そして、写真の使用を許可してくださったアヴァドゥタ・ファウンデーションのロベルト・フェルナンド・イビネズ、シュリ・ラマナスラマン、そして、トロイカ・セント・ジャーメイーンへ。

皆様へ愛と祝福がもたらされますように

アルーナ・バイヤース

覚醒の道　マスターズ・メッセンジャー――目次

第1部　覚醒前

第2部　覚醒後

まえがき

母なる大地と人類が大変急速な変化の中にいる今、誰もが真実にアクセスできる必要があります。それはとても重要なことです。チャネリングというテーマについて、また霊的に「覚醒している」とは何を指すのか、そしてその二つの関係性についても世間には誤解が溢れています。私は本書で、双方を長年にわたって体験、研究してきた者として、それを明確にするように取り組みました。

チャネリングをする人は今、世界中にたくさんいますが、その人たちが「誰」を「何」をチャネリングしているのかという検証はまだ不十分です。宇宙には多くの存在がいます。中には、人々に彼らを教師やガイドとして受け入れさせるために、何でもしようとする存在もいます。時には、実態とは違う存在だと偽ることさえあるのです。新米のチャネル（チャネリングをする人）がそうした嘘を見分ける効果的な方法を知っていて、成りすまし者が発する偽りのエネルギーを感じて十分に識別できなければ、そうした存在は、チャネルを正確でない情報を提供するための操り人形として喜んで利用するでしょう。「類は友を呼ぶ」というわけです。最高次元の意識レベルにある無条件の愛の存在をチャネリングするには、人は本当に愛に満ちた波動を放つ必要があるというのが宇宙の法則です。

確かな手掛かりの一つは、もしチャネルが、誰かまたは何かに対するネガティブな感情を含んだ意識レベルを持ったり、自分の発言に誰かが賛同しない時に怒りや怖れで反応したら、おそらく作為ある存在に影響を受けているか、利用されている可能性が高いでしょう。私は、そのような形で利用された経験があり、そんなことが二度と起こらないように、チャネリングのプロセスが、うわべではなく実際にどのような仕組になっているのかを努力の末、学習しました。

私が初めてこのテーマを正式に研究したのは、2人のNLPトレーナーとの共同作業においてでした。私たちは国際的なNLP学会で研究結果を発表し、1993年に本をドイツで出版しました。それから私はその成果を一連のワークショップの基礎として使用し、その研究が自分のハイヤーセルフやアセンデットマスター、天使、その他の最高次元の意識レベルにあるスピリット・ティーチャーと繋がる方法を、他の人に教える際にも大変効果的なことを証明しました。

私の最後の師パパジは、チャネリングと覚醒した意識の完全な叡智を分離していたダム（大きな溝）を取り除き、私自身のチャネリング能力を進化させ、完全な明晰さへと導いてくれました。そのダムとは、エゴでした。それは、傲慢さ、疑い、怖れ、ためらい、そしてチャネリングする能力を歪めてブロックしてしまう考えなど全てを伴っていました。私のメンターで、師であるサンジェルマンのようなアセンデッドマスターをクリアにチャネリングするには、特にそうしたエゴに対処することが大切になります。エゴのダムを取り除くと、チャネルはもはや何も（チャネリング現象さえも）コントロールすることにこだわらなくなります。

本当は、チャネリングは「大袈裟なこと」ではありません。もし、私たちが少しの間だけエゴを静かにさせられれば、私たちの口を通して、より高次の叡智が送り届けられるのです。教師のように人前で話す仕事をしている人は、時にそれを体験して不思議に思います。「一体あんな考えがどこから浮かんだのかしら、素晴らしいじゃない……確かに私の口から出たけれど、自分で考えつくなんて思わなかった……」。それこそが、まさにチャネリングによるものです！　私たちの人生を習慣的に管理しているエゴに基づく考えや態度が不在となった瞬間（今にしっかりとフォーカスしている瞬間）に、より高次の意識が表現する回路へ道が開かれ、私たちの惑星へ今よりも少し多くのひらめきがもたらされます。

私は自分に起こったストーリーを皆さんと分かち合うと共に、チャネリングがどのように覚醒した意識の一端を提供できるのかをお伝えしたいと思います。しかし、ご理解いただきたいのは、チャネリングとは普通のエゴ意識からは一歩進んだ場所にあるけれど、私たちが手に入れるべき最終的な開放そのものではないことです。本書の目的は、皆さんの霊的意識への道を示すことです。そして、皆さんが霊的現象を体験することでマインドが魅了されてしまう状態を超越し、無限の意識の海へ私と一緒に飛び込んでいけるようにすることです。

アルーナ・バイヤース

序文

まず、本書の制作は予期せぬ問題を伴いました。アルーナは1993年に覚醒の経験をして以来、未来や過去に興味を持たなくなったのです。覚醒したことによって、個人的なストーリーを日常的に維持していく必要がなくなったのでした。彼女は個人的なストーリーを繰り返し語る必要性から解放されただけでなく、いつでもストーリーを語るために必要な全ての事実、日付、出来事を憶えていなければならないということからも解放されていました。そうしたことが、自叙伝の構成作業の大きな妨げになったことは明らかです。

最初のうちは、詳細の多くや正確な時間枠はなかなか浮かんできませんでした。過去の情報がすぐに出てこないために、次の疑問が湧いてきました。それなら一体なぜこの本を制作する課題に乗り出すのか？　回答は二つありました。一つ目はアルーナの幼少時代、彼女の人間関係、そしてその他の「個人的な」人生の歴史について人々が抱く好奇心に応えることで、二つ目はそれぞれの育ち、宗教、文化的背景にかかわらず、誰もが覚醒することができることを示すことでした。それは、スピリットが長い間彼女に実行するように強く勧めていたプロジェクトだったのです。

このように過去との繋がりが欠如しているため、アルーナの休止した記憶から十分な事実と日時を引き出すことが「アシスタント」としての私の任務でした。それは、彼女の幼少期から中年期の覚醒体験、そして今日に至るまでの過程を綴った本書を、楽しく有益なものにするために必要なことだったのです。

　可能な限りの完全さを目指し、私たちは手に入れた情報を調査し、念入りにチェックしたので、本書は普通の女性の普通でない人生を正確に記した自叙伝となっています。それはフィクションではなく、全ての出来事は実際に起こったことです。アルーナは世界32カ国を旅し、そのうちの15カ国に滞在し、ワークショップを行なってきました。世界を股にかけた冒険旅行は、本書の多くのストーリーの背景を形作っています。彼女は典型的な困難の多い人生を送ってきましたが、第1部の半ばに至った頃には、霊的成長に心から取り組もうとする人々に訪れる魔法が明らかに姿を見せ始めます。彼女の人生のその時点で、すでにメッセンジャーになるためのトレーニングが上手く進んでいたことが分かるでしょう。

　多くの人々にとって、覚醒した意識とチャネリングは相容れないものだと考えられています。本書は、そのような考え方は正しくないことを示すだけでなく、覚醒とチャネリングという二つの冒険について、さらなる探索を提供するものです。覚醒の道においてチャネリングが支援的役割を担うことができること、逆になぜ覚醒した者がクリアなチャネリングのための最高の器となれるのか、ということを本書は説明しています。自然の霊的側面やアセンデッドマスターと接触する世界では「マインドのない」覚醒した状態こそが、他の次元から人間の領域へと情報が通るための、最も偏見や障害のない道筋を生み出せるのです。人類の歴史のなかでも最も重要な今の時期に、サンジェルマンが何度もアルーナを「クリアなチャネル」として選び、膨大な量の情報と教えをもたらそうとするのもうなずけることです。

ところで、サンジェルマンとは誰でしょうか？　本書の中心的テーマの一つとして、アルーナは、その親愛なる友人で、師である存在との関係についての詳細を含め、その質問に対する彼女自身の個人的な答えを明らかにしています。そのプロセスの中で、彼女はホワイト・ブラザーフッドのアセンデッドマスターたちと接触することについての価値ある情報を伝えています。また、招かれざるエンティティ（霊）など、あまりまともでない存在やアストラル界からのいくつかの存在との遭遇についても詳細を述べています。そうした全ての経験は、アルーナの個人的な知恵として蓄積され、チャネリングを始めたばかりの人から、完全に「クリアなチャネル」になるために懸命に努力している人に至るまで、全ての人々に提供されます。

もう一つの中心的テーマは、アルーナ自身の覚醒した意識が深まっていく過程です。そのプロセスは世間ではあまりよく理解されていないため、話されることはほとんどありません。本書では覚醒を妨げている主たる障害物、つまり人間のエゴを露呈させ、それに対処するためのいくつかの鍵となるツールを示しています。そのルールについては第2部で集中的に説明されます。彼女が自身の人生において、それらのツールを使用した実例も豊富に挙げられています。

各章の小見出しは、読者が読み進むうちに「あ、なるほど！」とか、より深いレベルで「そうだ！」といった反応が生まれた時に、読み返す際の手引きとして活用していただけたら、と思ってつけました。本書はいわゆる自助本、すなわちセルフヘルプの形式をとるものではありませんが、そのような本として使用していただくことも可能かもしれません。作者の気どりのない、飾らない人生経験の事実が記されているため、読者が自分たちの人生に似たような境遇を、正直な気持ちになって見ていただくことができるでしょう。

もし、あなたが秘密の話や特定の人物に関する興味深い話を好まれるなら、それだけでもこの本をお読みいただく価値はあるでしょう。しかし、もしあなたが自分自身や人類についての意識を高めること、メリーゴーランドに乗った業（カルマ）の返礼、それによる苦しみのサイクルから解脱（つまり覚醒）することに興味がおありなら、アルーナの旅に関する話を読んで喜んでいただけるでしょう。彼女は「こうしなさい」とは言いませんが、彼女がどのようにして行なってきたかを示してくれます。ライフ・コーチやスピリチュアル・ティーチャーとして、また覚醒した状態でいる本物の例として、彼女は最も本質的な内なる真実をあなた自身が経験するための道を示してくれるでしょう。

本書の中のストーリーに感情的に同感できる方々は、アルーナが自分の置かれた境遇に立ち向かう時に覚醒した意識がどのように影響を与えたかに、ひらめきを受け取るでしょう。覚醒やアセンションの道の途中にいる方々にとって、本書は多くのギフトを含んでいます。本書が皆さまの旅の手助けとなるなら、私どもにとってこれほど名誉なことはありません。

ジアコモ・ヴォテロ（編者）

第1部

覚醒前

第1章 目覚めのとき

あなたは幸運ですね！

私は、ボーイング747に搭乗してニューデリーに向かっていた。そして、至福状態にあった。不思議なことだった。私はインドに惹かれていたわけでもなく、また、そこで何が起ころうとしているのかも本当のところはあまり分かっていなかった。唯一、興味をそそるクライアントの一人が、人々が究極的な自由を見出す手助けをある教師が行なっていると言ったので、その可能性を探索することに惹かれていたことしか分からなかった。

❖どのようにして、その時点まで到達することができたか

私はそれまでドイツのハンブルグに住み、アセンデッドマスターであるサンジェルマンをチャネリングしたり、自己成長のワークショップを開催したりして生計を立てていた。1990年の12月

のある日の午後、ダルヴィッシュという名の若者が個人セッションを受けるため私に会いに来た。彼に再会することになろうとはその時は思わなかったが、数カ月後、予期せぬ場所でバッタリ出会うことが起こり始めた。その後、1992年、最初のセッションから14カ月後にダルヴィッシュは私に電話を掛け、今から行ってもいいかと尋ねた。もう一度セッションを受けたいのだろうと思い、「もちろん、いいわよ」と答えた。彼は午後9時少し前に到着し、それから帰って行くまでに何と6時間も経っていた！　彼の訪問中、私たちは多くのことを語り合った。その中には、彼がガンガジという女性を絶賛していることが含まれていた。彼がガンガジと出会ったのは、前年にガンガジの夫のコースを受講した時のことだった。ダルヴィッシュは、最近「臨死体験」をして、現実に対する考え方を完全に変えてしまったそうだ。彼は車の事故で死亡し、医師たちによって蘇生した。彼が公式に「死んで」いた間、ワンネスの覚醒体験をした。彼が死によってほとんど終えかかっていた「人としての生」に、新たな気づきを統合する手助けをしてくれたのが、ガンガジと、彼女の師であるパパジだった。

❖ 師を求めているのではなく

私はダルヴィッシュに共感して話を聞いていたが、彼が語る内容に自分のことを重ね合わせていたわけではなかった。師を探していたわけではなかったし、特にインド在住の師を求めていたわけでもなかった。私はすでに7年間チャネリングをしていたし、その間、個人的成長のための取り組みも多く行なっていた。サンジェルマンも、積極的に私を手助けしてくれていた。私たちの関係の初期段階において、サンジェルマンと私はある契約を交わしていた。それは、私が彼からチャネリングにより下ろされた情報を仲間の人々に届け、その代わりに彼は私が真我の実現を達成するのを導いてくれる、というものだった。その当時は分かっていなかったが、ダルヴィッシュはサンジェルマンが私に対して持っていた計画の中のキープレーヤーだった。

とにかくその夜、私には説明のつかない何かが起こった。それまでの数週間、重苦しい鬱状態にあったが、彼がその夜遅くまでいたあと、解消され、肉体的、感情的な至福へ取って代わったことに気づいた。それまで、あれほどの感情的高揚を感じたことはなかった。私は即座に幸福感に包まれ、喜びに満ちていた。実際、私の肉体全体がそれを感じ取っていた。午前3時にもかかわらず、疲れを感じることもなく、ダンスし、歌いたくなり、同じ家に暮らしていた人たちを起こし、一緒にダンスや歌に付き合ってもらいたいと思ったほどだ。私の論理的なマインド（思考）は、そんなことはするなと言うし、実際にそうはしなかったが、私に起こった素晴らしい幸運な話を彼らと分かち合うのに翌朝まで待つなんて、できそうもなかった。

魔法のように消えてしまった鬱状態は、同居人たちの間で続いていた紛争の結果として起こったものだった。みんなを同居人として引き合わせたのは私だったので、解決法を見出すのも私次第と感じていたが、私たちは全員、手詰まりに感じていた。それまでの数週間、私はさらに深く深く暗闇へ沈み、自信が次第に小さくなり始めていた。クリアなチャネリングは高い波動エネルギーに頼って行なうので、仕事ができなくなってしまい、結果として財政的安定も浸食されていった。

しかし、ダルヴィッシュが去ったあとの朝には、そのことは問題に思えなかった。私は、ただ生きていることだけで感じる喜びを屋根の上から叫びたいほどだった。なぜ急激に変化したのだろう？　全く意味不明だった！　ダルヴィッシュとの会話や対話の中の何かがそのきっかけになったとは思いもよらなかった。というのも、何も特段意義深いことが突出していたわけではなかったからだ。

私の新たな感情の状態は、同居人との状況にいくつかの大きな変化を起こすのにひと役買ってくれた。３人の同居人のうち２人は去り、彼らとの緊張感が大幅に取り除かれ、１人の女性が引っ越してきた。新たに調和の雰囲気がほとんど瞬時に生まれたのだ！　数週間後、ダルヴィッシュは私たち３人をオーストリアでの休暇に一緒に行こうと招待した。そこでガンガジに会えるという。同居人たち全員が満場一致でその冒険に参加することになった。

❖ 最も驚くべき女性

私たちが初めてガンガジに対面したのは、彼女が主催していたサットサン（瞑想と真実についての対話の集会）の場だった。そのサットサンは、彼女の夫、エライが教えていた週末のワークショップの一部として行なわれていた。私は靴を脱いで座席を見つけると、それまでに目にした女性の中で最も驚くべき人物である、その人に目を向けた。彼女は多くの点で私に似ているように思われた。年齢は私と同じくらいのアメリカ人で、身長、体つき、体重も私に似ていた。しかし、別の意味で彼女は大変異なっていた。彼女は平穏で、プレゼンス（今ここにいる）の状態だと感じられた。その二つの資質は、私がそれまでの人生の中でずっと探しあぐねていたものだった。

彼女が話すと、それははっきりとした英語だったが、私には内容がほとんど理解できなかった。というのも、彼女の言葉が指摘する内容は私が全く知らないことだったからだ。私以外のサットサン参加者は、彼女と対話ができていた。私にはそれができなかった。

彼女が話し進めるにつれ、私のマインドは、彼女が語るあらゆることを「ナンセンス」（無意味）として拒絶したくなった。しかし、彼女が私の目を見つめると、彼女が放つ内なる平穏と喜びを感じ、彼女の言葉を信用できないと撥ねつけようとするマインドの試みを拒んだ。彼女こそ、私がなりたいと思っていた存在そのものだった！　彼女は、私がずっと探し求めていたものを見つけていたのだ！　彼女は私にとっての「理想の私」であり、私はマインドに、彼女がどのようにしてその境地に達したのかを見つける邪魔をさせまいと決意した。

サットサンが終了する時、ガンガジが2週間後にハンブルグに来ることが紹介された。彼女にとても感激した私は、再び彼女に対面するのにそんなに長い間、待てるのかと思った。同時に心配になった。もし、その時にもまだ「理解」できないとしたら、次はどうしたらいいのだろう？　すると突然、内側の静寂な場所から私の内なる声が響いてきた。「インドに行きなさい」。そうすると、私のマインドがすばやく答えた「まぁ、そんなこと！　ありえない！」

❖ インドには惹かれなかった

インド行きは、明らかに私の「やるべきこと」リストには入っていなかった。その国について耳にしたネガティブなことが、私のマインドに「それから遠ざかれ」と書かれた大きな赤旗を振っていた。貧困や手足を切断された物乞いや、汚い生活の様子を見たくはなかった。大体、カレーの匂いすら好きではなかった。私が内側の平穏を見つけるために、インドは行く必要のある場所なのかしら？　何て奇妙なことでしょう？　私の拒否感は見る見るうちに膨れ上がり、反対する理由のリストがすぐに現れた。一体、私はどれぐらいガンガジのようになりたいと思っていたのだろうか？　月日が過ぎても至福の感覚は持続していて、インド行きに反対する気持ちは徐々に消えていった。同時に、ガンガジのようになりたいとの切望の度合いが日に日に増していった。自分に問いかけ続けた唯一の質問は、「一体どうすれば彼女のようになれるだろうか？」というものだった。

インド行きの気持ちに影響を与えているものが、もう一つあった。それはサットサンのあいだ中、私を惹きつけていた。話をするガンガジの隣りのテーブルに鎮座していたラマナ・マハルシの写真だ。私は、全く同じ写真をベッドの横のナイトスタンドの上に何年間も飾っていた。私の最初のスピリチュアル・ティーチャーであったバーソロミューが、１９８４年にラマナを私に紹介してくれた。その偶然は無視すべきではない。私をインド行きへと呼びかけているのはラマナなのだろうか。そうであれば、どうして拒めるだろう？　そのことが私に拒絶感を乗り越えさせる最後のひと押しとなった。

そういうわけで、その年の12月に同居人のグダが２人でインド旅行へ行かないかと提案してきた時、チャンスに飛びついた。その際、一つだけ条件をつけた。クダに、「私はガンガジのようになるまでインドを立ち去らないわよ」と伝えた。彼女は、「それでもいいわ。帰りの飛行機は３カ月後にしておいて、もし私たちがそれでも準備が整わない場合は延長すればいいのよ」と答えた。

グダは、スピリチュアル・ティーチャーのサイババを訪問するために数回、インドに行っていたので、旅のコツを知っていた。多くの衣類は持たずに、安価なパンジャビドレスを購入できるまでに必要な分だけを持参することにした。また、寝袋、物干し網、お湯を沸かす小さなバーナーを持っていった。グダがインドに慣れている様子を見ていると、私の抱いていた懸念はかなり和らげられた。

❖ 悟りについては、まだはっきり分からない

32歳の頃に鬱状態で苦しんで以来、私は幸福感や持続可能な内なる平穏をずっと探し求めていた。当時、私は50歳になっていたが、悟りの境地とはどのようなものか、まだ分からかった。しかし、

スリ・ラマナ・マハルシ
©Sri Ramanasramam

ダルヴィッシュとの神秘的なエネルギーの遭遇を体験して以来、8カ月間は至福の状態にいたので、多分それによって私は悟りの境地に近づいたのだろうと思っていた。ガンガジの師ならそのことを確認してくれるか、少なくとも一体何が私に起こっているのかを教えてくれることを願っていた。

一方で私は、悟りを求めてインドに冒険旅行に出るほとんどの人々は、少なくともインド人や仏教徒の教えに基本的には親しみを感じているのではないかと思っていた。それに対して私はスートラ（経典）一つも勉強したことがなく、おそらくガンガジの話を聞いていた時のように、語られることを何一つ理解できないだろう。23時間におよぶ飛行があと少しで終わろうかという時、私はそのようなことを熟慮していた。

巨大な飛行機がデリーに着陸し、私たちがノロノロと飛行機から降りるとまもなく、税関の前に続く長い列に直面した。そして、旅の最後のひと区切りへと問題なく出発できるように通常の許可を得たり、ワイロを支払ったりした。グダは流儀を知っていたので、私たちはすばやく600マイル南東にあるラクナウという場所へ向かう地元の飛行機に乗ることができた。

❖私の父に似ている

ラクナウには、ちょうど大晦日に到着し、最初の数日間は、私たちの最終目的地からさほど遠くない荒れ果てたカールトン・ホテルという館に滞在した。1993年1月2日、私たちは、パパジの集会が行われているサットサン・バーヴァンと呼ばれる家に人力車に乗って向かった。主賓室には200人ほどが集まっていた。パパジがやって来たが、彼は大げさな登場をしなかった。私が見たことのある他のスピリチュアル・ティーチャーとは違って、普通に扉から入り、部屋の前にある彼の座席へと移動したので、私たちは皆、挨拶をしようと立ち上がった。彼はとても大柄な男性で、私が見たことのあったインド人よりも上背があり、存在感はパワフルだった。しかし、パパジの頭の上にぶら下がっている彼の師である、ラマナ・マハルシの大きな写真のイメージを見た時の感覚と同じものは感じなかった。代わりに、パパジは私の実の父親にとてもよく似ていたので、何となく抵抗を感じた。父よりも少し背は高かったが、同じような体格で、似たような顔の形をしていた。彼と共に瞑想をし、話を聞こうと腰を下ろすと、警戒感が身体の中に湧いてきたが、彼が発散していた静寂に空間全体が包まれると、そうした感覚はすぐに通り過ぎてしまった。そこは心地良かったが、今回もまた語られている内容を全て理解はできなかった。

サットサンが終了すると、グダと私を含む全ての新顔がパパジによる歓迎会へ招待され、別の部屋に通された。パパジは部屋の中の人々に自己紹介をしてから、何か言いたいことがあれば話すようにと伝えてきた。しかし、私の順番になった時、彼は私を飛ばし、グダに話しかけた。私はショックで呆然としてしまった。というのも、その時彼に、私が体験した「明らかな」至福状態について何か言ってもらえると当然のごとく期待していたからだ。しかし、集会の終わりに、グダは彼のところへ行って、このグループ集会とは別に、彼に会うことが可能かどうか尋ねてくれた。

彼は、翌日の昼食後に会うことを約束してくれた。

❖選択を超えて

私たちがパパジに会いに行く前に、サンジェルマンに、彼に何を尋ねるべきかと聞いてみた。と、サンジェルマンはその師に渡すメッセージとして、「彼女を選択を超えたところへ連れて行ってください」と書き取るように言ってきた。

翌日の私たちの個人的な面会は素晴らしいものだった。その驚くべき人物は、ずっと前から私たちを知っているかのように会話してくれた。私たちは温かく歓迎されたと感じ、すぐに彼と親しくなった。面会では、彼に至福状態について尋ねるチャンスがあり、私が悟りの境地に達しているのか、チャネリングは彼や彼の弟子のガンガジから聞いていることとどのように合致するのか、と尋ねた。彼は私の質問に理解できるように答えてくれた。サンジェルマンからのメッセージが書かれた小さなメモを手渡した時、彼はそれを見たが何の反応もすぐには見せなかった。

❖来ては去っていくものは実在しない

私の質問について、パパジは「水路（チャネル）があるところには必ずダムがある……。あなたたちはそこで全ての障害物を取り除き、川が海洋の一部になるようにするのだ」と答え、至福については微笑み、そして「人々が通り抜けていく全ての状態は実在するものではない……。来ては去っていくものは実在するものではないのだ……。悟りの境地では実在しないものは全て意味がなくなるのだ」と答えた。私たちが帰り支度をしていると、私たちに大きなハグをくれた。

彼は、私がそれまでに出会った他のグル（指導者）たちとは大きく異なっていた。他のグルは自分のことを私たちとは完全に切り離し、特別の存在なのだというオーラを出していた。パパジは全くそういうそぶりを見せなかった。彼はとても現実味があり、人間らしく、どう見てもひどく普通だったので、私たちは偉大なマスターに怖じ気づくことは全くなかった。彼はそれまでに出会ったどのような人とも異なっていた。

彼のハグは私のマインドの動きを止めた。その瞬間からクリアに考えられなくなってしまった。私のマインドはどうしても機能しなくなった。サットサンの間、パパジに話したいことがある人は彼に手紙を書く、という慣例があった。が、私には不可能だった。私に言えることは、「ノーマインド（無心）」のプロセスが始まってしまい、そのプロセスを開始させるのに、彼は普通ではないことなど何もしなかったということだ。マインドがそのような状態になると、パパジの「ただ静かにしていなさい」というシンプルな指示に従うことはとても簡単になった。

明確に考えられない状態が、朝から夜まで5週間続いた。その間、私は飲み、食べ、眠り、サットサンに行った。週末でサットサンが開催されていない時には、パパジの家に行って、リビングルームの壁のそばにあるクッションの上に静かに座っていた。パパジはそのあいだ中、世界中の信者からの手紙に返事を書いていた。

❖ 全ての思考が沸き立つところから

私はパパジが「至福はそれではない」というのを聞いたことを覚えていたので、至福の状態をありのまま受け入れ、それ以上の注意を向けないようにした。私はラマナの真我探究の教えの実践を続けていたが、ある日の昼食の際に、パパジに非常に近しい2人と一緒に食事をしていた時、「至福はそれではない」というあのフレーズが、今度はバラット・ミトラという名前の人物によって言われるのを聞いた。するとパパジは私の方を向き、「全てのあなたの思考が沸き立つ内側の場所に注意を向けなさい」と言った。私が指示に従うと、その瞬間にリアのストーリーは終わったのだ！

当時、私の名前はリアで、リアとしての「私」が、本当だと信じていたあらゆるものが消え去った。私の頭の中にあったあらゆる思考は単なる想像で、「リア」というペルソナ（人格）は一度も存在していなかったというぐらいに明確になった。それは、1993年2月5日。私が初めてパパジに対面してからたった5週間半後のことだった！

パパジが私を自由へと導いてくれた。その自由は、ラクナウへとやって来た「私」がいた、という幻想をすばやく根こそぎ取り除いてくれた。恍惚で意気揚々とした状態（例の「至福」）は、

シュリー H.W.L.プンジャジ（パパジ）
©AvadhutaFoundation

誤った自己認識と共に消えてしまった。残されたのは静寂、空の状態、そして異なったタイプの至福感で、それまで私が経験していた感情的な高揚にはほとんど似ていなかった。その新しい状態はとにかく言い表すことができない。私自身の真実の本質が自由でいる！　私、本質……、意識そのもの……といったものが解放されたのだ。そんな状態になれるとは、なんて幸運なことか！　その後、私はサットサンの集会場へ1週間毎日通い、私の書く能力が戻ってきたあとに、次の手紙を書いた。

１９９３年2月12日

親愛なるパパジ、

ラクナウにこの身体が滞在していた6週間の間には、あなたに手紙を書くことができませんでした。というのも、マインドが機能しておらず、真我は何を言う必要もなかったからです。マインドは静寂です。「私」が消えてしまいました。全ての問いには回答が与えられました。全ての疑問は取り除かれました。「私」は静寂の中に溶けてしまいました。今やあなたからのギフトは、言葉ではなく直接体験として与えられています。誰が自由なのでしょうか？　それは、「私」ではありません。なぜなら「私」はそこにはいないからです。そこに何があるのでしょうか？　それは、パパジ、あなたです。あなたが真我なのです。あなたのもとにある全ての喜びと愛が、今やこの肉体の中に共存しています。感謝は、自分自身の真我には必要ではありませんが、神聖な愛は、すなわちパパジと呼ばれる夢のこの部分と共にワンネスになることは、いつもその肉体の内側にも外側にも生きています。あなたの庭に、また一つの花が開きました。その花は愛の芳香を、それを受け入れることに心開かれている全ての人々に広げていくことでしょう。

私たちはまもなく、ティルヴァンナーマライにいらっしゃるラマナにお会いし、その恩恵に浴するために出発します。

あなたの忠実な娘
リアより

次の日、その手紙がパパジに届けられ、彼はそれを読み、そして、しばし口を止めると、誰が書いたのかが見えるように私に部屋の前に来るようにと言った。彼は、人が本当に覚醒しているか否かを判断することができた。彼は、しばしば自ら覚醒した人物だと宣言しているが、明らかにそうでない人からの手紙を受け取ることもあった。彼は、そのような人たちに対して不明瞭な言葉など使わずに、まだ手放さなければならない傲慢なエゴがあることを知らせるのだ。私が彼の前にひざまずくと、彼は喜びを表しながら言った。「私はちょうどカビール（インドの詩人で真実について非常に雄弁に語った）の詩の数行を読んだことを思い出したが、彼も同じことを言っていた。悟り、自由、束縛からの釈放、静寂さ……、それは、あなたを探し求めるだろう」

❖新しい名前

パパジは、私が「やりとげた！」ことを認めてくれた。新たな人生のために私にアルーナという名前を与えてくれた。その名前は、「とても静寂で微動だにしない」山にちなんだという。名前の意味は、「光、太陽の光だが、空にある太陽ではなく、万物の心の中にある光を反射する真我のことだ。また、叡智それ自身である」と言った。彼が話している間、私は語っていることが真実であることを知っていた。彼はそれを口に出して言う必要もなかったのだ。なぜなら、私の心と頭の両方は、パパジはまさに私自身の真我が具現化されたものであることを知っていたからだ。今や私は微笑み、そして笑っていた——ちょうど彼がそうしたように。もはや、私の中にはその事実について疑いは全くなかった。

❖パパジ——光のシャワー

それからパパジは、私に隣りに座るように言い、私の意識がシフトした瞬間について話すようにと言った。私は、バラット・ミトラとの昼食の際に、私に思考の源泉に注意を向けるようにと指示したこと、そして、その行動をとるための「私」という存在はないのに気づいたことについて話した。その瞬間、数週間沈黙を続け、真我探究を頻繁に行なったあとの瞬間に、自由のフラッドライト（舞台などで使われ、広域を照射する投光式の照明器具）がピカッと輝いた。人格や世界についての幻想の影は、パパジから流れ出す光のシャワーによって私から昇華されてしまった。彼は、やかましくゴミゴミして、汚れているインドの街の中で私と共に座っていた美しい存在。私は、この地球という惑星の上のあらゆる存在のための最終的な自由を願って止まない。

第2章

用意された舞台

子どもの精神に植え付けられた印象は、生涯続くものとなる。その印象は精神に根本的な影を投げかけ、それに光を当てるまで、全ての決心や行動に影響を与え続ける。

人にとっての究極的な自由、すなわち先に述べた覚醒とは、魂が転生する前から始まっている「何回もの生涯をかけた」探究の旅の頂点だ。魂が選択した運命である、私たちが地球上で手に入れることのできる唯一、真の意味での自由は、平穏と幸せを求める内なる渇望を刺激する環境を必要とする。そうでなければ、その目標は与えられた生涯の間には実現できないだろう。私の幼少期の環境や、その時々の環境に現れたあらゆる人生の参加者たちの行動は、一つに集まって感情的な基盤を作り出し、そのあとに起こるべき全てのことがらのための舞台が効果的に用意されていった。選ぶことが可能なら、再び同じ幼少期を選ぶだろうか？　今の自分が答えるなら、必ず「イエス」と言うだろうが、覚醒を体験する前に尋ねられたら、断固として「ノー！」という返事をしただろう。

しかし、誤解して欲しくないのは、全てのゾッとするような場所や環境（例えば、紛争地帯だとか)、近頃の子どもたちは生まれ落ちるなり、そうした環境にあったりするが、私にはそのような幼少期はなかったということだ。一人の子どもの環境を他の子どもたちと比べることはできない。というのも、私たちはそれぞれが個別に必要としているものを与えられるので、私はどのような場合も決して比較することはしないようにしている。なぜ今、私の今世における人生の開始時点の主たる部分を示そうとしているかといえば、あなたが読み進むうちに、私個人のルーツを理解していただけたらと思うからだ。

今は、親として、祖母として、ライフコーチとして、そして多くの自己成長のコースやトレーニングを卒業した者として、自分の幼少期を生きていた時に見ていたのとは全く異なった観点から幼少期を見ることができる。私は最も巧妙で長く続くやりかたで、気づかないうちに個人としての自由をむしり取られるという虐待を受けていた。肉体的、性的な虐待はなく、物質的なニーズは満たされていたし、多くの子どもたちから奪われているチャンスが欠けていたわけでもなかった。両親は私を溺愛してくれた。全て完璧にポジティブにもかかわらず、私はみじめで、大半は落ち込んでいた。一体どうしてそんなことが起こったのだろうか? それでは、私の人生の初期における重要な部分を説明しよう。(まず、大学2年生の時に起こったある出来事から始め、そこから過去と未来へたどることにする)

❖ 家系

母が私のために選んだ学校は、米国コネチカット州にあるブリッジポート大学だった。2年生の秋学期に私は初等教育学と呼ばれる将来、教員を目指すコースを履修していたが、ある日、芸術学部の学部長に呼び出され、芸術を専攻しないかと誘われた。どうやら芸術学部のスタッフの誰かが、私に芸術家の可能性があることに気づいたらしかった。当時、私は静物や物体をまるで写真のように正確に描くことができた。それには多くの人が感嘆していた。私は、アートに専念するという発想が気に入ったので、いくつかの「自由選択」の芸術コースを「こっそり」受講することを決心した。同時に、母が私の将来にと思いを巡らせていた教員養成プログラムも忠実にこなしていた。

母は、米国メリーランド州ボルチモアにあるユダヤ人地区で育った。反対に父は、ヴァージニア州の小さな町で家族ビジネスを営む一家で育ち、仕事もしてきた。その町では唯一のユダヤ系家族だった。結婚後、ヴァージニア州ミドルバーグへ引っ越してから、母のライフスタイルは劇的に変化し、不幸になった。彼女はユダヤ系の友人を欲しがり、自分の人生をより良くしてくれる多くの子どもを持つことを夢見ていた。特に娘を欲しがり、娘は自分の親友になってくれると思い、娘にこそ自分が手に入れられなかった全ての物を与えようと思っていた。端的にいうなら、自分から奪われてしまった幼少期を、たとえ身代わりにでも娘へ希望を託すことで取り戻そうとしていた。そのシナリオの中で唯一の問題は、娘が私だったことだ！

母が私に対して抱いていた計画では、生んだ子が自分の興味、能力、好き嫌いとは異なったものを持っているかもしれないという可能性が見落とされていた。まだ年端もいかない子どもだった頃、母は私を人形のように扱った。手作りの洋服を着せ、おやつやオモチャを溢れるほど用意してくれた。私は、彼女の世界のスターだった。彼女は初めての我が子との生活を思う存分楽しんでいた。私が女の子だったので、特に多くの期待や夢を託していた。彼女は私を、アーリーン・マルシアと名づけた。

❖最初で最後の「ノー」

しかし、2歳になるとみんなそうするように、私も「ノー！」という言葉を覚えた。その時までは本当に可愛がられ、甘やかされていた。しかし母は、その「ノー！」を彼女個人に向けられたものと受け取り、その時を最後に2人の蜜月は終わりを告げた。「ノー！」という言葉、そしてその言葉が彼女に意味するものは、私たちの関係では二度と許されることはなかった。私の役割は同意のあるなしにかかわらず、彼女が欲することはどんなことでも行ない、しかも喜びを示すことだった。最初の「ノー！」という無邪気な抵抗は、それが最後となり、その後数年は行なわれることがなかった。早々に私は、彼女を喜ばせることは絶対的服従であることを発見した。私は彼女を怒らせないために、自分の感情に栓をすることを覚えた。

私が2歳半の時、初めての弟が生まれたが、母はひと目見るなり彼を拒絶した。男の子は欲しくないと心に決め、冷酷な無関心さで、食事や服の着替えといった最低限の世話しかしなかった。

私が3歳の時、一家はミドルバーグの小さな町から引っ越して、当時、ワシントンD.C.の郊外のまだ開発の進んでいなかったヴァージニア州アーリントンへ移った。母の生活はその瞬間から楽しいものとなり、まもなく新しいユダヤ教の礼拝堂を築こうとしていたユダヤ人グループと付き合うようになる。彼女は、もう一人女の子を授かることを思い続けていて、その後に生まれた2人の男の子をまた私に押しつけたので、私はまるで小さな乳母のようだった。7歳から11歳の間は住み込みの家政婦がいたが、それでも小学校に行く前と帰宅後は毎日、子どもの面倒をみる重荷を背負い続けた。11歳半ばになると、母は私が料理の一部や掃除、それに幼い3人の弟の世話をするのにもう十分大きくなったとして、家政婦を解雇してしまった。

❖ 幼少期に必要なゆとり

12歳の頃、私はバト・ミツワー（ユダヤ教の女児が成人になったことを祝う儀式）を迎え、私たちのユダヤ礼拝堂でその栄誉を授かった2番目の女の子となった。母はとても自慢げだった。儀式が終わるや否や、母は私をヘブライ語学校へ入学させた。それでまた一つ放課後の活動が増え、自宅からも通っていた学校からも離れた町の反対側へ、バスに乗って週に3回通わなければならなくなった。

私はヘブライ語学校については何一つやりたくなかった。宗教全般が嫌いだったわけではなく、家で与えられていた責任を果たすための時間がなくなってしまい、加えて宿題もあったからだ。私は文句を言い、救済を求めたが、一つとしてやめることは許されなかった。

まもなく、ヘブライ語の宿題が間に合わなくなり、私は宿題を全て投げ出してしまった。学校側は私をプログラムから退学させざるを得なくなった。母は取り乱し、大声で怒鳴ったりして、あらゆる巧妙な企みを講じたが、私の生まれて初めての抵抗は成功した。

反乱によって、週12時間（3時間×4日間）が私のコントロール下に戻ってきたが、安心はつかの間だった。私が抱える不安の度合いは依然として高く、過剰な日常の仕事が続いた。そうすると、私たちのファミリードクター（私の従兄《いとこ》だった）が呼び出され、一時的な緩和のための薬が処方され、その薬は私の日々の食事の際に当たり前のように出されていた。薬はゆっくりと私の精神的、肉体的な活発さを鈍らせ、結果として30代になってから健康上の危機を迎えることになった。

❖ ユダヤ人のみ

私がデートを始めたのは、かなり若い頃だ。12歳になる数カ月前まで、私はほぼ毎週男女合同のパーティーに繰り出していたが、それは母の承認と監視のもとにであった。彼女は私の日記帳を読み、私がダイニングルームで友人と話をするために電話を使うようになると、母は2階の自分の部屋で、話を受話器で聞いていた。家の中に私の安全な場所はなかった。14歳の時に初めてステディーなボーイフレンドができると、母はある鉄則を何度も繰り返した。それは、決してユダヤ人以外と親しく交流したり、デートしたりしてはいけないというものだった。私を他の信仰を持っている人とは決して結婚させないためだった。

しかし、「ユダヤ人のみ」の鉄則は従い難いものだった。高校の男子生徒たちをとても魅力的に感じていたし、学校全体でユダヤ人はほんのひと握りで、もし私が学校行事に出席することになれば、学校外の見知らぬ人を連れて来なければならないことを意味していた。母の鉄則のもう一つの結果として、クラスメイトから切り離されたように感じ、彼らから違った存在だと思われていると感じるようになった。母は私をちっぽけな木彫りの操り人形のように扱い、操り人形師としての母の支配が、私の人生にどう影響を与えるかには全く関心を持っていなかった。

❖鉄則を曲げる

母の私への「計画」は高校生活で終わらなかった。彼女は、私の将来についても明確な考えを持っていた。私は適切な大学に行き（そこには多くのユダヤ人学生が通っていなければならない）、専攻は初等教育で、教員になる。その計画の中核は、ユダヤ人医師と結婚し、母には女の子の孫が授けられる、というものだった。

2歳半の頃から私の人生は、母の管理・監督下に置かれていたため、自分に価値がないように感じられた。彼女の監視、盗聴、取り調べ、全ての干渉のせいで、大きな負担が生じ、疲れ果て、高校の終わり頃には、たった一つの明確な目標しかなかった――それは、逃げることだった。

大学は私のために用意された「母の計画」の一部だったが、厳しい管理から距離をおき、4年で卒業し、すぐに結婚するというチャンスを歓迎したくなっていた。初めて家から離れる現実の冒険と、それが私にもたらしてくれる可能性にとてもワクワクしていた。いくつかの志望大学から合格通知をもらい、私はノースカロライナ州のデューク大学を選びたかったが、母はユダヤ人学生が多い大学を望んだので、コネチカット州の大学に行くことで決着はした。

❖盗まれたスピリットと「用意された舞台」

当時は分からなかったが、この本を書いている今、母の計画（と全ての薬）のために、私のスピリット（また幼少期も）が文字通り盗まれてしまったことが分かる。そうならないで済むための鍵の一つが欠けていた。成長期の全般、結婚した最初の数年間、私と母との関係について話ができる友人や親戚、味方がいなかった。幾度か私の側に付いたことで厳しく非難された父は、その後は決して私の味方にはならなくなった。そして、薬のせいで鈍った感情を理解する助けとなり、薬を止めることができたかもしれなかった。しかし、実際にはそうならなかったことは良かったと思う。なぜなら、そうであったなら私の道筋は変わっていただろう。「用意された舞台」があったからこそ、私は覚醒へと導かれていくのだから……。

幼少期から小学校時代の間に、母に対する感情は、怖れと腹立ちから怖れと恨みへ、そして、怖れと恥へと進化していった。高校生になると、怖れの感情に不安が加わり、彼女の態度を嫌悪し、彼女とかかわることを考えること自体が大嫌いになった。

30代から40代の頃には、やる気と勇気を持ち、自己成長のワークやセラピーをたくさん受けたこともあって、何度か母との和解と新たなスタートを試みた。しかし、母は参加しようとはしなかった。初めて互いを尊重し合って会話ができたのは、私がコロラド州からワシントンD.C.へと飛行機で移動し、彼女を訪問した本当に最後の時、亡くなる3カ月前のことだった。最後に会ってから5年が経っていたが、母は柔和になり、他の人に対する期待を捨てることによって平穏を見出したと言った。

❖「本当の意味での最後の訪問」

2001年10月半ばに私が沖縄に移動し、新しいアパートに居を構えた時、母のスピリットが私を訪問してくれた。亡くなってから約2年が経過していたが、間違いなく彼女の存在、匂い、そして母の特徴あるエネルギーが発散されるのが感じられた。その時、人生で初めて、母の私に対する無条件の愛を感じた。彼女は私に干渉し、私を押し込めてしまったことを謝罪した。彼女が訪問してくれた輝かしい瞬間、私が母に対して持っていた全てのネガティブな考え方、残り火が消え去った。私は母に対して温かさを感じ、安心した。

幼少期に刻印され、母との関係の中にずっと引きずってきた不安という要素は、覚醒の結果、完璧に消滅したのだった。

第3章 苦しみから探求へ

もし世界をより良い場所にしたいと思うなら、
ただ自分自身を見つめ、変化を起こそう。
（マイケル・ジャクソン）

将来、夫となるロン（仮名）に会ったのは、大学1年の時、大学寮に到着した日だった。最初は、ロンの友人の一人とボーイフレンドになった。ロンはいつも周りにいたが、私が3年生になり、彼が学校劇のリーダーをしていた舞台係に参加するまでは、互いを気にすることはなかった。私たちはこのプロジェクトにかかわって何時間も一緒に過ごし、お互いに惹かれており、共通の興味があることを発見した。

ロンは工業デザインを、私はアート教育を専攻していた。私はロンのように描けるようになりたかったが、彼は私が見たことのないような描写テクニックを見せてくれた。私たちは、あるパーティーに出席し、長く続く恋愛関係を築き始めていることを認め合った。

1963年11月、私の誕生日に彼は電話でプロポーズをし、私は「イエス」と答えた。

両親に婚約のニュースを電話で伝えようとした。母が電話に出たが、私が婚約したことを伝えると、彼女は「いいえ、あなたは彼とは婚約しないわ！」と言い、電話を切ってしまった。ロンと私の組み合わせは、彼女の予定には入っていなかったのだ。

私はその前の年までやっていた舞台係の仕事を終え、年次ドラマの出演者に加わった。私の両親は21歳の娘が出演するショーを見ようと、ヴァージニア州からコネチカット州までドライブする計画を立てた。それを聞いたロンの母親は、「ご両親が来たら、ディナーに招待したい」と言っていた。しかし、私の母はロンの母親に会うことを拒否した。ロンの母親は、彼女自身の母親から受け継いだダイヤモンドを三つ使い、私のために婚約指輪を作ってくれ、私のことをまるで実の娘のように扱ってくれた。自分の母親からは一度もしてもらったことがないような扱いだった。彼女は敬意に満ちた、親切な人だった！

❖ 結婚式のギフト

結婚式自体は、素敵だった。約150名ほどのゲストが集まったが、ほとんどの人たちは、それまで面識もなかった親戚だった。もちろん、母のユダヤ礼拝堂の友人たちも来てくれた。ロンと私は数人の友人のみを招待することを許されたが、一つのテーブルに集まれるほどの人数だった。レセプションが終了した時、母は「楽しんでくれたならいいけど。だって、これからはびた一文出さないから。お父さんはね、あなたの身勝手の支払いのために、保険まで解約しなければならなかったのよ」と言った。

あらゆる困難にもかかわらず、ロンと私は喜びいっぱいでハネムーンへ出発し、一緒に素晴らしい人生を過ごそうと決心した。私たちはニューイングランド州を巡り、コネチカット州フェアフィールドのアパートへ移った。私は近くの学校でアートを教え、ロンは工業デザインのカリキュラムを終えるための厳しい必修単位を得るために大学へ戻った。卒業後、彼はペンシルベニア州ランカスターで仕事を得たので、私たちはその地に引っ越した。

1968年に最初の息子が生まれた。美しい赤ん坊で、新米の母親としての幸せを噛みしめていた。しかし、私の母は子育てを彼女のやり方ですることを主張し、「私の人生であって、母の人生ではない」と言っても、完璧に無視するのだった。

❖命名の争い

母との葛藤の一つは、赤ん坊のブリス（全てのユダヤ人の男の子が誕生の1週間後に受けることになっている伝統的な割礼）だった。それはまた、子どもがヘブライ名を与えられる命名の儀式でもある。ロンと私が、病院で息子に英語の名前を付け、出生証明書に記載されたので、母がメチャクチャにすることはできなかった。しかし、母は息子のヘブライ名に私が会ったこともない彼女の従兄の名前を付けると決めていて、私が駄目と言っても、断固として受け入れなかった。夫と選んでいたヘブライ名の代わりに、私が息子に、母の従兄の名前を付けたいと願っているとラビに信じ込ませた。

お祝いのパーティーが終わり、正式な命名証明書を見て、私は愕然とした。感情を露わにし、母の前で証明書を破り、紙切れを投げつけ、「私の家から出て行って！」と言った。母と父は、まもなく出ていった。

数時間後、電話が鳴り、200マイル離れたヴァージニア州にいる、私の成長期を見守っていたラビの声を聞いた。「おめでとう！」とラビは言い、陽気な声で、「子どもにお母さんの従兄の名前を命名するなんて、あなたは何て偉大なミツワー（mitzvah：ユダヤ教の宗教義務から実行された善行、教訓、掟）を行なったんだ！　あなたはお母さんがとても喜ぶことをしましたね！」と続けた。私は耳を疑った。人生でその言葉を使ったのは初めてだったが、私は全ての怒りと共に、「ファック・ユー！」と叫び、受話器を叩きつけた。二人のラビのサポートを借りて、母は私の子どもの命名に成功した。どうして、神の仲介者が陰謀と不正に加担するのだろう？　私は、彼らのみならずユダヤ教自体にも裏切られた気がした。

❖ 短い喜び

痛みと安堵、感動の出産体験、喜びに満ちた出産後の1週間が母の茶番によって終止符を打ったあと、楽しみにしていた「休養期間」に入ろうとしていた。一般的に言われる新米の母親にとっての「全てが初めてづくし」の体験の魅惑と驚きを楽しみにしていた。しかし、私の子はそんなに簡単ではなかった。生後6カ月まで、小児科医は毎日、電話を掛けてきて、多動性障害と診断された子どもとどのように暮らしているのかを知りたがった。

私は息子を心から愛した。手を焼いたけれども、素晴らしい子どもだった。そして、1970年6月23日には2番目の子が生まれ、私たちの家族に加わった。次男が静かで優しい子であることが分かり、この子であれば、家中を追いかけ回すこともなく、抱きしめてあげられると思った。残念ながら、私はまだ上の息子を追いかける日々だったので、2番目の息子を背中におぶらなければならなかった。

❖ 活気づけてくれる古い家

息子たちが2歳と4歳になった時に、私たち一家はペンシルベニア州からニューハンプシャー州へと引っ越した。ロンは営んでいたビジネスを売り、一年間の契約社員として会社に勤めた。私たちの家には三つの暖炉（そのうちの一つは調理用）があり、「中央に煙突のあるケープ型」の築240年の家を購入した。素晴らしい家で、私の「母」としての本能を支え、勇気づけてくれた。私は健康的な食事について学ぼうという気になり、庭に野菜や植物を植え、食との関わりについての本を読み、我が家は菜食主義で行くべきだと結論づけた。

私は新しい食生活が大いに気に入ったが、私が気に入ったのと同じくらい、家族はそれを嫌っていた。ロンはいつも、食器棚にピーナッツバターやジェリーのサンドウィッチを取りに行った。私は忠実な妻であり母でもあったので、毎日2種類の食事を作り続けた。そして、あたかも私たちが絵のように完璧な家族であるかのように、人前では振る舞った。私のマインドは、そうではないことを受け入れられなかったのだ。

❖最初の破綻

私には、10代の時に初めて会って以来、ずっと再会したいと思っていた叔父がイギリスにいた。彼が私をイギリスに招待してくれた時、そのチャンスに飛びついた。ロンは新しい仕事にかかりっきりで一緒に訪問できなかったので、息子たちを連れて数週間滞在することを計画した。

イギリスの親戚訪問は素晴らしい体験だった。しかし、帰国すると現実へと放り出された。到着し家に入っていくと、汚れた食器や鍋、ナイフやフォークまでがシンクやカウンターに放置してあった。冷蔵庫の中の食品のほとんどが腐っていて、地下室の手つかずの冷凍庫からの悪臭を吸い込んでしまった私は、恐ろしい喘息に襲われてしまった。コートを脱ぐと、断続的な吐き気に見舞われ、泣きながら台所と冷蔵庫を掃除し、子どもたちを寝かしつけ、それから自分も床に就いた。

トイレへ行くのを例外として、私は3週間まるまる寝込んでしまった。ロンは、食べ物を買いに行かねばならなくなり、地下の冷凍庫の悲劇の後始末もした。

壊滅的な3週間が過ぎると、私は心当たりもないのに出血し始めた。まだ31歳だったので少し怖かった。ロンはすぐに医師を探してくれたが、医師は診察するや否や、問題は単なる肉体的なものではないと見抜き、私の生活について尋ねた。

医師は、私には中毒症になる性質があると指摘した。私は「そんなことはない」と言い、14歳から24歳までは喫煙していたが、その後はきっぱりと止め、それ以来一度も喫煙をしていないと伝えた。しかし、タバコを止めた後、口寂しさを紛らわせようとプレッツェル（焼き菓子）を食べ始めた。それは非常に美味しかったが、体重が増加してきたので食べるのを止め、ダイエットを始めた――そうすれば、また夫が私を愛してくれると思って……。

❖女王の杖の一振り

私は色々な問題の核心に到達するためには、ヴァージニアへ戻り、母とやり直す必要があると思った。何て高潔な旅だろう！　私は一抹の希望的観測へ望みを託すことを決めた。ロンのニューハンプシャーでの仕事の契約期間はほとんど終わろうとしていたので、彼が去ることができるようになれば、すぐにヴァージニアへ引っ越すことにした。そうすることで、私は母の近隣へ住み、和解し、癒しを得たいと計画した。

車で到着したのは、私の両親、弟1人及び飼い犬2頭が住み、ベッドルームが5つある広い家だった。ロンと私、私たちの息子2人、シルキーテリアの小型犬8頭を迎え入れるのにも十分な部屋の数だった。私たちは、生まれて8週間になるシルキーテリアの子犬3頭、そして成犬5頭を飼っていた。

私たちが到着して数時間のうちに、母のいつもの「予想外の病気」が発症し、寝室に引きこもってしまったのだ！　母との古い力関係を変えようと思っていた私の期待は、もろくも砕けてしまった。悲しいことだが、習慣的な秩序が今だ確固としてあることを思い知らされた。ほんの少しの尊重と配慮を要求すると、手に負えない嫌がらせが私に投げつけられた。私たちの計画はあっという間に暗礁に乗り上げ、ロンと私はその家を出ることで合意した。

ロンは早々に家の改装の仕事を始め、収入を得た。ニューハンプシャーの私たちの家を売却した際の付随契約のお陰で、母の家から10マイルほど離れたスピリングフィールドに素敵なタウンハウスを購入することができた。そのことを母に伝えると、「私の審査なしで家を購入するなんて、一体どういうこと？」とムッとしたように言った。彼女が気を悪くしたことに、私も驚いた。

❖鬱の影が漂う世界

しかし私は、ソファーが真新しいリビングルームに運び込まれると、すぐにそこに沈み込んだ。感情的に限界に達し、肉体的にも疲労困憊していたので動くことができなかった。その後の1年半のほとんどをその場所で過ごすことになった。

動いたり考えたりがほとんどできず、鬱の影が漂う世界にさまよいながら、エリザベス期の宮廷について書かれた小説に自分を置き換えて生きる時間が過ぎた。毎日が過ぎていき、暗闇が近づくと夢物語は消え、自分は孤独で不幸だということが明らかになった。自殺しようという考えが忍び寄り、私が死んだあと、どのように子どもたちを守れるかということに意識が向き始めた。両親の世話になることはありえないし、ロンの実家の家族や彼自身に任せることもできない。どうすれば、この不幸から逃れ、子どもたちが私のような苦しい目に遭わない方法を探せばいいのだろう?

❖私の霊的探求──始まり

サイキック能力者であるエドガー・ケイシーについての本"The Sleeping Prophet"(『眠れる預言者』、ジェス・スターン)を、義母が送ってくれたおかげで読書の好みが変化した。その本に書かれたサイキック現象に私は魅了された。本を読み終えると、他にもジェス・スターンの本がないかと地域の図書館まで足をのばした。彼の本はたくさん見つかったが、最も魅了されたのは、私が事のほか気に入って読んだ本の著者であるテイラー・コールドウェルと、ジェス・スターンが共著した過去世退行のシリーズだった。それらの本の中の過去世退行セッションでは、歴史の時系列（テイラーのいくつかの小説の設定にもなっている）で起こったさまざまな人生を詳しく扱っているが、ジェス・スターンにとって（そして私にとっても）理にかなっているように見えていたのは、テイラーが以前それらの人生を生きていたから、それらのことを知っていたに違いないということだった。

私はその世界にはまってしまった。サイキック現象についてできるだけのことを学び、過去世の存在の「証明」をもっと見つけたいという渇きがあった。その渇望は、私の霊的探求の始まりを決定づけた瞬間だった。幸運なことに、それらの書籍と同じ棚で、トンネルの終わりには希望があるのだ、と私に確信させてくれる自助本も見つけることができた。

ソファー上での生活も16カ月目に入ろうという時、再び自暴自棄な気持ちが強くなってきた。病院にも定期的に通い、より大量に抗鬱剤を求めた。しかし、診断結果をさらによく思い起こしてみると、「診断は間違っている。別の医者を探すべきだ」という気がした。そして薬剤師の叔父が、ある医師を紹介してくれた。

❖ ホメオパシーで救われる

長髪で長い髭をたくわえ、コーデュロイのジーンズを履き、ネル・シャツを着たデイビッド・ウエンバー医師は、私の命を取り戻してくれた！ 彼の手助けは、私の頭を整え、感情を落ち着け、健康状態を改善させ、私を自立させ、自己発見へと導いてくれた。彼はホメオパシーの医者だった。

ホメオパシーは、マインド、肉体、そしてスピリットを同時に統合するアプローチを使う。彼が私のために選んでくれたレメディーと言われる小さな白い顆粒は、ほとんど瞬時に私にポジティブな変化をもたらした。6カ月経つと、サラダとビタミンを多めに摂取するようになり、1日2～3マイルはジョギングをするようになった。私はその生活が大いに気に入った。その変化は驚くべきものだった。しかし、根本的な鬱の根源にはさらなる探求と考慮が必要だった。

結婚生活は財政的にも情緒的にも安心が手に入らなかった。幸運なことに、ホメオパシーは肉体的癒しだけではなく、精神体や感情体にも効果がある。人生を通じた不安を取り除くためには、病院の薬よりももっと効果的な何かが必要だと気づかせてくれた。本も役に立ったが、私の心が恋焦がれていた平穏と幸福感を見出すことができるようになるには、まだまだ多くのものを明らかにし、解決する必要があった。

❖ 不動産時代

副収入を家計へもたらすために、自分が楽しめることを見つけて取り組む必要があった。そういうわけで、私は不動産ビジネスに参入した。夫のビジネスからは生活に必要なだけのお金は得られず、借金をしないで済ますためには私の収入が不可欠だった。

私が不動産販売ビジネスを行なっていた7年間は、経済的には上手くいった。しかし、運命がそう定めていないのであれば、長続きはしない。不動産ビジネスは私にとって、自信を築くための足がかり以上のものではなかった。霊的可能性への扉が開いたと同時に、私の物件投資は急に「蒸発」していってしまった。

三つの投資物件が全て破綻してしまい、不動産ビジネスの間に貯めていた貯金全てが水の泡となった。貯金という初めて知った唯一の安心感が取り上げられてしまった。しかし、ロンは日々の財政的状況について思い悩んでいなかった。私たちには貯金どころか、多額の負債しかなかったのだが、ある日、ロンがBMWの新車をローンで買ってきた。私が、どれだけ驚愕したことか！

❖ エニアグラムによる後知恵

いくつかの理由で、後知恵とは素晴らしいものであることを告げて本章をまとめたいと思う。第一に、振り返ってみる意志があることは、自分の体験から何か学べるものがあることを認識しているという事実だ。二つ目は、振り返るとどの行動パターンが今なお続いているのかが分かるチャンスが与えられる。自己妨害をするパターンを見つけることこそ、自分を解放する最初の第一歩だ。もし、ロンと結婚している間に、エニアグラム（第16章255ページ参照）を知っていれば、私たちの性格タイプの違いに対処する手助けとなる素晴らしいツールを手に入れることができたと思う。

ロンと私は正反対の方法で世界と接していこうとしたため、結果として人生は何を与えてくれるのかということにひどく異なった対応をしていた。それは、私たちの二つのタイプが人間関係の中で対処しなければならない典型的なパターンだった。

私はロンの自信には敬服していたし、彼も私の面倒見の良い性質を評価してくれていた。しかし、お互いの性格タイプの反対面を理解することなしでは、結婚は大惨事が起こるのを待っているようなものだ。結婚生活が23年も続いたのは不思議だった。長い間、結婚にしがみついていたのは、夫を愛していたからだった。しかし、最初の半年で彼を当てにはできないことが分かった。現実は、私に多くの苦しみを引き起こした。

苦しみは、私の人としての成長には大切なものとなったし、１９７４年から７５年にかけての深い鬱状態も、自分自身を愛さなければならないことを知るために必要だった。薬物依存に苦しんでいた私をロンは受け止められなかった。結果として私は、らせん階段の底まで落ちてしまった。しかし、もしそういうことがなかったら、違う生き方を始めたり、その必要性を探求しようとも思わなかっただろう。結婚が個人的成長に役立つ、強烈なチャンスを与えることがなかったら、私の意識は一体どれほど進化できただろうか。

共に過ごした年月に対して、私が永遠に感謝していることを、ロンに分かってもらいたい。無駄なことは何一つなかったのだ。

第4章 チャネリング

チャネリングとは、意識の一側面が
肉体のエゴ／マインドを迂回して、
その肉体を自身のユニークな表現のために使うことである。

1984年の最初の3カ月間、私の不動産ビジネスは最良だった。すでに「百万ドル・セールス・クラブ」の有資格者となるのに十分な売り上げを上げていたし、業界の刊行物でも認知されていた。証券取引ライセンスのテストにも合格し、数週間以内に不動産ブローカーとしての資格を手に入れる予定で、自分自身の不動産会社を所有して運営することができることになっていた。人生は快適で、お金も潤沢で、この上なく幸せだった。

❖霊的旅路の加速

4月の第1週目に、そうしたキャリアを前進させることが見当違いに思えるようなことが起こった。シャーリー・マクレーンの『アウト・オン・ア・リム』を読み、自分の根底まで身震いがした。

著名な女性が、私の秘密の確信について語ってくれている。その本はいつも真実だと信じていたことを立証してくれた。しかし、その内容について話ができる人を知らなかった。私はとてもワクワクし、一緒に会話ができる人を見つけなければという気がした。しかし、不動産ブローカーのライセンスコースで一緒になった女性に本について気さくに話しただけで、上手くいくなんて意外だった。彼女も本を読んでいただけでなく、内容についてのアイディアを分かち合える他の人たちに私を紹介してくれるというのだ。「ワァオ、金を掘り当てたわ」と思った。

彼女の名前はドリエンという。「誰かチャネリングをしたり、過去世回帰をしてくれる人を知ってる?」と尋ねると、彼女は「知っているわ。いつ、その人たちに会いに行きたいの?」と言うので、「もう昨日にでも会いたかったぐらいよ!」と私は興奮を抑えられずに話した。

ある日の不動産クラスが終わったあと彼女は、チャネリングされた彼女のティーチャーであるバーソロミューのカセットテープ3巻を手渡してくれた。また、過去世回帰をやってくれる知り合いに私が会う日も決めてくれた。私は、カセットテープを聞き始めとすぐに深く心を奪われてしまい、まるで雲の上を漂っているような感じがした。霊的な旅が、フルスピードで展開し始めたのだ! 私の最もプライベートな部分が、ついに生まれ故郷を見つけたようだった。

❖ 最初のスピリチュアル・ティーチャー

そのテープは、私のマインドには初体験だったが、心の中ではすでに知っていたことを思い出させてくれた。私は「そう、そう、そう」と言い続けた。バーソロミューが提供してくれた叡智は、私が体験したなかで最も偉大なもので、彼の教えに飢えていた。最初にもらったテープを2日間で聴き終えてしまい、もっとテープをもらうために次のクラスまで1週間も待てなかった。私は、恩人ともいうべきドリエンに電話を掛け、「もっとテープが欲しいので、早く彼女と会えるかしら」と尋ねた。彼女は、喜んでそうしてくれた。私は、飢えた子どもが長く待たされて食事をガツガツ食べるように教えを吸収していった。バーソロミューの教えに出会った瞬間、「私はずっと長い間、霊的な栄養を渇望していた」ということが分かった。

毎日テープを聴きながら1カ月が過ぎると、ドリエンはその年の6月にニューメキシコ州タオスでワークショップが開催されることを教えてくれた。しかも、アルバカーキの空港で出迎え、車でワークショップ会場へ送ってくれ、ワークショップ終了後には空港まで連れて帰ってくれるという。私は即決した。私の新たなティーチャー、バーソロミューのチャネルであるメアリー・マーガレットに会うチャンスに飛びついた。

ワークショップは、私個人の自己成長への大きな出発だった。二つのことがはっきりと記憶に残っている。一つ目は、人生の意義深い部分を表しているシンボルを、その要素に関連した感情を映し出した色を選んで、円形の中に描き出すというもので、私は母がアーチのように私の世界の上に留まっているように感じているのを表現した。

バーソロミューは、それをじっくりと見ると、絵はエジプトの女神ヌトが最も頻繁に描かれる姿に似ていると言った。私はヌトの描写を見たことがなかったので、一体どこからイメージが来たのか分からなかったが、彼がグループの人に向かって、「彼女は朝に生命エネルギーを吸い上げ、世の万物に与え、夜にはそれを再び解放する」と言った時、彼の言葉は私が母にどのように扱われたと感じていたかをそのまま描写していると思った。ただ違うのは、母の場合は善意からではなかった。彼女は自分のニーズに合わせ、気まぐれを通すために、私の全ての生命エネルギーを取り上げたり、戻したりといった行為を全面的に掌握していた。私が母に抱いていた考えは全て暗いものだったので、紙に描かれた絵は全て黒かった。すると私は、それらの重く暗い考えが私の人生全体を蝕んでいたことに気づいた。そして、私が本当に内なる平穏を見つけるつもりなら、その点を何とかしなければならないと思った。

二つ目の記憶は、バーソロミューが私を外に送り出し、はるかかなたにそびえ立つタオス山と呼ばれる厳かな地形との関係を構築するまで岩の上に座らせる、というものだった。子どもの頃に住んでいた北ヴァージニアの郊外で、背景の一部として自然を眺めていたので、あえてその中に浸る時間はなかった。歩いたり話したりしない物の生命エネルギーを意識することなどなかった。ワークショップ体験は、私の心を全ての自然に向けて開いてくれた。その気づきは、私が地球のどこにいようとも、足を地につけさせ、私を支えてくれている。

❖ キャリアをあきらめる？　とんでもない

その年の11月になると、私は物を紛失し始めた。最初はイヤリングだった。プロの不動産仲介業者のイメージ作りの一環として、ゴールドの宝飾品を身に着けることが多く、選りすぐった高価なゴールドのイヤリングを持っていた。私は長年、イヤリングを身に着けていたが、一度も紛失することなどなかった。それなのに、突然そのうちの一つを失い、数日後にはもう一つが消えてしまった。

5個のイヤリングを紛失した後、これには何か意味があるのかしらと思い始めた。そしてある日、お風呂に入っている時に、一度も外したことのなかったゴールドのブレスレットも消えていることに気がついた。

偶然というにはあまりにも変だ！　私はサイキックの友人に電話をして、説明できるかどうかと尋ねてみた。彼女はかなり単刀直入にためらいもなく、「不動産ビジネスを手放さなければ、あなたはすべてを失うでしょう」と言った。ショックだった。なぜ、キャリアをあきらめなければならないのか？　この仕事は大好きだし、ついに手に入れたお金で家族を養い、それまでの人生では味わえなかった喜びも見つけたのに……。何年もかけてこのビジネスを育て、やっとその成功を楽しみ始めていたばかりだったのに……、あきらめろだって？　ありえない……。そんなことは絶対にできない！

数日後、電話が鳴り止んだ。不動産ビジネスを開始してから6年間というもの、ひっきりなしに鳴り続けていたのに……。私が公開していた10件の物件は、1件も売れないまま期限切れになってしまった。そして、ついに仕事の依頼がなくなった。自分の公開物件を死守するためにあらゆる手を尽くし、新しいクライアントの開拓も行なった。しかし、何の効果もなかった。全てを失い、自分の成功のシンボルとして自慢げに乗っていたベンツまで手放した
私はバーソロミューのテープを聴き続け、瞑想を始め、スピリチュアルなことを話し合う婦人会に参加した。その秋に、ロンと私は近くで開催されたバーソロミューのワークショップに二人揃って参加し、6月にニューメキシコ州で開催される次のワークショップへの参加も計画していた。

私がスタッフとして参加した、春に開催されたライフスプリングの上級トレーニングの一つに、全身白づくめのアフリカ系アメリカ人女性の興味深いグループが参加していた。私は個人的に話しかけたい気持ちに駆られて、そのうちの一人と手短に言葉を交わす時間があった。その時、彼女は『The Chela and the Path（弟子と道）』という一見普通に見える小さな白色の本をくれた。しかし、その本は本棚に置いたきり、忘れてしまっていた。

最初、瞑想するのは難しかった。というのも、何年も苦しめられたアレルギーと喘息の後遺症で呼吸するのが大変だったからだ。しかし、数週間しっかり座る訓練をすると、対処法を見出して、

やがて眼を閉じるとすぐに肉体が至福の状態に入るようになった。その時間はとても素晴らしく、暇があれば瞑想をするようになった。すると、一つの瞑想から次の瞑想への間にも至福状態が続くようになった。それが当時、日々感じていた一般的な状態で、私たちは1985年6月には、次のバーソロミューのワークショップ参加のため、ニューメキシコへ飛んだ。その機上で、私はあの小さな白い本を読んだ。

❖ 新しいチャネル

最初の晩はアルバカーキで過ごした。翌朝、起きて椅子に座り、瞑想を始めた。その時は、至福のせいで身体が震え、頭の中で「書きなさい」という声が聞こえた。瞑想状態から自分を引きずり出して、ワークショップ用に用意したノートを取り出した。ペンを紙に下ろすとすぐに書くことが始まった。私の指はただペンを支えているだけで、ペンがエル・モリヤという名のスピリットからの私へのメッセージを書き出した。興味深いことに、その人は飛行機内で読み終えた白色の小さな本の著者だった。ページ上の彼の言葉が目に飛び込んできた。「今やホワイト・ブラザーフッドの一員として、私たちと共にチャネルとして働き、あなたの宿命を果たす時がやって来た」

何ですって？　私は、それまでどうすれば役に立てるのか、という自分の質問への答えを祈りの中でずっと求めてきた。しかし、答えが与えられるとは全く予期していなかった。私のような者ではなく、メアリー・マーガレットのような特別な人（何年もかけて霊的なことを勉強している人）だけがチャネリングをするものだ。私はスピリチュアルな世界では未熟者だ。すると、エル・モリアは私の考えに反応し、「あなたは未熟者ではない。私たちはあなたがその交信のために、オープンになることを長い間待っていた。あなたは今回転生する前に、人生のこの時期に光のアンカー、チャネルとなることに同意していたのだ」と言った。

次に彼は、自動書記についての私の不安を取り除き、彼の言うことを受け入れることができるようにするため、私が尋ねたいと思う全ての質問をするように求めた。私は、自分が尋ねた全ての質問の結果を書き留めたチャネリング記録ノートをつけるようになったが、その時が始まりだった。

その日の午後、バーソロミューのプライベートセッションのために、私たちはタオスにあるメアリー・マーガレットの自宅を訪れた。最初にした質問は、このことは本当なのか？　ということで、二つ目はこれを信頼していいのか？　ということだった。彼の答えは、どちらについても肯定だった。それは１９８５年６月のことで、私がバーソロミューに会うために初めてタオスを訪れて以来、1年が経っていて、そして今度は私もチャネリングをするようになっている。それらのことが全て実際に起こっていることだ、と信じるのは大変難しかった。

ワークショップの残りの時間は、エル・モリヤとの対話について考えたり、書いたりして過ごした。エル・モリヤの登場により、もはやバーソロミューの生徒ではないように思えた。ホワイト・ブラザーフッドについて私に伝え、どのようにして彼らと取り組むかについて私と話し合うことがエル・モリヤの仕事となった。先日にエル・モリヤが私に質問させて、それぞれ答えてくれたのは、私のエゴがどれほど優勢かということと、彼らとのチャネリングによるコミュニケーションが彼らの望む通りに明確なものとなるため、私が自分の人格／マインドのゆがみをできるだけ排除する責任を取る準備ができているか否かを見るためのテストだったのだ。

私はどのような方法でエネルギーを使うことを望んでいるか、ということも尋ねられた。ヒーラーとしてか、ティーチャーとしてか、あるいはバーソロミューのチャネルとしてか？　はたまた、サンジェルマンと組みたいかどうか？　サンジェルマンはアセンデッドマスターで、私を通して人々に教えを与え、その過程で私を多くの国に連れて行ってくれるだろうとのことだった。

❖ サンジェルマン

バーソロミューが私にとってティーチャーであるとは思っていたが、彼のチャネリングをしたいとは思わなかった。なぜなら、メアリー・マーガレットに感謝しているし、尊敬しているので、彼女と競争することには興味がなかった。エネルギーを使っての、ヒーラーとしての仕事もほとんど魅力的に感じなかった。世界中を旅することは「ついに夢が叶った」と思ったが、それは自分のために行なうことではなく、ホワイト・ブラザーフッドへの奉仕なのだ。エル・モリヤからの即答は、「それなら、あなたにはサンジェルマンに会ってもらいたい」というものだった。サンジェルマンという名前は聞いたことがなかったが、旅行に行くというアイディアは確かに気に入ったし、エル・モリアが、それが私にとっての最善の仕事だと考えてくれているのを知って嬉しかった。確かに結婚しているし、二児の母でもあるが、ある時サイキックの人に「あなたは、旅する生活でないと決してハッピーになれないでしょう」と言われたことを思い出した。

幼い頃から、旅行は私の秘密の夢だった。それにはお金が必要だが、私にはもうお金がなかった。夫は大変多忙で、たとえお金がある場合でも時間がなかった。サンジェルマンのチャネルとなることを決心するには、多くの旅に出ることで結婚生活にどれくらいの影響を与えるかを計算しなければならなかった。神聖なる奉仕こそが何物にでも取って代わるのだ、という圧倒的な感覚を覚えていた。その仕事を選択することによってもたらされる、広範な結果（素晴らしいことと、大変なことの両方）は、当時の私の限られた経験からは想像できなかった。それは極めて重要な決心だった。

❖ チャネリングの仕事と必要条件

私は、エル・モリヤとサンジェルマンに、チャネリングの仕事を引き受けること、また、世界をぜひ旅したいが、その過程で自己実現に到達することを望んでいる、と申し出た。それは彼らが私に求めていたことでもあったので、完璧な協力関係だと同意してくれた。その仕事の準備のために、彼らが私に行なうように要求してきたことがあった。

1. 私の名前をリアに変更する。
2. 白色の衣服、靴だけを身に着ける。
3. 髪を染めるのを止めて、髪を長く伸ばす。
4. 最低でも80%以上が自然素材で出来た衣類を身に着ける。
5. 純粋で天然原料で出来た美容品だけを使う。
6. 化学物質を配合している石鹸、食品、薬、化粧品、洗剤を避ける。
7. 家庭電化製品の使用をできるだけ避ける。
8. チャネリングはアミノ酸を消耗するので、タンパク質を頻繁に摂取する。
9. 1回30分、1日2回瞑想を行ない、その後、30分のチャネリングを行なう。
10. できるだけ早く、アリゾナ州セドナへ引っ越す。

高価な衣類や靴がぎっしり詰まったローゼットを3つ持ち、プロの不動産業者としてファッションにプライドを持ち、適切な量以上のジュエリーを持っていた者にとって、そのリストは無理難題だったろう。しかし、旅に出て、新たな奉仕の人生へ踏み出すチャンスが目の前にある時にはたいしたことではなくなった。私はリストの全てにイエスと言い、エル・モリヤが私に自己紹介してきたのと同様に、書くという形式でサンジェルマンと知り合いになることからスタートした。

サンジェルマンは、私が1日2回行なう瞑想後のチャネリングセッション中に、ホワイト・ブラザーフッドの他のメンバーを紹介してくれた。各マスターには、異なった「雰囲気」と言語の使い方があって、その書き方も明確に異なっていた。まるで、それぞれ新しい「人」に会っているようだった。彼らは、私の新しい家族だ。私はそれほど愛され、受け入れられたと感じたことはなかった。

セッションの主な目的は、私が「光のアンカー」として、彼らとどのように働いていくかを準備することだった。何らかのエネルギーがある特定の場所で必要となった時には、器として私の身体を使うことも彼らの計画に含まれていた。ホワイト・ブラザーフッドのメンバーとの事前「ミーティング」は、彼らのエネルギーと私のエネルギーを整合させ、その際の感覚に私を慣れさせるためだった。そのようにして、サンジェルマンが私を通して話をする主たる存在でも、サンジェルマン以外の存在とも働くことがあるのが分かった。

1985年6月のバーソロミューのワークショップのあと、ロンと私はタオスを発って、計画していたグランドキャニオンでの休暇のためにアリゾナを目指した。セドナはハイウェイを降りて、車を少し走らせればすぐに行けるところだったので、グランドキャニオンに行く途中、少し寄り道をして、引っ越して住むように言われている場所を見ることにした。

❖ あぁ、素晴らしい！ セドナ

オーククリークの村へ車を走らせ、そびえ立つ赤い岩層を見た途端、私はその場所と恋に落ちた。サングラスを買うために小さな店に入ると、興味深い人たちと出会い、その晩、彼らが自宅でのディナーに招待してくれた。ライフスプリング以外で出会った人々の中では、最も嘘偽りのない人たちで、私が息を飲むような風景の地に住むことになっても、友人を作ることは簡単だろうと思った。私たちは、「望みの木」のある場所へも連れて行ってもらった。私の望みは、「6カ月後にはセドナに住んでいますように」というものだった。ロンが何の望みを託したか分からないが、彼は自分もセドナに引っ越したいし、なるべく早くそうなるようにベストを尽くすと言ってくれた。確実に物事は上手く運んでいるように見えた。

❖ 初心者

サンジェルマンをチャネリングすればするほど、彼のエネルギーに慣れて快適になっていった。しかし、彼が話すことと、私の世界観との間に食い違いがあることに気づかされた。また、チャネリングはとてもクリアだったり、そうでなかったりさまざまなレベルがあるという事実、私のエゴがチャネリングのプロセスを妨害しようと頑張っていることにも気づいた。私はできるだけ多くを学び、エゴの妨害に邪魔されずに「クリアなチャネル」になることを決心した。しかし、その達成はもちろん、それについてどうしたら学べるかを知ること自体が大変だった。私が知っている人で熟練したチャネルといえばメアリー・マーガレットで、彼女は何百マイルも離れた所に住んでいた。私は定期的にチャネリングについて話ができる人を必要としていた。

私はヴァージニアの自宅の近くの婦人会に、チャネリングを始めたことを伝え、クリアなチャネルになる手助けをしてもらえないだろうかと尋ねた。反応がさまざまだったことに驚いた。不動産ブローカーコースでの友人ドリエンは、バーソロミューやそのグループのリーダーを紹介してくれた人で、彼女自身もチャネリングを始めたばかりだったが、私を助けるほど自分は有能ではないと思っていた。グループの他のメンバーは、私のチャネリングを全員で分かち合うことに大変乗り気だった。しかし、グループの主宰者兼リーダーのサイキックの女性には、怖れを感じ、他のメンバーの望みなど関係がないようだった。彼女は、自分がチャネリングをする前に私がすることはありえないと言い放ち、実際に私がチャネリングするのを見もしないで、偽物だと断言した。

さらにショッキングだったのは、私がチャネリングの世界で学んでいた全てのことを2人の十代の息子に興奮げに話した時、どちらの顔にも恐怖の表情が浮かんだことだ。彼らの友人たちの前ではそうした話はしないで欲しいという怖れが、表情から見て取れた。それは私が「変わり者」と呼ばれた最初の出来事だが、最後というわけでもなかった。

❖ 日本からの天使

チャネリングをクリアに行なう方法を学ぶ最善の方法は、チャネリングを他の人々に提供し、私に質問をしてもらい、彼らが私を通して受け取った答えの正確さについてフィードバックをもらうことだ、と決心した。そのため、ライフスプリングの友人を数人招待すると、あっという間に口コミで広まった。まもなく、私は1日に数セッションを（無料で）行なうようになり、フィードバックは極めて肯定的なものだった。全員が与えられたメッセージにピンと来るとフィードバックしてくれ、喜んだ彼らは友人たちに話してくれた。私は自分のやる気とスタミナが許す限り、なるべく多くの実践を積んだ。私のチャネリングを受けた人々の中には、山川トシ・ヤスコ夫妻（山川紘矢・亜希子夫妻）がいて、日本へチャネリングを紹介したいと航空券を送ってきてくれた。そのようにして、サンジェルマンの導きにより、私の旅行人生が始まった。

第5章

ビジョンクエスト

未来を見ることはできる。
しかし、未来に対して我々がどのように貢献したかを
理解できるようになるのは、あとになってからのことだ。

1984年に初めて参加したバーソロミューのワークショップの一環として、メアリー・マーガレットと彼女の夫ジャスティンは伝統的なスウェットロッジ（ネイティブアメリカンに伝わる蒸し風呂の儀式）を行なった。彼らはネイティブアメリカンのティーチャーであるジョセフ・ラエル、別名「美しき描かれし矢」によって、イベントをリードするためのトレーニングを受けていた。その儀式は、私にとってもパワフルな体験だった。アメリカ先住民の霊的な風習について、もっと学びたいという思いに火がついた。私は世界中のさまざまな文化のシャーマンの伝承についての本を数冊読んでいたが、実際にシャーマンに会ったのは初めてだった。1985年9月、ジョセフがワシントンD.C.で講演をする機会があって、招待を受けた私はヴァージニアの自宅から車で彼に会いに行った。

❖シャーマン

その日、会場で席についた途端、ジョセフの存在が私を包み込むのを感じた。実際に彼がグループに向かって話し始めても、彼の言葉に集中できなかったのは、別の意識レベルで彼と出会っていたからだ。まるで、磁石に引き寄せられた私が肉体から抜け出て、空っぽの抜け殻だけが床に座っているような状態だった。それまでにもそれ以降にも、他の誰とも体験したことがない方法で、彼のエネルギーを快く感じていた。それは、ワンネスの一側面の味見をしたような垣間見る体験だったが、そのシャーマンは、私がほとんど知らない領域の知識を持っていることをはっきりと分からせてくれた。私は、できるだけ多くを彼から学びたいという思いでいっぱいになった。講演の最後に私は、翌日に予定されていたスウェットロッジの設営を手伝うことを志願した。

❖自然との新たな関係

翌日は雨が降っていたので、スウェットロッジの設営が決行されるかどうかを確認するために電話をした。電話口に出たジョセフは、「イベントはキャンセルだけど、彼に会いにくるように」と招待してくれた。何という神様からの贈り物だろう！　昨晩の講演の参加者全員の中から、私だけに彼と2人で時間を過ごす機会が与えられるなんて！　彼は、私のオーラの中にサンジェルマンを見たに違いない、と思った。そして、それは本当だった。彼は私の周りに漂う紫色のエネルギーを見たために、私たちが繋がる必要があると思ったのだ。

到着すると雨が止み、私たちはワシントンD.C.の町はずれにある自然が美しいグレートフォールズで、一日を過ごすことになった。木々の間を歩いて行く中で、彼が分かち合ってくれた自然や世界のあらゆる側面に私は魅了された。私は、それまで日常生活の表面の少し下に辛抱強く存在している見えない力について、それほど良く気づき、理解している人に出会ったことはなかった。

夕食を共にしていると、彼はその日の夜遅くに「一緒にビジョンクエスト（人生の新しい方向性や、ビジョンを受け取るためのネイティブアメリカンの儀式）をしたいか」と尋ねてきた。彼はビジョンクエストの目的について話し、ネイティブアメリカンが、なぜ人生の次の段階へ行くための通過儀礼としてビジョンクエストを行なうのかを教えてくれた。チャネリングが私の人生の中で全く新しい段階にあることを知り、ビジョンクエストを行なうことで、私が多くを学び、次に何が起こるのかを知る手助けになるだろうと言ってくれた。私は何のためらいもなく夫に電話をし、その日の夜にビジョンクエストを行なうためジョセフと過ごすことを伝えた。ロンはそのアイディアに感激したわけではなかったが、私の決心を前に止めようと説得することなどできなかった。

今回のビジョンクエストでは、ネイティブアメリカン伝承の霊的風習の短縮版を行なうことになり、私はペヨーテ（植物。メキシコ中部からテキサス州南部原産のサボテンの一種で幻覚を引き起こす成分を含有する）を使用した。ジョセフはドリンクを作り、私にすばやく飲むようにと言い、それからビジョンが見え始めるまで、吐き気が収まるのを待った。彼自身はペヨーテを使わなかった。彼は私に注意を百%向けてくれていた。まるで私が体験しているものを彼も体験しているようで、彼は私と精神的に繋がっている状態で指導をしてくれた。

ビジョンが見え出してからは驚くべき体験だった。私は17歳の時、車に乗っていた時の交通事故で額をバックミラーに強打したことが原因で、内なる視力を失っていた。そのため、松果体（脳にある小さな内分泌器）が閉じられてしまい、それ以来、夢で見る以外は頭の中で映像を思い浮かべられなくなっていた。しかし、今回は夢ではなかった。私は完璧に目覚めていて、鮮やかな色で物を見ていた。ジョセフは私に見えているものをできるだけ詳細に説明させ、私が思い出すことができるように、その詳細について何度も何度も私と話し合ってくれた。あれから26年が経過したが、今でもビジョンクエストの間に心の中で見た映像を、同じように色鮮やかに思い起こすことができる。

❖ 光の都市

ジョセフが、「ビジョンクエストは、人生の次の段階への導きを得るのに役に立つ」と言ったのは正しかった。あの夜に私が見た一連のビジョンは、以後の私の人生の道において光を照らし続けてくれている。ビジョンは私の天職にも語りかけてくれ、今、私たちの惑星で起こっていることをより大きな視点でとらえ、その中でどのように自分にピッタリの生き方ができるかを教えてくれている。私が見たビジョンのうちの一つは次のようなものだ。

「ゆったりとした白い衣服を身にまとった男女が抱き合っている。そのイメージは妊娠期のさまざまな段階を経て、誕生のクライマックスへと展開する。しかし、子どもは人間ではなく、美しい光の都市へと変容する胎児で、そこに存在する唯一のエネルギーは愛だった」

ビジョンの性質の一つは、ビジョンを体験している時にはたいていビジョンの重要性を自分の人生と関連づけて考えるしくみを持っていないことだ。そのビジョンの場合も、そうだった。その後、3年が経過し、セドナで一連のワークを受けるまで私はそのことを理解できなかった(そのワークは私が開発したワークショップの核心部分となり、その後、ヨーロッパ諸国でそれを教えることになった)。私がセドナで受けたワークは、男性性エネルギーと女性性エネルギーを調和させることによって、私たちの中にも全ての人間関係にも新しい愛溢れる原動力を存在させる、というものだ。そのワークがどれほど効果的であるのかが分かった瞬間に、ピンと来た。あのビジョンはそのワークを示していた。

ウエストヴァージニアの合宿所でのビジョンクエストのあと、数週間してジョセフがスウェットロッジの設営の方法を教えに訪れた時に、私は再び彼に会った。彼は素晴らしいターコイズのネックレスをくれたので、それは私たちの関係がどれほど「特別な」ものかを示すシンボルだと感じ、ギフトを受け取った。

❖ サンダンスの力

　ネックレスを贈られてから8カ月後、ジョセフが電話で、南部ユテ族の行なうサンダンスの手伝いをして欲しいと依頼してきた。その時、ロンと私の小さな家族はセドナへ州を越えて移住する準備をしていた。私は喜んで手伝う気になったし、ジョセフがイベントの準備をしている間、コロラド州ヘスペラスにある彼の自宅に私たち一家が何日か滞在するのはタイミングも良かった。そして、イグナチオ近辺のサンダンスの場所に全員が集まった時、自分がジョセフを助けるためにやって来た他の「特別な」女性たちの中の一人に過ぎないことに気づいた。やりとりを観察するうちに、自分が本当はどれほど「特別な」存在なのかを疑い出したが、新たな疑問は、今まさに始まろうとしていたイベントの力によって薄らいでいった。

　ダンスの間中、私は大テントの観客席のエリアで過ごした。ダンサーたちは、儀式用に注意深く選定され、祝福された聖なる木の周りを円形に取り囲みながら前後に動いていた。私が座った場所からちょうど真向かいには、チャント（詠唱）を口ずさみながらダンサーを支援している女性グループがいた。ダンサーたちはトランス状態に入るために、数日間ずっと飲食をしないままダンスを続け、自分たちの肉体的、精神的なスタミナを試した。私のような支援者は、エネルギーを出して貢献し、ダンサーたちに基本的なサポートを提供する。各参加者のダンスは、最終的にビジョンを視ることを目的としていた。ビジョンが終わると、その時のダンスも終わるのだ。

サンダンスする人たちは、ビジョンに長期的な誓いを立て、指定された期間が満了するまでは毎年、ダンスのために戻ってくる。彼らは自分自身、家族、そして部族のグループのために、非常に強力なエネルギーを生み出すので、献身的な支援者や観察者でさえ、そのエネルギーに引き込まれてしまう。サンダンスへの参加は、彼らの地域コミュニティや母なる大地、彼らの文化的ルーツ、その後に続く世代にとって特別なものだ。ダンスが完了すると、所有物を手放す無償提供（ギブアウェイ）を行なってから、もう一つのスウェットロッジに参加し、自分たちのビジョンを具現化する人生の次の段階へ出発していく。

❖ジョセフのための支援

私は家族と共に3日目にサンダンスを去り、アリゾナ州セドナへの移住という大切な活動を続けた。セドナに一軒家を借りて1週間ほど経った頃、そこに落ち着こうとしていた時、私は内側から「今すぐコロラドのジョセフの元へ行け！　彼は今、困っていて、あなたの助けを必要としている！」というメッセージを受け取った。

私は、ロンに「私たちは今すぐへスペラスに行かなければならないわ。ウェイン（サンダンスで出会った人）に電話して、途中、彼の家で一泊できるかどうか聞いてみる」と伝えた。ウェインが了承したので、身支度を整えてニューメキシコ州ギャラップの外側、ナバホ保留地にある彼の家に向かった。翌朝に出発し、ネイティブアメリカン教会の儀式が始まろうとしていた時にヘスペラスへ到着した。実際、敷地の入り口に着いた時、「あなたたちは、ちょうど間に合って到着された。ティピー（ネイティブアメリカンの住居）の入り口は、今、閉じられるところだ」という挨拶を受けた。

儀式は、2種類の部族的、文化的伝統の間の隔たりによって引き起こされた内面葛藤を収めようとするジョセフを助けるために、部族の民によって用意されたものだった。私たちは夜中、ティピーに滞在して、ペヨーテを食べながらジョセフのために祈りの言葉を捧げ、年長者たちは祈りの円周の中央に巨大な薪を燃やした。前回、ビジョンを体験するために摂取した時とは違った形で、ペヨーテの影響を感じたのは興味深いことだった。ビジョンは何も見えなかった。私の肉体はエネルギーが流れるパイプのようだった。今回も高揚を感じたが、それはエネルギーの器になる喜びによるものだ。儀式の間中、私は全く眠くならなかった。翌朝、儀式の朝食のためにティピーを出た時に気づいたのは、私のエネルギーの繋がりは、地球のために重要な奉仕を捧げていたジョセフを支えるために使われていたということだ。彼のためにすべき私の仕事は完了した。

❖ 夢物語を生き延びたギフト

ジョセフは多くの意味で私の視野を広めてくれた。その中には、ドン・ファアン（メキシコ出身のヤキ・インディアンのシャーマン）の教えについて書かれたカルロス・カスタネダの本を紹介してくれたことも含まれる。奇妙なことに、２０１１年に日本に引っ越す数週間前、私はプンタ・デル・エステ（ウルグアイ）で、長年にわたってカスタネダの生徒だったという人物に出会った。その人は、ブエノスアイレスの大学の哲学部で、25年間、人間学の教鞭をとっているローザ・コールだ。彼女は、スペイン語の本2冊、『Neither Ethics nor Culture』（倫理でも文化でもなく）、『Sorcerers and Philosophers』（魔術師と哲学者）の著者でもある。4時間を超えるランチの際に、彼女はカスタネダと共に過ごした14年間の話をしてくれた。ドン・ファンについて尋ねると、「ナグワル」（動物に姿形を変化できる人間）はすでにカスタネダとは別れていたが、彼と会った数人の人たちを個人的に知っている、ということだった。彼は引き続き語り継がれていて、ローザも彼の存在を感じることができると言っていた。

カスタネダは、「ドン・ファンは彼の人生の中で知っている唯一の良識ある人で、完璧に調和した人で、彼の人生と彼の言葉には何一つとして矛盾点はなかった」と言ったそうだ。また、「カスタネダが提唱する道は、愛情や責任や完全無欠さにおける卓越への道だ」と付け加えた。私は彼女とおしゃべりをしている間、それこそが私が覚醒のためのコーチングをする時に人々を導いている境地そのものだ、と自ら考えていた。それを魔法と呼ぼうが悟りと呼ぼうが、どちらの道も同じ場所へと連れて行ってくれる。カルロス・カスタネダは、エゴによる現実知覚を超えた所へ意識を拡大させる扉を確かに開いたのだ。

本章を終えるにあたり、ジョセフとの関係の中で起こったことは、より高度なエネルギーの使い手である霊的教師に会うと多くの女性が体験する典型的なものだったことを付け加えたい。ジョセフの波動はとても魅力的で、敏感な女性が彼に出会うと、そのエネルギーで簡単にメロメロになってしまい、お互いの関係についてロマンティックな夢物語の引き金が引かれてしまう。それが私にも起こった。自分が彼の人生の中のその他大勢の「特別な」女性と何ら変わらない「特別な」女性なのだ、と気づいた時、落胆してしまった。しかし、最終的には彼が導いてくれた洞察や気づきのギフトについての感謝の気持ちは衰えていない。そのギフトはパワフルで、その価値は今だに持続している。

第6章
日本へ

未知の側に踏み出すと、必ずや変化がもたらされる。
それがどんなものかはその時まで分からない。

もし、あなたが過去世を信じるなら、私には日本での過去世があったと思うだろう。私は飼っていた最初の2頭の犬に、それぞれシモト・アキヒト、ミコという名をつけた。2頭のオーストラリアン・シルキー・テリアは子犬だったが、その名前を犬につけた時には、日本の人々や国が、やがて私の人生で重要な役割を担うことになるとは思いも寄らなかった。今となれば、そのように展開した天の取り計らいに感謝していると共に、心から驚き、感謝する次第だ。

私が山川トシ・ヤスコ（山川紘矢・亜希子）夫妻に初めてお会いしたのは、1985年のことだ。私が突然、チャネリングを始めた直後のことだった。彼らは、私と同様にライフスプリングのトレーニングプログラムに携わっていて、互いの友人がチャネリングによるリーディングを体験するために私に会うことを勧めたのだ。初めてお会いした時には、彼らがシャーリー・マクレーンの『アウト・オン・ア・リム』の日本語訳を担当していたことは知らなかった。

最初はトシが、翌日にはヤスコが、さらにその翌日には夫妻でリーディングのために私を訪ねてきた。3日目に彼らがシャリー・マクレーンの本を翻訳したことを話してくれ、チャネリングによるガイダンスを得るために今後も連絡を取り合うことができるかと尋ねられた。私は、喜んでお手伝いさせていただきたいと思った。その本こそが私を育てたユダヤ教の伝承では語られることのなかった世界へと私を開眼させてくれたからだ。本を読んだ時、私のハートは、「そうだ、そうだ！これこそ私がいつも真実だと知っていたことだ！」と告げた。

❖ シャーリーという名の人

偶然なことに、シャーリー・マクレーンと私は、時代は違うが同じ高校の出身だった。私は彼女の大ファンだったので、高校時代、彼女に会えるかもしれないと思うと、いつもワクワクしていた。会うことはできなかったが、ある日、家の電話が鳴り、息子が、「ねぇ、ママ。シャーリーという名の人から電話だよ」と受話器を渡された時にドキドキしたのを覚えている。電話の相手はまさにシャーリー・マクレーンで、彼女は山川夫妻から日本の出版社との仲介を頼まれて、私に電話を掛けてきたのだ。なぜなら、夫妻はシャーリーの本について、まず私に話をして欲しいと思っていたからだ。というのも、その話題について彼らのために行なったチャネリングによるリーディングの中で、サンジェルマンが伝えた警告を彼らは心配していたからだ。

シャーリーと私は、本の件はそっちのけで他の話題を話し続け、互いの故郷や高校のこと、地域社会で興味を持っていること、アリゾナ州セドナに共に惹かれていることについておしゃべりし、楽しい20分間を過ごした。電話が終わりに近づいた時、「私の新しい人生への扉を開いてくれた本を書いてくれてありがとう」と伝えることができた。

その年の晩秋、山川夫妻は私に日本への航空券を送ってきた。それによって、私はサンジェルマンのチャネリングを彼らの友人知人へ行なうことになった。そうして、北ヴァージニアで彼らに3回のリーディングを行なってから数カ月しか経たないうちに、私は彼らの家のリビングルームを訪れることになったのだ。

❖私の典型的なしりごみ

子どもの頃、友人の家にあった日本画や瀬戸物が大好きだった私にとって、日本は私を誘《いざな》うエキゾチックな場所の一つだった。そして今、日本に行く機会が与えられると、そのことを考えるだけで圧倒された気分になった。日本文化の風習や日本の人々については何一つ知らなかった。山川夫妻は私に似た人のように見受けられたが、それは彼らが私の国に住んだことがあって、私たちの言語を話すからだ。彼らの友人はどんな人たちだろう？　私がしているチャネリングと呼ばれるものは、彼らにはどのように受け止められるだろう？　ワクワク感が不安に代わり、図書館で日本文化や現代日本について書かれた本を探してみたが、私が今、体験しようとしていることへの準備となるものはなかった。

山川夫妻は「ただ、ありのままのあなた自身でいてください」と言ってくれたが、私にはそれが一体何を意味するのか全く分からなかった。当時はまだ、他の人たちが私に担って欲しいと思っている役割を演じていたし、前もってそれがどのようなものかを理解する必要があると思っていた。状況に溶け込み、適切な衣類を身につけ、語るべき正しい内容を知り、これから起こることに安心して臨むことが、私にとっていつも重要だった。それらは、私のエニアグラムタイプである、タイプ6（忠誠をつくす人）の人格の中核を成す性質（第16章255ページ参照）だ。これから何が起こるか分からない

❖ 不要なものを手放し、全てを白色で

旅の準備は大変だった。チャネリングを始めてから、ガイドであるスピリットに、全ての衣類を捨てて白い衣服だけを身につけるようにと指示されていた。3カ月前は高価で美しい衣服とアクセサリーでぎっしり詰まっていたクローゼットを空にし、75足（そう75足！）の靴を手放した。チャネリングによるリーディングの際、サンジェルマンは特定のクライアントには私の高価なジュエリーを与えるように、と指示を出すこともあった。リーディングが終了すると、私は自分のジュエ

鎌倉大仏

リーボックスに行き、言われたジュエリーを選択し、帰っていくクライアントに与えた。夫や子どもたちが、私が気が狂ったに違いないと思ったのも無理はない。

東京に到着後、すぐに開催される講演会で着るドレスもなかったので、探すのを山川夫人に手伝ってもらうことになった。サンジェルマンは、アメジストのネックレス、セッション中に焚くお香、いくつかの琥珀、そして紫色のショールを買うのも手伝ってもらうようにと指示してきた。

3週間の日本滞在には、東京での大きなスピリチュアル会議での主要スピーカー、名古屋のグループのためのゲスト講演者の役割など、目まぐるしいイベントが予定されていた。さらに両都市でのチャネリングによるリーディングと二つの神社訪問が含まれていた。一つは名古屋の神社で、もう一つは飛行機で九州の福岡まで行って訪問する神社だった。

当初、山川夫妻に「1日にいくつのリーディングセッションを行なうことが可能か?」と尋ねられた時、私は五つと答えた。というのも、ヴァージニアの自宅ではそれぐらい行なえたからだ。しかし、日本ではやり方が違っていた。その日のクライアントのリストがあり、氏名がローマ字で書かれたものを渡されると、部屋の中で一人で1時間、チャネリングを行ない、それからクライアントが部屋に通され、1時間かけてチャネリングで降ろされた内容を伝え、リーディングについて話し合う、というものだった。そのようにしてあっという間に、1日10時間が過ぎていく! 加えて、私のチャネリング能力に進化があった。自発的にメッセージを書くだけでなく、聴覚器官を通してもメッセージが届けられるようになった! つまり、私のペンが動いているのと同じ瞬間に、書いている言葉を耳で聴けるようになったのだ。

❖ 馴染みのない危険信号

一つの都市から別の都市への移動や公の場での講演会を行なう以外、たいていの日はチャネリングによるリーディングでぎっしり埋まっていた。講演会の準備として、数時間かけて自動書記を行なっていた。それら全てのチャネリングのために（そのため、基本的に私は変性意識状態にあった）「肉体の中にいる」時間がほとんどなく、私のエネルギーは危険な低いレベルまで減退していた。

東京は多くのアスファルトの大通りが走り、コンクリートとガラスで出来た都市だ。山川夫妻が住む場所には、エネルギーを調和させる池も芝生も木々もなく、そこに滞在するのは肉体的にとても大変だった。全く新しい世界にさらされたことによるストレスを考えてみて欲しい。どの人もガッカリさせないような働きをしようと気を遣い、おまけに「仕事のみで、リラックスする時間がほとんどない」スケジュールをこなす。私たち一行の誰かが、私の警告のライトが点滅し始めたのに気づいていたなら！　私自身は、それに気づけなかった。全てが初めての体験だったからだ。疲れ果てたエネルギー状態で、招かれざるエネルギー的影響を受けやすくなり始めていたことを認識していなかった。

当時は、チャネリング、とりわけ「クリアなチャネリング」は人の最高レベルの波動周波数からもたらされる、という事実を体験させせられたことがなかった。チャネルを通して3次元へのアクセスを模索している招かれざるアストラル界の存在や、その他のエネルギー的な影響を避けられるよう、可能な限り最高の健康状態とエネルギーレベルを維持する必要があることを、チャネリングを始めたばかりのほとんどの人は分かっていない。チャネルとして5カ月間しかチャネリングしていなかった私は、かなり危険な領域の中にいて、まだほんの赤ん坊だった。

❖最初の憑依

休みなく10日間のチャネリングセッションを終え、気が付けば、名古屋の美しい高層ビルの最上階にいた。ビルにはピラミッド型のガラスの屋根が付いていた。予定されていた最後から一つ前のリーディングで、私がチャネリングしていた存在は、「私がいつもチャネリングをしていた霊的マスターであるサンジェルマンである」と主張し、クライアントに私の夫と子どもたちが米国東部で起こった自動車事故で亡くなった、と伝えてきた。しかも、クライアントと彼の友人の一人は、ハウス・オブ・オウムと呼ばれるスピリチュアルな組織を設立するために、アリゾナ州セドナに私を移住させる手助けをする依頼を、その存在から受けたのだ。

その情報にショックを受けたが、真実かどうかを見極める手立ては何もなかった。ロンと息子たちは感謝祭の休日を過ごすために、友人の家へ車を走らせている途中のはずだ。私はどうすることもできず茫然としていた。チャネリングを続けられなくなり、唐突だが、礼儀正しくセッションを終了し、最後に予定されていたクライアントを呼んでセッションを延期することをお願いした。幸運なことに、最後の方は教授（本書ではA教授と呼ぶ）で、今回の名古屋での講演会に私を招いてくれた方で、さきほどのショッキングなチャネリングで、私と一緒にセドナにスピリチュアルな組織を設立する手助けをすることになると言われた「友人の一人」だった。お互い多くのことを語り合う必要があったので、彼を夕食に誘った。

私はA教授とは、今回の日本への旅の準備をしていた時に互いに手紙を交換し、東京でのスピリチュアル会議で共に講演者として手短に挨拶を交わしただけだった。次にお会いしたのは、山川夫妻らと名古屋に到着した日、夕食会の席だった。夕食会で、彼はスピリチュアルな会を主宰する以外に、名古屋大学で哲学を教える教授で、カナダの神秘家マンリー・ホールによって書かれた難解な本を、日本語に翻訳したことも語った。

夕食会は、A教授とよく知り合う初めての機会となり、彼の友人のために行なったリーディングでもたらされた情報について話し合った。私たちがレストランへ向かっている時、私は「気味の悪い」感覚と共に、何かが変だという感じをわずかながら知覚していた。私はチャネリングについては、まだ限られた理解の幅の中だけでする新米だった。しかし、それまでの経験ではサンジェルマンやその他のホワイト・ブラザーフッドのメンバーが人を操作したり、劇的なことをさせたりすることはなかった。

❖常軌を逸したことが、さらに奇想天外へと

翌日、名古屋での講演会に参加したグループの何人かは、A教授、山川夫人らと一緒に、尾張部《おわりべ》神社の儀式に参拝するために出かけた。その時、前夜に山川夫人に突然、チャネリングが起こり、「彼女（山川夫人）が儀式を執り行なうように」とのお告げがあったことを知った。儀式が始まった時、喉のチャクラにとりついていた存在によって私はトランス状態になり、私の口を通して語ったことは、前夜の怖ろしい内容よりもさらに奇想天外だった。私の同意を得ることもなしに、人々に向かって「この肉体は新たな救世主、汚れなきメイトレイヤを懐妊した」と言ったのだ。私の理性を伴ったマインドは覆い隠され、それ以降、私の口から何が語られたかを思い出すことはできない。ただし、汚れなき懐妊ということで一つ思い当たるのは、妊娠には少なくとも子宮を一つ持っていなければならないが、私にはもはや子宮がなかった。というのも、6年前に子宮摘出手術を受けていたからだ。

その時、全員が何を思ったか想像できるだろうか？　あれから何十年も経つが、今でさえ、素晴らしい人たちが私をすぐに精神病院へ閉じ込めなかったのは驚くべきことだと思う。しかし、日本人は地球という惑星のなかでも最も礼儀正しく、相手への敬意を持った国民なので、私の発言が完

壁にナンセンスであったにもかかわらず、誰一人として私が語ったことが変だとか、逸脱しているとかはおくびにも出さず、私を馬鹿にもしなかった。

その夜、私たち一行は宗像《むなかた》神社へ参拝するため福岡へ飛んだ。私たちは、A教授が別の儀式を行なう準備を整えてその神社に行ったのだが、空港からホテルへ向かうタクシーの中で、私に取りついた存在は、全員にツルハシとシャベルを購入し、その神社に埋められているレムリア時代の遺物を掘り起こすようにと指示してきた。いずれにしても、私たちが目論んでいた計画は中止となり、名古屋から九州へ飛んでまで遂行しようと思っていた使命は成功することなく、ホテルに戻らなければならなくなった。

またしても、その存在の命令によって大金と時間が無駄に費やされ、恥ずかしい言動をしてしまった。自分を責めたが、どうすることもできなかった。素晴らしい人たちと築こうとしていた新しい人間関係を完璧にぶち壊したその存在を、何とかして私の中から排除しなければならないと確信した。朝6時になったところで、私たちは部屋に戻り、何はともあれ休息を取ることにした。

❖ 再び、除霊師を探して欲しい

霊的な存在をチャネリングする世界は、山川夫妻にとっても目新しいことだったので、私に何が起こっているのか彼らは理解していないだろうと思った。そこで、私はA教授に再度、除霊師を探してくれるようにお願いした。今回は、彼も状況の重大さを理解したと思った。

その後、教授は私の部屋のドアをノックし、助けてくれそうな人のところへ電車で連れて行くから出発しなければならないと言った。山川夫妻に伝えたかと尋ねると、彼はうなずいた。それは、イエスという意味だろうと思ったが、実際はそうではなかった（これもまたコミュニケーションギャップだ）。私たちは、山川夫妻に、どこへ、何しに行くのかも告げずにホテルを出発した。

2人がホテルからいなくなったことに気づき、夫妻がどれほど取り乱したか想像できるだろうか。ホテルの近くを入念に調べたあとで、ひどく落胆して東京に戻ったらしい。あとになって、私たちが恋愛沙汰になって駆け落ちをしたと思ったということを知ったが、そういうわけではなかった。私たちの蒸発の謎は、2日後に私たちの神戸からの電話を受けるまで解けなかったそうだ。

私の口から発せられた声がA教授に向かって、「あなたとリアには、ハウス・オブ・オウムと呼ばれるスピリチュアルセンターをセドナに建設する魂の契約がある」と言った時、彼はそれを受け入れ、必要な準備をするつもりでいた。アリゾナへの旅行の準備と称し、あの声が「ここに行け」、「あそこに行け」、あるいは「これを買え」、「あれを買え」と私たちに伝えた時も彼は進んでそうした。A教授の主張に従い、パスポートは手元から離さないようにした。その頃までに、私は完璧にその存在の支配下にあったので、見えてきたことと共に進む以外に選択肢はないように思われた。

私たちは、九州から電車で広島に向かった。広島では教授の教え子である霊感のある女性と夕食を共にした。私はすぐに、彼女こそ私が求めていた除霊をしてくれる人だと考えたが、そうではなかった。夕食のあと、私たちは彼女と別れ、ホテルにチェックインした。

❖そして、宇宙船が

翌朝、私たちは新幹線に乗り込んだ。私たちの次の停車駅は、あの存在の指示によって神戸市になった。目的地で電車を降りると、存在は私たちをショッピング街へと案内し、小さな店の立ち並ぶ場所で「〜〜を買うように」と言った。そして、存在は満足すると「砂浜と海と階段が交わるところへ行け。山を登り、頂上であなたたちをセドナへ連れて行く宇宙船を待て。私、つまりサンジェルマン、そしてサナンダとその他のアセンデッドマスターの何人かは宇宙船に乗り、あなたたちと会うことを楽しみにしている」と言った。

私たちは新しい服を着て、新しいスーツケースを携え、山に登った。頂上に到達すると、岩の上に腰かけ、宇宙船を待った。1時間ほどすると、私の身体は震え出した。それが収まると突然、変化を感じた。A教授は動揺して落ち着かない様子だった。そして、静寂が訪れた。声はついに止んだ。ここ数日間で初めて、支配から解放されたように感じた。しばらくの間、静かに腰かけたままでいると、それまで押さえつけられていた私の一部がほとばしり出てきた。私は疲労困憊だった。山の頂上で、あまり知らない日本人の男性と一緒に一体、何をしているのだろうか！

私たちは、重い気持ちを抱えて下山した。2人とも、なぜこんな奇妙な状況に嵌《はま》ってしまったのだろうと不思議に思い始めた。ホテルまでタクシーで行き、ダブルベッドが二つある大きな洋室にチェックインした。旅行のあいだ中、私たちは一度も同じ部屋に泊ったことはなかったが、その時ばかりはそうすることが正しく思えた。私たちは哀れな体験をした連れ合い同士であったし、2人とも独りぼっちになりたくなかった。食事をしたあとで、それぞれのベッドへ入ると、彼はすぐに眠りに落ちた。

❖自殺の他に選択肢は？

私は助けを求めて祈り、自分の意思に反して参加してしまった茶番劇から救ってください、とお願いした。祈りに耳を傾けてくれる方であれば誰でもいいから、チャネリングに関連するどのようなことも捨てさせて欲しい、と祈った。夫や子どもの身の上に実際に何が起こったのか知りたかった。私は新しい人生（世界を救う責任など感じないで、ただ楽しく生きる人生）が欲しい、そしてチャネリングをする日々は終わったのだ、と宣言した。というのも、もうそれ以上、本来の道から外れた目的のために、何かの存在に自分を利用させるつもりはなかったからだ。

それにしても、なぜアセンデッドマスターたちは、そんなことが起こるままにしたのだろう？なぜ、日本に滞在している最中に起こったのだろう？　なぜ、罪もない人たちが私の出現で引き起こされたように見える陰謀に引き込まれたのだろう？　どうすれば、私は彼らに再び敬意を持ってもらえるようになるだろう？　どうすれば、自分に対する敬意を取り戻すことができるだろう？私は本当に困っていた。どうすれば、私は自分の名誉を回復できるだろう？　状況は悲惨だった。もし、自殺以外に何か明らかな解決方法があるなら、私は何であれその覚悟ができていた。私は幻滅していた。43歳にもなって精神的にすっかり参っていた。

神戸のホテル――。時間は1985年12月9日の深夜12時1分、私は深い眠りについた。そして、この肉体の生命を永遠に変えてしまう何かが起こった。

翌朝、目覚めると、前夜にベッドに崩れ落ちた時とはとても違った感覚があった。前よりもずっと心地よく地に足がついていたし、マインドはクリアだった。自分が無茶をしてしまったことに気づいてはいたが、動揺はしていなかった。今回の日本訪問の間に起こった全てが、そして日本に来る前の「私」に起こった全てが、まるで「他の誰か」に起こったことのように、完璧に自分が切り離された感じがした。

もう一つのベッドで休む男性を見て、私が彼の人生に現れてしまったことを考え、とても悲しくなった。そして、こんなに短期間で彼の人生をメチャメチャにしてしまった、と思った。彼はすでに目覚めていたので、これからどうすべきか聞いてみた。すると彼は、「山川夫妻に電話する」と言った。

山川夫妻は神戸まで戻って来なければならなくなり、東京の自宅から私たちが引き起こした騒動を収めるためにやって来た。彼らは、私たちの部屋に魔よけのお守りを携えて、悪霊を払うために行なう日本の伝統的なやり方で、お米をまきながら入ってきた。私は、彼らは正しく対処すべきことをしていると思った。私の話す能力を乗っ取った招かれざる存在にとっては、霊的なものにオープンで、しかも疲労困憊していたチャネルである私は格好の餌食だった。私はチャネリングの仕組みの「裏と表」について無知だったために、その存在に私(と、私を通して連れ合いまで)が弄《もてあそ》ばれることになった。

❖同じ肉体に、新たな「操縦者」

ここでは、その時の出来事の中で一番重要な側面について書かなければならない。このアーリーン／リアという名で知られている肉体を占拠している魂は立ち去る準備ができていて、彼女と入れ替わった魂は、入ってくるべきふさわしい時期を待っていたのだ。アーリーン／リアが、神戸のホテルの部屋で、魂の交代のための最後の「GOサイン」を祈りと共に出すと、その夜に開始された。翌日、違和感を持ったアーリーン／リアは、同じ肉体だったが、同じ「ペルソナ(人格)」ではなかった。新しい人生の契約が開始されたからだ。

数年間、私にはあの夜に何が起こったのか認識できなかった。魂の入れ替わりが完了するまでの統合のプロセスは、それに気づくことなく、ただ進んでいった。私が「ウォークイン」という現象があることを知っていて、それが人生に与える意義を理解していたら、次に私の人生でそれが起こった時には、もっと容易に受け入れることができただろう。しかし、認識しているいないにかかわらず、魂の入れ替わりによる影響はすぐに始まった。

❖彼女を家に送り返す

山川夫妻は、A教授を名古屋行きの電車に乗せ、私を東京へ連れて帰ってくれ、三つの神社に囲まれている赤坂のホテルに部屋をとってくれた。それは、防御のための場所だ。翌朝、山川夫人が近くの氷川神社に連れて行ってくれ、神道の宮司による浄霊とお清めをしていただいた。私は神社からそのまま空港へ向かい、米国への帰国便に乗せられた。私は、ロンがワシントンD.C.の空港へ迎えに来てくれることも知り、ここ数日間で初めて心の底から深い安心の息をつくことができた。

ワシントンD.C.に着き、疲れてはいたが、家に戻ってこれたことが嬉しかった。ハグを交わし、「元気だった？　私が体験したことは絶対に想像できないと思うわ！」とロンに声をかけると、「お前のチャネリングのノートには全て目を通した。お前が書いていることはデタラメばかりだ！　サンジェルマンなんて奴は、この世にいないんだ。お前は想像力がたくまし過ぎるんだよ。それを認めて、もうそろそろ普通の妻に、本来の母親に戻る時期だ」と言い放った。

会いたと思っていた情熱はすぐに失われ、失望と悲しみに変わった。「B&Bホテルをいつ予約してくれたの？」と聞くと、彼はすぐに、「お前の休暇はもうない。もう十分だろう。これからは僕たちと一緒に家にいるんだ。デパートででも仕事を探して、家族の面倒をみたらどうなんだ！」

と言い返してきた。その時、結婚の終わりの合図を示す、最後のスイッチが押された。

❖ウォークイン：熟慮すべき重要なこと

魂の入れ替わりは、その言葉の響きほど単純なものではない。私の場合、元々の魂のエネルギーは、肉体のオーラの中に2年以上のあいだ留まっていた。その間、アーリーンの魂の人格は、43年間占拠していた肉体を完全に手放すプロセスに従事していた。

１９８５年にホテルの部屋で起こった「ウォークイン」という現象は、実際に物理的な入れ替わりだった。それは、長く込み入ったプロセスの中にある多くのステップの内の一つだ。アーリーン／リアの魂は、２～3年の間に徐々に去って行ったが、残された魂が完璧に統合されるには数年かかった。それは、１９９3年2月5日の覚醒と共に完成された。その出来事とその意義によって、新しい名前「アルーナ」がもたらされた。

私にウォークイン現象が起こったことで、読者は多くの疑問を持たれるだろうと思う。そのテーマについて専門家ではないし、他の人々と比べて特別だとか、異なっているとは全く思っていない。魂の入れ替わりが起こったことで、物事に取り組むための成熟した肉体を得るために「生まれ変わる」ことができたので、とても多くの時間が節約された。

ここでは、「どうして魂の入れ替わりが起こったことが分かるのか？」という質問に答えたい。

「私」がワシントンD.C.のエアターミナルに足を踏み入れてまもなく、この肉体の人生の中で出会った人々との体験をそれまでとは異なって感じていた。23年間一緒に生き、愛したロンとの繋がりを感じることはできなかったし、空港での夫との悲しい場面は、アーリーンには重い影響を与えただろうが、「私」には心理的影響はなかった。もう一つの兆候は、子どもたちやその他の身近な親戚も、見知らぬ人のように感じたことだ。最も際立ったことは、肉体がアーリーンの母のそばに行った時にも不安を感じなかったことだ。11歳の頃からアーリーンは、母に会う前後に精神安定剤を飲んだ。日本から戻ってからは、鎮静剤を飲む必要はなくなり、彼女の存在や「波動」が私の邪魔をすることがなくなった！

❖最後のお知らせ

1985年12月9日、深夜12時1分。日本の神戸において、肉体に新しい魂が宿るための高次元から物理次元への魂の移動が起こった。全ての出来事の背景は日本にあった。二つの魂の間の契約の完成、道のりを整えてくれた体験、最後のきっかけ、懇願の祈り、そして魂の入れ替わり……。日本は、この肉体の人生の次章への出発点だった……。その体験をかいくぐった私は、日本人になったとは言えないだろうか？

第7章 セドナ

精神世界のメッカ、セドナは影に光を当てる。

初めての日本への旅を終え、新たな人生の残りで何をすべきか答えを模索しつつ、家族を養うために仕事を探していた。最初に訪れた仕事のチャンスは、ライフスプリングの友人からのものだった。交際相手紹介サービスの会社を勧められた。他に満足できそうな仕事もなかったので話に乗ってみようと思った。お見合いサービスというのは、多忙なエグゼクティブ、パートナーを見つけるためにバーに出かけるのが嫌な人には理想的な手段に思えた。営業担当という点では上手くこなせたが、自分自身が活用しないものを売るのは妙な気もした。なぜなら、私は結婚しているのだから。

❖ ノー、本当に、私はチャネリングを止めた

その会社は、私に別の扉を開けてくれた。ライフスプリングには、そこで働いている人もいて、

私がかつてチャネリングをしていたことが伝わっていた。私はそのことを隠していたが、社員の一人のメラニーがその話を聞きつけ、私のチャネリングセッションに非常に興味を持ってしまった。彼女は、チャネリングをしてもらえないかと何度も頼んできて、そのたびに断っていた。しかしある日、彼女が本当に助けを必要としているように見えた。私は、チャネリングで届けられた内容の価値や正確さを決める責任を完全に彼女が取るのであれば、チャネリングをしてもいいと伝えた。彼女は同意し、セッションのために私の自宅を訪問することになった。

数カ月間チャネリングをしていなかったので、かなり落ち着かない気分だった。日本での奇想天外な体験も、私の記憶に生々しく残っていた。しかし、眼を閉じてサンジェルマンにお願いすると、大きくはっきりとした声で現れてくれた。メラニーは、質問に対するサンジェルマンからの回答に大喜びだった。セッションを行なった日は、彼女が週末の瞑想合宿に参加する予定だった。次に私たちが出会った時、彼女は「瞑想中に、あなたがチャネリングを再開するよう私から働きかけるようにというガイダンスを繰り返し受け取っていた」と言うのだった。彼女は私をサポートするために、良い食生活や定期的な瞑想、ヨガ、そして「練習としてのチャネリングセッション、その間、彼女は私が呼び起こすエネルギーをグラウンディング（落ち着かせる）させる役割を取っていた」を含むプログラムを考え出していた。そのプログラムは、私が安全にチャネリングをするのに必要な仕組みを提供してくれるように思われた。私は彼女の申し出を受けたくなった。

しかし、私は彼女の申し出について考えなければならなかった。日本で体験したことを繰り返すのが本当に怖かったからだ。メラニーの申し出はとても寛大で、それが重要な取り組みと彼女が確信していることは分かった。心配することなく申し出を実行に移せると私が感じられるまで、私たちはかなりの間、話し合った。

私がメラニーに主張したのは、彼女自身がライフスプリングのトレーニングに参加することだった。彼女は熱心な瞑想実践者だったが、自己成長のワークをする利点をまだ体験したことがなかった。彼女には対処すべき未解決の問題があることが見えていたので、私たちの世界観が同じようになることが重要だと感じていた。トレーニングは、メラニー個人にとって役に立っただけでなく、私がチャネリングを再開する準備が整った時、多くの新たなクライアントを生み出してくれた。

❖サンジェルマンは微笑み、まだ道案内をしてくれた

サンジェルマンは、彼のチャネルを復活させるためにメラニーが助けてくれていることを嬉しく思い、呼びかけると、いつでも協力的な様子で現れた。彼は私たちが意識を拡大させる助けになることをするようにと依頼してきた。彼の要望の一つは、ニューメキシコ州のメアリー・マーガレットを訪ねること、それからセドナでしばらく時間を過ごすことだった。彼は、セドナで私たちに姿を見せることを約束してくれた。時は１９８６年の秋で、息子たちはハイスクールに通っていた。私が出かけている時は、ロンが監督をしてくれるだろう。というのも、私はもう一日中、家族の面

倒をみるつもりはなかった。世の中に出て、私の仕事を追求する自由を手にする時期だったのだ。

旅は、メラニーと私にとって本当に良い体験になった。素晴らしい人々と出会い、旅の途中では多くのチャネリングによるリーディングを行なった。メアリー・マーガレットが私たちの滞在の最終日までいなかったことを除けば、タオスで過ごした時間は最高だった。前もって電話をした時には、彼女はバーソロミューのチャネリングをすると言ってくれたが、実際はごく短時間しか訪問を許されず、チャネリングの時間がなくて落胆した。

サンジェルマンから受け取っていた予言の多くが不安だったので、メアリー・マーガレットから経験豊かなアドバイスが欲しかった。例を挙げると、サンジェルマンからは「空港でのテロリストによる攻撃の可能性がある」と言われていた。その種の情報をもらった時、一体どうすべきなのだろうか？　あるクライアント（奇遇にも米国連邦政府の有力な上院議員と仕事をしていた）にその話を伝えると、彼は私が上院議員と会い、メッセージを伝える機会を用意してくれた。上院議員が多忙なスケジュールを縫って、チャネリングによる情報を聞く時間を取ってくれることには驚いた。結局、テロリストによる攻撃は起こらなかったが、情報を伝えたことと攻撃が起こらなかったことに何らかの関係があったかは知る由もない。

❖ どのようにして存在を締め出すか？

チャネリングについて、また日本にいた時に起こった現象からどのように自分を守るかについても尋ねたかった。メアリー・マーガレットは、私自身のエゴに用心するようにと言った。それは確かに良いアドバイスだが、何百マイルも車を走らせて彼女に会うために来た主な理由、将来起こるかもしれない干渉や「乗っ取り」問題をどうやって防げるかについての話はなかった。

メラニーと私は、メアリー・マーガレットとの面会の結果にはガッカリしたが、すぐに手放して車に乗り、セドナへの道を進めた。メアリー・マーガレットに尋ねることができなかった質問は、サンジェルマンに尋ねることもできるので、彼と会うことを楽しみにしていた。

しかし、サンジェルマンは現れなかった。私たちは、それをどう解釈すればいいのか分からなかった。彼の名によって受け取っていたチャネリングの内容全てが確かなものである証拠として、現れてくれることを心から期待していたのに。それは、私がチャネリングで受け取った内容と、クリアにチャネリングする能力の正当性に疑問を投げかけることになった。私たちは旅自体をやめた方がいいのではとも話し合った。私のチャネリングによってもたらされたガイダンスを信頼できず、私たちは長時間、瞑想を行なって神の助けを求めた。そして、心に重荷を抱えたまま、ヴァージニアへの帰路についた。

しかし、私のチャネリングが人々にとってプラスになっている事実は無視できなかったので、チャネリングすることについてどうこう言うべきではないことには気づいた。サンジェルマンは、「天職」として私が身を捧げると最初に言った。彼は、その約束を優しく思い出させてくれた。私は、チャネリングをその後も続けた。

❖ セドナへ向かう

私たち2人が強く確信していたのは、その先に何が用意されていようが、セドナで始めなければならないということだ。ロンには、もろもろの責任を果たしたら私はすぐにでもセドナに引っ越すつもりで、彼らも準備が整い次第、来てくれればいいと伝えた。驚いたことに、ロンはすぐに準備をして一緒に引っ越すと答えた。彼の家具ビジネスは低迷し、財政上の負債を生んでいた。そして、セドナでしたいと思っている別のビジネスの計画を立て始めていた。

サンジェルマンは、「あなたが愛するものだけを持っていきなさい」と言ったが、ロンが「全てそうだ」というので、私たちは引っ越し業者を雇って家財道具を移動させることにした。車は、キャンプ用具、次男、そして犬や猫でいっぱいになった。長男はヴァージニアに残る決心をした。次男は、友人や新しいガールフレンドと離れることに憤慨していたが、事態が好転するために私たちがしてあげられることはそれほどなかった。

8月、私たちは美しい賃貸住宅へ引っ越した。そして、1カ月もしないうちに、その年の11月に日本へ再来日を要請する旨の招待状が届けられた。とても嬉しくなり、日本行きに同意した。今回の旅は、前回の来日の際に傷つけた評判を修復する絶好の機会になると思った。

❖償いの旅

今回の来日の招待は山川夫妻からではなく、A教授の友人や学生たちのグループによる招待だった。彼らはA教授のことを心配しており、助けられるのは私だけだと言っていた。彼らは、来日を要請する一方で、旅の経費を賄うためのワークショップや個人セッションを企画してくれていた。

来日してからのスケジュールは忙しかった。まず東京へ飛び、そこから茨城県日立市の浅野家へ向かい、私が開催する初めてのワークショップを行なった。20人が参加し、そのほとんどの人たちに個人セッションも行なった。

次に、東京に向かったが事情はかなり違っていた。1日分のワークショップの他に、2週間にわたってリーディングが予定されていたが、2~3人しか申し込みがなかった。セキノ・ナオユキという名の素敵な男性が通訳だった。リーディングの終了後、彼が言うには前回の来日時の失態の話を聞き、人々が用心深くなっているとのことだった。私はガッカリしたが、彼らがためらうのも理解できた。しかし、彼は私と対面することで、私が浄化され、いい仕事をしていることが分かったので、「他の人々にも伝える」と話してくれた。彼の推薦のおかげで、個人セッションは全てが瞬く間に予約で埋まり、ワークショップも満席になった。

❖スペザーノの地

セッションとセッションの間は、ナオユキと過ごした。彼は翌週末に、チャック・スペザーノという人気のある米国人心理学者のワークショップに参加するという。彼は私にも参加を強く勧め、私も直観的にそうした方がいいと感じた。チャックに会った時、私は彼のことを、まるでいつも知っていたかのように感じた。彼は温かく、思いやりのある賢い人だった。なぜ、多くの人が私に彼のコースを受けることを勧めたのか察しがついた。素晴らしい体験だったし、そのグループで出会った人々が私のクライアントとなり、コースの参加費用はそれで全て賄うことができた。

その週末には、ニュージーランドとカナダのバンクーバーから来日していた人たちと出会い、彼らの国でワークショップとリーディングセッションをしてくれないかとも招待を受けた。スペザーノのワークショップは、新しい家族を発見するような体験だった。

そうして、私は名誉を回復しただけでなく、日本、チャック・スペザーノ、今回の来日で出会った人々、という長期にわたる関係への扉が開かれたのだ。

❖「覆いをつけたままにしておく」

チャックのワークショップの翌週末には、A教授と会うことになっていた。それが再来日の主たる理由なのだが、彼に会うことは誰にも言わないようにと言われていたので、「京都観光に行く」と人々には伝え、電車での移動途中で彼が住む町で途中下車した。彼は、私のホテルの部屋に、来日の際に会ったことのある2人の友人と共に訪ねてくれた。

会話は最初のうちは和やかで、彼も問題なさそうに見えたが、夕食の際、彼の友人や学生たちがなぜ心配しているのかが分かった

彼は非常に強力な「龍神」をチャネリングしていること、その龍神が彼を日本での重要人物に仕立ててくれること、しかし、いくつかのことが上手く運んでいないことを語った。上手く運ばないのは彼が龍神と結託しているからだろうと思われたので、サンジェルマンに話してみる気はないかと聞いたが、彼は断った。「自分は日本人だから、ホワイト・ブラザーフッドには興味がなく、自分が歩む道は龍神との同盟関係によって日本に大きな貢献をすることだ」といった趣旨のことを話した。

私は、1年前の存在による乗っ取りに2人で遭遇した際、私が必要としていた浄化による助けを今度は彼に与える準備をしてきたのだが、私が身に付けた新しいツールを彼に施す機会は訪れなかった。彼が私のために龍神をチャネリングすると、龍神は私に、「彼のもとから立ち去り、彼を

放っておけ」ときっぱりと私に言った！　しかし、私はすぐに彼から立ち去ったわけではなかった。

❖ 式年遷宮

翌日、A教授は、私を連れて伊勢神宮へ参拝する予定を組んでいた。日本で最も崇められている神社で、神道の聖なる遺品が残されている。その日は式年遷宮（改築）の儀式が行なわれていた。式年遷宮とは過去千三百年の間、20年ごとに行なわれてきた儀式で、建物も内部も完璧に造り変えられる！　私たちは、木材が新しい神社の建設現場へと川を流されていくのを眺めた。新しい建物が完成すると、太陽の女神、天照大御神の八面鏡が古い神社から新しい神社へと移動される。

その日は、私たちに多くの癒しがもたらされた。A教授はついに、神道の美を私に紹介する機会に恵まれた。前回の来日ではなかったことだった。

❖ 龍神の呪縛

A教授と龍神に対峙することは、単純ではなかった。龍神は、私がすぐに彼から離れなかったことを快く思わなかった。彼への龍神の影響力を損なう可能性がある者と、私が見なされたからだ。龍神は、私の霊へのオープンさと心配につけ込んで、私のエネルギーにも取りついた。私がチャネリング用のペンを握った瞬間に、「今すぐ、ここから出ていけ！」という脅しを書きつけてきたので、すぐに分かった。幸運なことに、今回はそのことを分かっている数人の友人がいたので、助けを求めて電話をすると、彼らはその脅威の存在をすばやく開放する手助けをしてくれた。A教授はまだ龍神に魅了されていたが、私は彼の自由意思を尊重していたので、同意なしに彼を助けることはできなかった。滞在日数もあと1週間を残すばかりになったので、別れを告げ、翌朝には再び彼に会うことなく、京都観光のために出発した。

京都は、世界の中でも私のお気に入りの都市の一つで、京都で過ごした時間のおかげで、私は他の国へも自分一人で行ける自信がつき、その時以来、私は一人で旅することが怖くなくなった。

今回の2度目の来日は、私の人生に新たな方向性を見出してくれた。当時はその後、1年もしないうちに再来日し、魔法に満ちた旅を私の新しい日本の家族と共に進めることになるとは思ってもいなかった。

❖「サンジェルマンと寝るのは嫌だ」

ロンは、私のために驚きのニュースを用意していた。空港から自宅まで2時間ほどの車の走行中に、彼は、「ある女性と知り合ったので、離婚したい」と言い出した。彼は、旅に出かけてしまうような妻は求めていないし、「サンジェルマンと寝るのは嫌だ」とも言った。離婚の要求は寝耳に水というほどではなかった。私は、２年前にサンジェルマンのために旅に出ることに「イエス」と答えた時から、離婚の可能性があるかもしれないとは考えていた。

数週間後、私は必要な物だけを持って、アパートに引っ越した。ロンの要求に同意したものの、彼が心変わりをして、再び元に戻れることを願っていた。次男は、「変な母親」についてはロンと同意見で、父親と一緒にいることを選択した。アパートの敷金と家賃を支払うために銀行に行った時、ロンとの共同口座がほとんど空になっていることを知った。口座には１００ドルしか残っておらず、それで私の新たな生活を始めなければならないのだ。

なぜロンにお金の管理を任せることに同意してしまったのだろう？　たった5カ月で、彼はお金を使い果たしてしまったのだろうか？　自分の人生を歩んでいくにあたって活用できる資金は、私個人のクレジットカードだけだった。

私はセドナを愛していた。訪れたことのある中では最も美しい場所で、スピリチュアルなことに関心を抱いている人たちと触れ合いながら暮らすのは、喜びだ。幸運なことに、玉石混交の中で、私が教えを乞うことができるチャネルもいたし、私自身のチャネリングに生じる干渉を除去する手伝いのため浄化を行なってくれる人たちもいた。

私が一人で住み始めて数カ月経った時、長男がやって来て、ロンと息子たちはカリフォルニアへ引っ越すと話した。彼らは約5時間かけてセドナからサンディエゴへと引っ越したが、まさにその日、私の父が亡くなった。ロンは、父の葬儀のためにカリフォルニアからヴァージニアへ駆けつけてくれた。彼は私たち2人が親友で、互いを愛する者同士のように振る舞った。しかし、葬儀の終了後、ロンはカリフォルニアへ、私はセドナへ戻り、ロンや2人の息子にいつ再会できるのか分からなかった。

母の愛（そして、時には妻の愛も）はどのように引き離されようと、妨害を受けようと、何がしかの形で続いていく。しかし、虐待（私の場合は財政的、感情的な）に耐えようとする意志は、私のように忠誠心の強い性格の持ち主であったとしても、やがては限界を迎える。共同口座のお金が全て消えてしまった！　自分の限界に達した、とその時には思った。

❖ 神への接近と宗教

メラニーは、セドナで自分のアパートを見つけ、生計を立てるために、車で遠い距離にある病院で看護師の仕事をしなければならなかった。望むほどには彼女に会えなくなったが、彼女は私の洗礼の時に付き添ってくれた。そうなのだ！　ヴァージニアのシナゴーグで母の「スターガール」だった女の子が、今はキリスト教の洗礼を目指している！　その行為に至ったのにはいくつかのきっかけがあった。そのうちの一つは、過去世回帰のワークを経験したことに端を発している。

物語を先に進める前に、過去世や過去性回帰についての私の立場を明確にすることが重要だと思う。覚醒した意識に照らし合わせると、矛盾するように見えても、過去世という考え方は私の見解の中では重要な役割を担っている。結局のところ、過去世とは世界中に広まっているカルマについての多くの考え方の中心的概念だ。

❖ 過去世について知ることは、有益なのか?

覚醒を経て以来の私は、人の記憶とはマインドによって作り出された想像上の作り話であることが分かっている。今世について説明するために生じたものであれ、過去世と見なしている人生について説明するために生じたものであれ、人の記憶というものは、マインドが作り出したデータが編纂されたものに過ぎない。私以前に他の人たちが述べているように、マインドが全てを作り上げ、削除し、歪曲し、一般化する。そのことは、何世紀のことであっても、どの宇宙でのことであっても、全ての記憶について言えることだ。そのように述べることで、ソウルグループや個別の魂が多くの転生をしている可能性を軽視しているだろうか? いや、私が70年代半ばに過去世についての本を初めて読み出した頃からずっと、「転生はある」というのが私の理解であり、当時、そのことを信じているのは友人や親戚の中では私だけだった。ユダヤ教について幻滅を感じたのは、その問題に関連している。

叔父が亡くなった時、葬式後の集会で二人のラビと会話する機会があった。一人は、私が持つ輪廻転生の考え方は異端信仰であり、「真実は全くないのだから、早く捨て去る方がいい」と言った。

ラビが立ち去ると、もう一人のラビがやって来て、「ユダヤ人の中には輪廻転生を信じている人もいて、彼らはカバラにかかわっている」と言った。残念なことに、実際にそのような人は紹介してくれなかったし、私はそうした人を見つけようとも思わないことにした。なぜなら、もはや私は過去世の存在を確認する必要など感じていなかったからだ。私は、さまざまな作家の本、とりわけヴァージニア大学医学部精神科の主任教授であった、イアン・スティーブンソン博士による“Twenty Cases Suggestive of Reincarnation”(「輪廻転生を示唆する20のケース」、1974年)を読んだことで、必要な「証拠」は全て持っていた。彼の研究は、3千人以上の子どもが想起した過去世を科学的に検証しようとする40年にも及ぶ取り組みだった。

しかし、過去世の存在を完全に受け入れているとしても、ある過去世回帰が実際に過去の転生の記憶であることを立証したり、否定したりする確固たる方法はないことも知っている。もし、想起できることが、現在の何かを解決するのに役に立つのであれば、過去世回帰を行なうことに何らかの価値があるのかもしれない、というのが私の主張だ。しかし、一般的に「過去の人生」で「私たちが何者であったか」を知ることは、ただ単に「私と私の人生」の想像上の物語を拡大させるだけだ。エゴは、私たちをいま現在の瞬間(人の「現実」が実際に存在する唯一の場所)から追い出すために、その物語を効果的に使うのだ。

過去世について私たちが理解する手助けとなる概念があるだろうか? 次に示すのは、私たちの地球における今の人類の発達史の中で、一般的に受け入れられてきたものだ。

私たち人間が集合的に魂の存在を概念化した時、魂のエネルギーの大きさを測るために定めた基準の一つは、私たちの制限あるマインドが当時に考えた方法に直接、関連していた。つまり、「単一の魂」は、イコール「個としての肉体」の中に宿った生命力エネルギーであるという考えだ。そこから、多くの単一の魂がまとまった「ソウルグループ」という概念が生まれる。その魂のグループが、歴史上のある時期や出来事の中に現れるとすると、「過去世回帰セッション」とは、個々の過去の人生を思い出すものだろうと仮定しても拡大解釈ではないだろう。

しかし私たちには、制限のない意識であるという理解が広がっており、その観点からすると、それぞれの魂に割り当てられた、あらかじめ決められたエネルギーの量というものも無いということになる。そうであるならば、単一の魂は、無限の量のエネルギーから出来ていて、それが複数の肉体の中へと断片として宿っていく。そう考えると、過去世回帰の中で、歴史上の有名人の過去世の「記憶」が複数の人の中に現れたりするだろう。従って、多くの魂の欠片がクレオパトラや、ナポレオン、あるいはキリストの弟子の一人であったことなどを思い出すことにもなるのだろう。

その考え方の類似のものとして、元型（心理学者ユングが提唱した概念）の概念を受け入れることができる。単一の魂が複数の肉体に断片として宿るという前述の考えに従えば、元型によるグループ意識は納得のいくものだ。つまり「アトランティスで生きていた」とか、「エジプトやギリシャの神話の登場人物であった」とか、「キリストの物語に参加していた」など歴史上の逸話の類にかかわっていたという記憶の源として、元型の概念は説得力を持っている。

そういった理由から、あとで述べる過去世回帰セッションにおいて私に現れる記憶は、アルーナの魂が、その人生を体験した魂の一つの断片であることを意味しているのかもしれない。しかし、覚醒者としての見地から、真実であると感じ、知っていることは次のことだ。

私たちが、自分自身の個人的カルマの一部分であると考えている全ての人々は、彼ら自身の人生のさまざまな映画の中の役者でもある。自分の物語の登場人物は、別の人物よりも重要に見えるかもしれないが、それは真実ではない。どの登場人物も同じ源の現れだ。その源とは、それぞれの物語のための、互いに交錯しながら進化していく脚本を、登場人物と共に共同創造するワンネスだ。私たちは、行動する者として、多くの異なった連続した役割を演じているようだが、実は一つの意識であり、それはさまざまな容姿をまとい、多次元的に同時に「それ自身」を表現しているのだ！

❖ 結論は、あなた次第

ここまで色々なことを話してきたが、大局から考えると、全ての個人的なストーリーは幻想で現実ではない。だから、次に述べる私のストーリーは、今、私がどのように世界を見ているか（覚醒した意識から）ということとは関係ないことを心に留めて欲しい。私は、それこそが「真実」であると宣言するつもりはない。私はただ、自分が過去世回帰を行なった時に、何が私に起こったかということを述べようとしているに過ぎない。最終的に、あなたはその事柄全体についてのあなた自身の結論を引き出さなければならないだろう。なぜならば、私にはそうした結論がもう何もないからだ。私がなぜ自分が受けた過去世回帰のセッションについて読者の皆さんと分かち合おうとしているかといえば、そのセッションが覚醒前の意識を進展させる重要な原動力となったからだ。

❖ 初めての過去世回帰セッション

ある時、浄化のワークを受けたが、その中に過去世回帰が含まれていた。私が体験した最初の4回の過去世回帰では、キリストの母としての「私の人生」の直接的な強い「記憶」が、回を追うごとに次々と現れてきた。そのことは、奇妙に思えた。私はユダヤ人として生まれ、一度も新約聖書を読まず、学校でも聖書の物語に慣れ親しむような宗教的活動には参加しなかった。キリストについては、限られた知識以外は全く無知だった。

それならなぜ、自分の過去世回帰の中で、ラザロ（イエスをよみがえらせるために足に香油を塗ったマリアの弟）ともう一人のマリア（マグダラのマリア）という名の人に出会っていたのだろう？　なぜ、十字架を担いで小道を歩く彼を見ている群衆の中にいる自分自身を見ていたのだろう？　なぜ、十字架に磔《はりつけ》にされた彼を見ていたのだろう？　それが彼に起こったため、なぜ私は神に怒りを抱いていたのだろう？　どれも私には縁遠い事柄だったので、その記憶と私の関係性を見出せるかどうかを確かめるために、過去世回帰のセッションを受け続けた。また、その映像が実際にキリスト教の聖書の中で報告されている情報と合致するかどうかを見極めるため、私はキリストの人生についてもっと多くのことを学ぶ決心をした。

ギリシャ正教会の司教がセドナに滞在している時、友人が司教を紹介してくれたので、私の過去世回帰の内容について何時間も話し合った。記憶が完璧に聖書の中の物語と符合することがお互いにとって明確になった時、私はそれが自分の過去世のうちの一つだったのだろうと結論づけた。そして、おそらくはそういう理由で、アセンデッドマスターたちは私が瞑想を始めることを待っていたのだろう。人生の次の段階へ進んでいくに当たり、神の意志にしっかりと繋がれるように、私に洗礼を施してもらえるかと司教に尋ねた。メラニーを招待し、美しい儀式が執り行われた。そうして私はユダヤ教徒であると同時にキリスト教徒にもなったが、どちらの宗教のライフスタイルにも従うつもりはなかった。私が興味を持ったのは宗教的哲学であり、宗教的な慣例や信念体系ではなかった。

❖私の人生の目的：光の都市

私は、世界中で起こっている分離の多くは宗教的信念の摩擦によって引き起こされた結果であると感じてきた。異なった見方を持った人々が調和の中で生きるために、人々の間に十分な共通点があるかどうかを見極めるため、主要な宗教的信念をもっと深く個人的なレベルで学びたいと思っていた。そのことを探求したいと思ったのは、私にとっての初めてのネイティブアメリカンの教師であるジョセフ・ラエルと共に行なったビジョンクエストの結果だった。あの夜に受け取った一つのビジョンの中で、私は世界の宗教のシンボルが全て重なっていき、やがてそれらが回転して一つのシンボル、光の都市へとなっていくのを見たのだ。世界を変容させる手助けをすることこそが、私の人生の目的であり、それを達成するために、できるだけ多くの宗教について十分に深いレベルで学ぶ必要があると確信した。キリスト教徒になったのは、その旅路の第一歩で、その後、私は同じく献身的で、深く、個人的なやり方でイスラム教徒になるようにも導かれていった。

探求を進めるにつれて、さまざまな宗教の信者や擁護者の多くが自分たちの宗教こそが神への唯一正しいアプローチであると考え、自分たちの特定の宗教的「ブランド」に所属していない他の人類を除外し、時には物質的損害まで与えていることに懸念を持つようになった。そのようなことが頻繁に起こることを観察していると、その中のどこにキリスト意識（無条件の愛）というものがあるのだろうと疑問に思う。

❖ 全く別の話

さて、1987年8月へと話を進めていこう。マフーの物語を語らずして、セドナでの冒険の報告書を完成することはできない。チャネリングによってもたらされるその存在は、J・Z・ナイトがチャネリングするラムサと似たような方法で自身を顕現させていた。どちらも、いわゆる「フルボディー・チャネリング（チャネルの体を完全に存在が占有するチャネリング）」と言われるものだ。マフーは、ペニーという名の若い女性の肉体を依り代《よしろ》（神霊が寄りつくもの）としていた。

マフーがフェニックスにやって来る、と友人が言っていたので、私もペニーがマフーをチャネリングするところを見てみたいと思った。今まで目撃した全てのチャネルは、私と同様にコンシャス・チャネリング（チャネルが意識のある状態で行なうチャネリング）をしていたが、今回のイベントは、私のチャネリングの知識に新しい次元を追加してくれそうな見込みがあった。

約300名の人々が参加していた。マフーがペニーの肉体に降りてくる前に、ペニーは彼と取り組む際の個人的な難しさについて語った。例として、マフーは彼の聴衆と何か約束をしてしまい、その約束を果たすためにペニーが自分の資金を使うことを期待されてしまう（例えば、将来のイベントに参加するための航空券を買うなど）のだという。

イベントの前、ペニーは「聴衆の中に、イベント終了後に彼女にリーディングをする気のあるチャネルがいるか」と尋ねた。私が手を挙げると、「誰をチャネリングしているのか」と聞かれたので、「サンジェルマンだ」と伝えると、あとで楽屋に来るようにと言われた。私は同意し、それで事は終了した、と思っていた。

❖ 数少ないサンジェルマンのチャネル

イベントの開始時、マフーはペニーの肉体を占有してまもなく、私の目の前に歩いて来て、「あなたが私のチャネルにリーディングをしてくれるのだね?」と言った。私が、そうだと答えると、「サンジェルマンは私に良くしてくれるだろうか?」と尋ねた。私は、サンジェルマンは彼独自で話をするので、何を話すのかは私には分からない、と答えた。マフーが次に発した言葉は私には驚きであったし、聴衆にとっても同様だった。彼は「サンジェルマンをチャネリングしていると思っている者は多くいるが、本当に彼とつながっているのはほんの数人であることを知っているかい?あなたがその内の一人だということを知っているかい?」と言うので、私はそのようなことは知らなかったと答え、彼が注目していることに照れ臭さを感じた。また彼は、私がサンジェルマンをチャネリングする時は、彼に多少の影響を与えているという意味合いのことを言ったので、少し決まりの悪い気持ちになった。「それは、本当のことだから」と言って、彼はステージへ戻り、ペニーの肉体を使ってイベントを続けた。

イベント終了後、ペニーに付いて楽屋へと入っていくと、マフーはまだ彼女の中にいた。彼は私に、「ここにボディーワーカー(整体師のこと)がいるが、彼に会うといいだろう。私が彼を訓練したが、とても優秀だ。それから、必ずサンジェルマンが私についていいことのみを言ってくれるようにしてくれ」と言った。

私はマフーの教えてくれたボディーワーカーに会いに行った。彼は、素晴らしいヒーリングのワークを行なってくれた。私は長年、背骨をまっすぐにすることが難しかったが、彼のワークで状況はおおむね安定したように思われた。しかし、その時には明らかではなかったが、ポジティブではない影響もあった。

❖マフーの企み

マフーが３００人もの聴衆に向けて、私がサンジェルマンを本当にチャネリングしている数人のうちの一人だと言って以来、さまざまなイベントでチャネリングをして欲しいという招待を受け始めた。それはいいことのように思われたが、実際にイベントに初めて行ってみたところ、私が呼び寄せたエネルギーは、サンジェルマンのものではなく、マフーのものだった！　ボディーワーカーが行なったワークの際に、サンジェルマンではなく、マフー自身によって活用されるように私は働きかけられていたのだ。それは、私の口からマフーに関する良いことのみが語られるようにする企みだった。私はあまりにもサンジェルマンのエネルギーの感覚と、彼流の語り口に慣れていたので、すぐにマフーによる乗っ取りが起こっていることが分かった。私は聴衆にそのことを伝え、イベントはお開きになった。

私が正直であったために、幾つかあった講演の仕事や多くの個人セッションの機会を犠牲にせざるを得なかった。しかし、その悪戯《いたずら》好きの存在に、サンジェルマンとの共同作業を台無しにさせるわけにはいかなかった。ヒーラーの友人たちの助けを借り、私はマフーを私のエネルギーの中から追い出すことができた。ようやくサンジェルマンのみをチャネリングできるようになったが、マフーの小さな悪ふざけによって不安にさせられた人たちに対し、私自身の名誉を回復するには遅すぎた。

マフーのサンジェルマンと私とのカルマは、それで終焉したわけではなかった。初めてマフーに出会ってから数カ月後に、マフーのイベントがセドナで行なわれることになった。参加など考えもしなかったが、私の友人の数人が参加していた。一夜目が終わると、友人は私に電話を掛けてきて、マフーはセドナにとって何か大きなことを起こす計画をしていて、イベント中にそれが起きると話した。マフーが言うには、イベントの参加者それぞれにとって、人生を変えるような出来事となり、セドナのエネルギーにも大きな変化が生まれるだろうとのことだった。友人は、私が体験した彼との出来事について聞いていたので、マフーの計画はいいことではないのでは、と心配していた。私はマフーが何を計画しているのかも知らないし、彼は悪戯好きだが、悪霊ではないということを彼女に伝えた。

マフーのイベントの最終日に、私はサンジェルマンからのチャネリングによるリクエストを受けて目が覚めた。彼はメッセージの中で、そのイベントが開催されているホテルに行って、午後2時からイベント終了時刻までホテルロビーで腰かけて待ちなさい、と言った。彼はなぜということは言わなかったが、私も尋ねることはせず、指定された時刻に出向いた。ロビーに入っていくと、天使をチャネリングする私の友人が、椅子に腰かけているのが見えた。なぜ彼女がそこにいるのかを聞いてみると、「天使たちが、私にイベントが終了するまでここに腰かけているようにと言ってきたの」と話すので、私もサンジェルマンが同じリクエストを送ってきたことを伝えた。私たちは、自分たちが担わされている役目の重要性を思い知ったが、意図された成果が何であるのかは二人とも手がかりはなかった。

数時間後、マフーのイベントの部屋の扉が開き、人々が出てきた。何人かが、予期していた大きな出来事など起こらなかったので驚いたとか、ガッカリしたというのが漏れ聞こえてきた。彼らは、マフーがペニーの肉体から出ていく直前に、サンジェルマンの悪口を言ったことにとても驚いていた。やっと、友人と私がロビーにアンカリングしていたエネルギーのことが理解できた。天使やサンジェルマンが、私たちがロビーにいたことで防いだものについて微笑んでいるのが容易に想像できた。

❖ ヒーラーによる集会

私は、アパートの荷造りを済ませて、9月20日には出発する計画だった。しかし、出発の前に、9月いっぱいは大きな集会を開催する決意でいた。スピリチュアルな教師やヒーラーたちが集まり、自分たちのサービスを無料で互いに交換するということをやってみたかったのだ。セドナ在住の素晴らしい才能に恵まれた人たちが、地元の地域経済の中で生計を立てることがいかに難しいかを目の当たりにし、そのイベントを思いついたのだ。優れたボディーワーカー、ヒーラー、療法士にとって、自分たちが施すのと同じレベルの健康上のサポートを十分に受けることは稀なことだった。そのアイディアには、地元から多くの支援が寄せられた。私の思い付きは、タラという名の女性が私の住んでいるアパートに越してきた時から計画へとステップアップした。彼女の得意分野は、キャサリン・ポンダーの本に基づいて、豊かさについて教えることだった。

タラはそれらしい格好をしていた。アシスタントと二人とも「めかしこみ」、タラはリンカーンのタウンカーを運転していた。小さな砂漠の町では珍しい光景だった。タラがアパートに越してきた日は、トラック一台分の真新しい家具も到着した。彼女が一体どのようにしてそのようなライフスタイルを達成したのか、私は興味津々だった。というのも、彼女は遺産や離婚の慰謝料ではなく、思考が今の豊かさを招いたのだと提唱していたからだ。

タラが言った豊かさに関するクラスに、私は出席した。私の財政状況には大きな変化は見られなかったが、彼女が教えていたことは多くの人にとって有益であろうと感じたので、他の人たちにも勧めた。ある日、私はタラと他の教師やヒーラーを集め、自由にお互いのサービスを分かち合うアイディアを話した。彼女はとても気に入り、物事を具現化させようとする彼女の情熱も加わって、行動を起こした。タラと私は二人で自分たちが知っている教師やヒーラーを招き、40人が私たちのアパートのクラブハウスに集まった。なかには、はるか日本から来てくれた人もいた。私たちには計画した組織はなかったので、タラと私は集まった人々で独自の組織を生み出すべきだと確信していた。そして、私たちは正しかった。

最初の2週間は魔法のようだった。各教師、もしくはヒーラーが技術を披露し、クラスを教え、他の人のサービスや知恵を楽しんでいた。しかし、物事が進み、深いワークがじっくりと行なわれていくようになると変わってきた。タラが教える時間を独占し、意見の違いを尊重せずに、自身の考えを推し進めるようになっていった。そのため、私を含め参加者の多くが苛立った。私はイベントの共同主催者であり、参加者のほとんどを勧誘したのだが、そのイベントから去ることにした。他の何人かも同様に去ったが、そのまま残った人たちも状況が変わってしまったことを嬉しくは思わなかった。歯止めの効かなくなったエゴが、美しく愛に満ちた機会を邪魔するのを見るのは大きな失望だった。

❖ 言行一致、有言実行

フライトの前日、引っ越し業者のトラックが支払いの滞っているタラの家具を引き取りに来た。彼女は、リースで購入していたタウンカーも手放さなければならなかった。豊かさについての誇大広告は、タラに関しては真実ではなかった。

私にとって大きな学びだった。私はいつでも「自分が言った通りの生き方をする」と心に誓い、セドナを離れて、9カ月の旅に出た。以来、その生き方を貫いている。タラのやっていたことは理解していたし、私も同じことをしていた。実際に不動産ビジネスで成功する前は、高価な衣服や靴、ジュエリー、メルセデスベンツを買った。しかし、人生をスピリットにゆだねてからは、そのアプローチは、私がクライアントや友人の手本になるために行ないたいと思うこととは一致しなくなった。タラは「成功を印象づける」道のりを歩もうとする私自身の一部を示すことで、大きな教訓を教えてくれた。私たちが彼女の嘘を受け入れたことで勇気づけられた彼女のエゴは、イベントの期間中により大きく、より強くなっていった。彼女の夢の生活が引き取られ、彼女のイメージが崩れてしまったのは残念なことだ。彼女は、何て素晴らしい反面教師となってくれたのだろう！

第8章 大金持ち

真の豊かさとは
意識を成長させる人生経験から得られるもので、
積み上げてきた所有物から得られるものではない。

2度目の来日を終えてセドナに戻った時、私は町では少しは有名人になっていた。地元の書店が私のチャネリングを来訪者に推奨していたので、小さな地域社会では、私は誰とでも繋がっていた。誰とも交流し合うことが簡単で、多くの興味深い人たちが行き来していた。収入は少なくとも、私はセドナとその町での暮らしを愛していた。

セドナの美しい自然風景の中にそびえたつレッドロックや、友人に囲まれた暮らしに満足していた。そこを去ることなど望んでいなかったが、サンジェルマンは私が海外での仕事を続け、彼の導きと課題と共に、私が霊的に成長し続けることを望んでいた。

❖ 信頼することを学ぶ

3度目の来日（1987年9月）では、いかにして共同創造を信頼するかをサンジェルマンから教えられることになった。今回は、前もって仕事の主催者を用意しないまま出発した。全てはスピリット次第だった。

サンジェルマンによる9カ月の旅の計画では、アパートを手放し、荷物は倉庫に預け、必要な物はスーツケース一つに詰めることが要求されていた。日本に3カ月、ニュージーランドに1カ月、オーストラリアに1カ月間滞在し、日本に戻り、さらに2カ月滞在してからカナダのバンクーバーとテキサス州フォートワースを訪問したあとでセドナに戻るように、と言い渡されていた。聞いただけでも圧倒されてしまいそうだが、私はそれを実行することに同意した。日本行きの切符を購入し、新しい日本の友人に3カ月間、滞在する場所を探すのを助けてもらえるかどうかと手紙も書いた。

出発の前日になっても滞在先は決まっておらず、ポケットには400ドルしかなかった。何人かの友人は私を家に泊めたがってくれたが、日本の住宅事情の常でゲスト用の部屋はなかった。400ドルばかりでは、2日しか持たないだろう。どうなるのだろう？　私はどうしようというのだろう？

怖れは、分刻みで大きくなっていった。セドナの友人たちは、「未知の世界へ飛び込んでいく無謀な賭けなど忘れてしまえば?」と提案し始めた。しかし、彼らのアイディアに耳を傾けるわけにはいかなかった。サンジェルマンが依然として、「心配するな。滞在先はあと少しで現れる」と言っていたからだ。出発の前夜11時すぎに、前回の来日の際に会った人から電話が掛かってきた。彼女の申し出に感謝の気持ちでいっぱいになり、嬉し涙が頬を伝った。サンジェルマンが優しく、「そう言っただろう?」と伝え、私の肩越しに微笑むのが感じられた。

日本では、すでに『アウト・オン・ア・リム』がベストセラーになっていた。出会った人は皆、私の名前を知っているようだった。山川夫妻が、彼らが訳した翻訳本のまえがきに私のことを書いてくれたからだ。それは、チャネリングにより多くのリーディングセッションやワークショップを開催する機会、贈り物、そしてお金が手に入った。人生においてあれほどのお金を手にしたことはなかった。

私のチャネリングは評判を呼び、スケジュールはすぐに埋まっていった。お金を手に入れるのが難しいものではなくなり、欲しいものは何でも買えた! しかし、サンジェルマンはお金の使い道について独自の考えを持っていた。スピリットガイドに従って人生を生きる覚悟ができると、たいていはガイドが「提案する」ことをするものだ。今回の場合、そのお金を旅費に使うようにと言い渡された。

❖ セドナに匹敵する美しい場所

日本から友人のいた香港を訪れた後、ニュージーランドへ飛び立ち、ブライアンとケイコのところに滞在した。彼らは、チャック・スペザーノのワークショップで出会ったカップルだ。チャネリングに興味のある人々のグループを紹介してくれ、私は彼らに初心者向けのイベントを行なった。反響はとてもポジティブで、すぐに戻ってきて少なくとも一カ月ぐらいは滞在するように依頼された。その申し出は断れないと思った。というのは、ニュージーランドはセドナに匹敵するほど、地球上でも最も美しい場所だからだ。

❖ オーストラリア

それから、オーストラリアへ移動した。クライストチャーチからメルボルンへ、そしてシドニーへ飛び、最後はブリスベンへ。ブリスベンでは、サンジェルマンに導かれていて、正しい道にいるのだという確認ができた。

新たに行った場所で人々に会うのに簡単な方法は、ニューエイジ系の書店に行き、「私はチャネラーです」と自己紹介することだった。ブリスベンの書店に到着した時、お客はおらず店員が一人いるだけだった。彼女は電話を掛けていたので、店内を歩き回り、棚の本を見て回った。すると、私についての推薦広告が載っている本を発見した。彼女が電話を終えた時にその本を差し出し、「これは私のことなのだけど、この町で私が会った方がいい人がいるかしら?」と聞くと、彼女はすばやく、「ええ、ブライアンよ」と言って、すぐに連絡を取ってくれた。しばらくしてから、ブライアンから電話が掛かってきて、私はタクシーに乗って彼の家に行った。

彼はハグをして挨拶をすると、「あなたにプレゼントがある」と言って、本の入った箱のところへ私を連れていった。そこには、バーソロミューの教えの新書が入っていた。私は驚いた。バーソロミューは米国内ではそれほど知られていなかった。オーストラリアで彼のことを知っている人に会うとは予想していなかった。彼のことを知っているだけではなく、彼の最新本を手渡す人がいたのだ! こんなシンクロニシティ(共時性)をお膳立てしてくれるのはホワイト・ブラザーフッドしかありえない、と私は思った。

魔法のような繋がりの後、ブライアンはジュリーという名の女性を紹介してくれた。彼女は、その夜に2~3のグループのために講演会をしてくれないかと誘ってくれた。とても楽しい経験だったので、2日後にゴールドコーストに向けて飛行機に乗った時は複雑な気持ちだった。

ゴールドコーストは、ハワイのワイキキのような浜辺の町だ。クリスタルや書籍がたくさん置いてあるニューエイジ系の店があったので、「自分はセドナから来たサンジェルマンのチャネルです」と店のオーナーに自己紹介してみた。彼女は、すばやく「マフーのこと、知ってる?」と尋ねてきた。彼女は熱心なマフーのファンで、定期的に彼のイベントのテープを聞いているとのことだった。

そして、「あなたはサンジェルマンをチャネリングしている数人の一人と彼が宣言した人かしら」と聞いてきた。私がそうだと答えると、その夜は彼女と彼女の妹にチャネリングをする楽しい時間となった。そうして、今回の旅行に編み込まれたエネルギーのネットワークに新たなリンクが付け加えられることになったのだ。

オーストラリアでの最後の訪問地はアリススプリングスで、そこでも少し光のアンカリングを行なった。サンジェルマンからは地元のアボリジニたちがウルルと呼ぶ巨大な岩の周囲を歩くという任務が与えられていた。定期バスは出発した後だったので、サンジェルマンからの任務を遂行するためにはウルル行きのフライトを借り切る以外に選択肢がなかった。私は貸切り便に乗って、颯爽とウルルへと向かった。

私は、アース・デイをお祝いする儀式の1日前に到着した。サンジェルマンは、ウルルの周囲を歩くことで、神聖な意識がお祝いのために新たなエネルギーをアンカリングする手助けをすることになるだろうと言っていた。

9カ月の旅の次の行き先は、カナダのバンクーバーだった。そこではチャック・スペザーノのプロモーターの招待を受けていて、2週間連続の週末ワークショップといくつかのリーディングを行ない、そして彼のセミナーの一つのために働くことになっていた。マインドはワークショップで何を行なうかでいっぱいになっていた。私は、「助けて!」とサンジェルマンに向かって叫んでいた。

私が初めて行なったワークショップは、日本で行なった三つのワークショップだった。それらは簡単だった！　一つはクリスタルについてで、十分知っているトピックだった。他の二つは自己成長のために行ない、学んだことを自発的にシェアするものだった。しかし、バンクーバーでの2回の週末ワークショップでは、自分が良く知っているとは思えないテーマを教えることになっていた。どちらも、まるまる2日間かけて教えることになっている上、前日には講演もある。ああ、大変だ！

チャネリングを何時間も続けて行なうと疲労困憊してしまうのだが、怖れでいっぱいになったマインドは、私が前もって正しい言葉をチャネリングで受け取り、理解しておかないと、ワークショップは上手くいかないと言ってきたのだ。カナダに到着した時にはそれなりにワークショップについての自信があったのだが、休息もリラックスもできなかった。

❖ バンクーバーとお土産

初日の夜の講演会は、とても上手くいった。翌日、部屋に入っていくと、ティーチャーやヒーラーでいっぱいで驚いた。おそらく私が霊的な経験や教育の点では最も乏しい人間だっただろうが、その私が彼らに教えることを期待されているのだ。チャネリングで受け取った題材全てを持ってきたのはいいことだった。さもなければ、私にとって非常に難しい時間になるだろうと思った。私の心は、サンジェルマンへの感謝の気持ちでいっぱいだった。

計画通りにワークショップを開始し、生徒たちが自己紹介し、なぜこのワークに参加したのかを話し始めると、準備した書き物は全く目にせず、私はいつもの自分自身を取り戻し、彼らと応対していた。

昼食の時間、サンジェルマンに、どのようにして与えてくれた全ての教材へとワークショップを進めていけばいいかを尋ねた。彼は、「お土産に取っておきなさい」と答えた。彼は、私に必要なのはグループのエネルギー、私自身がそのテーマについて持っている知識、そして私が内なる声に語らせる能力だけであると知っていた。私にとっては、有能なワークショップの講師であると自分自身に証明するため、その経験が必要だったのだ。

❖ 母との和解――まだ希望は捨てない

自信のつく体験をしたので、長いあいだ訪問していなかったヴァージニアの両親の家へ凱旋する際には、世界の頂点に立ったように感じていた。しかし、私の高揚感は玄関から一歩足を踏み入れた途端、消え去ってしまった。

長い間、母とは会っていなかったし、話もしていなかった。私たちを分断していた重要な問題について、どのように話し合えばいいのか私には分からなかったからだ。玄関先で私の姿を見て、彼女は強い情感を表したが、言葉にすることができず、ハローとすら言わなかった。彼女の口から出た最初の言葉は、「なぜこんなに長い間、おまえからひと言も便りがなかったのだろうね？」だった。私は、精神安定剤に手を伸ばし、感情的に反応する子どもに戻ってしまった。成功を収めた娘の勝利の帰還にしては、大層なお出迎えだ！

なぜ、実家で10日間過ごしたのか分からないが、私の生命エネルギーが確実に肉体から流れ出るのが感じられた。母は家のどの部屋でも車の中でも絶えず煙草を吸うので、空気はよどみ、栄養化の低い食べ物やその場の重い波動エネルギーが害を生み出していた。私はまもなく、肉体的に病気になった。

その訪問での失望感の一つは、私の人生で最高の体験（私が母の実家へ戻るのを後押しをし、十分な自信と自尊心を築いた旅）を彼女と分かち合うことができなかったことだ。実家にいる間、旅行中の写真を母に見せようとしたが、彼女は見たがらなかった。私にとって重要なことに母が関心がないことを知ったことは、私たちの関係へ新たな打撃を与えた。

「大金持ち」になっても、母を感銘させることはできないことを痛感し、私は、温かく、篤くサポートしてくれるセドナへと旅立った。

第9章

ギアを切り替える

流れの中にいるためには期待を捨てなければならない。

9カ月にわたる冒険旅行から帰る途中に母の家に立ち寄る前、ポケットにはお金を、友人たちには異国情緒溢れるギフトを持ち、セドナへ凱旋帰還することを夢見ていた。しかし、それは延期しなければならなくなった。セドナに到着した時、私は肉体的に弱っており、マインドとスピリットは元気を失っていた。友人が泊めてくれるというので回復するまで眠った。

数週間もすると、エネルギーレベルは立ち直り、ついに勝利の帰還を十分に楽しむことができるようになった。私のコミュニティでは、私が導きに従うことによって成し遂げたさまざまなことを知って、私を尊敬し、絶賛してくれた。新聞社の取材を受け、イベントで講演するように招待され、私のチャネリングへの多くの推薦文が広告に掲載された。

❖ 赤い岩山とより多くの時間を

セドナのエネルギーは、私を育んでくれる。ある日、車を走らせていると、目に涙が浮かんでいるのに気づいた——セドナはすべてが素晴らしく、私はただそこにいるだけで圧倒されるぐらいに幸せだった！　まさにその時、私は、サンジェルマンが「マウイへ引っ越してもらいたい」と言うのを耳にした。

「何ですって？　そんなこと、ありえない！」と私はすぐに反応した。「9カ月も離れていて、やっとこの場所をまた楽しみ始めたばかりなのよ。今は引っ越さないわ。私には、この赤い岩山と共に過ごす時間がもっと必要だわ」。考え直すこともなく、私は以前住んでいたアパートへ直行し、6カ月の賃貸契約書にサインをした。

翌週、また内なる声のメッセージを受け取った。「書店へ行け」。私は、その時は誰とも話したくなかったので、「明日行きます」と答えた。しかし、メッセンジャーは回答が気に入らないのか、さらに強い口調で「書店へ行け！」と言った。そのようなメッセージはほとんど受け取ったことがなかったので、指示された通りにした。

書店に入ると、店主が満面の笑みで挨拶してくれ、そして言った。「戻って来たのを知っていたわ。ドイツ人のカップルが今日の午後、あなたを探していたけれど、彼らに何と言えばいいのか分からなかった」。私は彼女に新しい名刺を手渡し、お礼を言って、店を後にした。

1時間後、ドイツ人カップルのディーターとゴビンダから電話が掛かってきた。彼らは忘れたレシートを取りに書店まで戻り、私の新しい名刺を一枚もらったのだ。彼らはチャネリングのために私の家までやって来た。彼らが立ち去る時までに、私たちは8カ月後にドイツを訪問する計画を立てていた。

❖サンジェルマンが行方不明？

ロンと話をするためにサンフランシスコへ1週間ほど訪れた後、セドナに戻ったところで、ブリギットという名のドイツ出身のヒーラーに紹介された。彼女は、友人の家でワークのデモンストレーションを見せてくれた。彼女は、自分のヒーリングと私のチャネリングを物々交換できるかと尋ねてきた。そのような申し入れには、私はいつでもオープンなので、「もちろん、ＯＫよ」と答えた。彼女は翌日の夜にアパートにやって来て、素晴らしいエネルギーヒーリングを行なってくれた。ヒーリングの途中で、私は眠りに落ちてしまった。彼女は静かに帰っていった。

ブリギットは翌日の午前中に戻ってきた。私は素晴らしいヒーリングのお礼を言ったあと、いつものようにサンジェルマンのエネルギーを招き入れるための祈りを捧げたが、驚いたことに何も起こらなかった！　私は再度、祈りの言葉を捧げたが、それでも何も現れなかった。サンジェルマンが、私のチャネリングのリクエストに応答しなかったのは初めてだった。彼が私たちの近くにいないことは明白だった。なぜ彼はここに来ないのだろう？　何が起こっているのか想像できなかったし、なぜそのようなことが起こっているのかも分からなかった。

翌週にはニュージーランドへ出発することになっていて、非常に高価な航空券を購入済みだった。ニュージーランドでは、多くの人々がチャネルに会うことを楽しみにしているのに、私はもはやチャネルではなくなってしまった。どうすればいいのだろう？

そこで、とても尊敬していた地元のチャネルに連絡をし、こんなことが起こったことがあるかを尋ねてみた。彼女は「もちろんあるわ」と言うので、どのように対処したのかと尋ねると、「私は、チャネリングできているフリをした」と言った。私はショックを受けてしまった。私がサンジェルマンが話すようなことのフリをするなんて、どうしてできるだろうか？　私は騙したり、フリをしたりはできないことが分かっていた。それは自分自身に課している正直さの水準に見合わないからだ。

それにしても、一体どうすればいいのだろう？　ニュージーランドの主催者に電話をして、いま自分に起こっていることについて説明した。彼らは、それでも「とにかく来てください」と言うので、その通りにした。

❖サンジェルマンを招き呼んだが……

ニュージーランドのオークランドでは、大きな歓迎会で迎えられた。講演ホールは立見席も出るほどの満席で、数百名の人々が私のチャネリングを聞こうと待っていた。紹介されたあとで、米国を出発する前に私のチャネリングの繋がりに起こった出来事について説明し、「ひょっとするとチャネリングすることは不可能かもしれないが、皆さんのために最善を尽くします」と伝えた。いつも行なう祈りを静かに捧げ、そしてサンジェルマンを招き呼んだ。彼が現れたように見えたが、短時間のみだった。彼は数分間だけ話をし、それから静寂になり、それ以上はもう何も出てこなかった（サンジェルマンはそれから3年以上も、私を通して語ろうとはしなかった）。私は、恥ずかしさを超え、ひどく屈辱的に感じた。

2カ月もニュージーランドに滞在する予定なのに、チャネルとしてどうすればいいのか分からなかった。しかし、その見かけ上は不幸な出来事から、一体どのような進展があったのかをお知らせしたいと思う。

今回の旅行の数カ月前、アランという人がリーディングを受けに、セドナの自宅の玄関先に現れた。最初、彼は私のチャネリングに対して懐疑的だったが、じきに私のワークが気に入り、友だちになりたいし、彼がクリス・グリスコムという名の女性と一緒に開発したプロセスを教えたいと言ってきたので、私を驚かせた。シャーリー・マクレーンは、クリスの主宰するニューメキシコ州のライト・インスティテュートでのワークについて、2冊目の著書『ダンシング・イン・ザ・ライト』（角川文庫）の中で述べていた。

アランから学んだのは、ライト・インスティテュートが「ライト・インスティテュート・ワーク」と呼ぶプロセスで、私は「ハイヤーセルフの統合」と呼んでいる。そのワークでは、指圧療法、視覚化、エネルギーワークを駆使して、人々を変性意識状態に誘《いざな》い、人々はそこでハイヤーセルフ（高次元の自分）と繋がり、自分の過去世について学び、今世における問題を引き起こしている原因を発見する。アランはそのワークを人々に施す方法を教えるにあたって、チャネリングが純粋であることに重要な価値があると考えた。彼は、個人の霊性開花のために、そのワークを施すことのできる人を育てたかったのだ。

アランと私は互いにワークを何度も行ない、時に彼は、私と当時の私のボーイフレンドの二人に同時に行なってくれた。その間に受け取った情報は興味深いものだったし、私たちの今世での付き合いにおける力関係についての多くの問いにも答えが与えられた。しかし、ワークで得た最も意義深い利点は、自分のハイヤーセルフからの情報に直接、アクセスする能力だった。サンジェルマンは、私が自分だけでそれができるように私を導いてくれていたのだ。

自分のアパートで行なう私的な状況以外では、そのテクニックを実践することを予想していなかったが、いきなりニュージーランドのステージ上でチャネリング能力が発揮できない状態が起こった時、「アランから学んだハイヤーセルフの統合のワークを紹介しなさい」と内なる声が伝えてきた。そして、そうすることになった。ステージ上でそのワークのことを発表すると、瞬く間にハイヤーセルフの統合のセッションのスケジュールが埋まっていった。

❖ おかしなバレンタイン

ニュージーランドへの出張の期間中、バレンタインデーの日にロンから連絡があった。ラブレターではなく、いわゆる離縁状だった。職場の若い女性と付き合っていて、その女性と今後の人生を進んでいくことを決めたという。私は打ちのめされた。深い悲しみが3週間も続いた。悲しみのため、完全にスムーズな切り替えというわけではなかったが、私はハイヤーセルフのチャネリングという新しいタイプのチャネリングへとギアを切り替えることができた。

元々、サンジェルマンのチャネリングセッションに申し込んでいた人の中には、ただ私に会いたいという人もいたので、ロンの手紙によるショックから立ち直ってから、そういう人たちに会い始めた。ハイヤーセルフの統合の時と同じように、私自身のハイヤーセルフを招き入れることでリーディングをすればいいのではという考えを思いついた。私のハイヤーセルフがもたらす情報は、それまでにサンジェルマンをチャネリングしてもたらされたものと変わらず、影響力のあるものであることが分かった。その時から、サンジェルマンのリーディングの代わりにハイヤーセルフ・リーディングを始めた。私自身のハイヤーセルフが、私の救済に乗り出してくれたのだ！

結局、ニュージーランドへの旅は成功した。しかし、ロンとの和解の夢は破り去られたので、セドナに直接、戻ることに決めた。やっと、ディーターとゴビンダの要望を叶える時が来たのだ。若いカップルとセドナの書店を介して出会ってから、約2年が経っていた。

❖ケニアの種

ニュージーランドからセドナへ戻る途中で二つ、重要なことが起こった。乗継地であるホノルルまでのフライトで、私のハイヤーセルフから、まもなく私はケニアに行くことになるだろうという強いメッセージを受け取った。一体、どうやってそんなことができるのだろうと疑問に思った。アフリカには一人も知り合いはいないのだ！

2週間とはいえ、セドナに戻れたのは良かった。多くの友人に会ったが、そのうちの一人であるロルフは、カテドラル・ロックを一緒に登っている時に私を驚かせた。ケニア旅行について話をした時、私は、「旅の企画者であるサンジェルマンは、今回ばかりは身を粉にして働かなければならないでしょうね。私にはケニアとの繋がりを持っている人は誰一人も知らないから」と笑いながら言った。すると、「ああ、いるよ！」と、ロルフは嬉しそうに叫んだ。「あなたが留守の間に、レロイという名の人に会った。彼は元々テキサス出身の人だが、チャネリングの仕事をケニアでやっているんだ。彼はモンバサ出身の女性と一緒に旅をしていた。彼らがここにいた時、かなりの時間を一緒に過ごした」とも言った。想像すらできないような偶然で、サンジェルマンは絶えず物事を取り計らってくれているように思えた。

岩登りが終わった時、短時間のうちにケニア行きの思い付きが、ありえないという段階から、実際の可能性へと展開していったことに、私はボンヤリと想いを巡らせていた。

第10章 奇蹟は起こる

ジグソーパズルのピースは、
絵を完成させるために存在する。

ハンブルグの第一印象は、ディーターとゴビンダの住むアパートの荘厳な階段から始まった。その美しさに息を飲んだが、毎日、登らなくてはならない何段もの階段に怖気づきもした。ディーターが私のスーツケースを手に取り、階段を上り始め、部屋の扉の鍵を開けた時、私はまだ2階にたどり着いただけだった。

アパートは広くて素敵だった。2週間の滞在のためのベッドは「クリスタルルーム」にあった。そこは、彼らがセドナで購入した石をドイツで販売するために保管する場所だった。部屋はエネルギーのせいでザワついていて、私が眠れるようになるには多くのクリスタルを運び出さなければならなかった。ディーターとゴビンダは多くの活動を計画してくれていて、その中には紹介のお話し会から、数多くのチャネリングによるリーディングまで含まれていた。到着前に、私が行なっているハイヤーセルフ・チャネリングについては説明しておいた。というのも、サンジェルマンは今だ現れないのだった。

母からユダヤ人虐殺についてのネガティブな刷り込みを受けていたために、ドイツではどのように感じるかと思っていたが、最初からとても気に入ってしまったことには驚いてしまった。ドイツは美しく清潔で、魅力的で親しみやすく、人々と知り合うと自分の家にいるように感じた。静かに頭のどこかで（ドイツは、サンジェルマンが地球上で近隣にいたとの報告がある最後の場所なので）、ひょっとするとサンジェルマンは再び現れるかもしれない、とも考えていた。

❖ 本物のカッコー

最初のお話し会で知り合った女性、ミドリが、彼女の田舎の家での一日滞在に誘ってくれたりもした。ミドリはさまざまなワークショップを開催していたが、レイド・セミナーズは実際にはライフスプリングのトレーニングとかなり似通ったものだったことに2人とも気づいていなかった。そのスタイルのトレーニングを修了した人々に起こる意識変化は明らかで、彼らが集まるところは、どこでもいつでもフレンドリーなエネルギーが生まれる。

自己成長を促す「ライフスプリング」流の雰囲気は、ハンブルグであろうが東京であろうがワシントンD.C.であろうが、いつも私には快適なものだ。ミドリと私はワークショップを開催する可能性について話し合い、彼女の努力に値するものを生み出すように取り組んでみる、と私は伝えた。

ドイツを出発して英国へ行く時に別れるのは辛かった。しかし、彼女のワークショップのためにまた戻ってくるだろうということは分かっていた。

❖英国への「訪問」

英国での最初の目的地は、グラストンベリーだった。私はセドナで出会った人々と合流するよう手配をしていた。そこで彼らが開いていた特別な秋分のお祝いに参加することになっていたのだ。

ドイツを出発する数日前、シンシア（ロンドンにおけるチャック・スペザーノのための主催者）が電話を掛けてきて、グラストンベリーへ行く途中で何回かのリーディングをしてはどうか、と招待してくれた。数週間は確実に忙しくなるのが確実だった。もしも、元々計画していたようにサンディエゴでロンと一緒に新しいアパートに落ち着いていたら、そういったチャンスは全て手に入らなかっただろう。「離縁状」によって助けられたのだ！　物事の流れを信頼し、それに対してオープンでいれば、必ず何かがもたらされるはずだ。

シンシアは、空港で私を出迎え、彼女の家に連れて行ってくれた。3日間、彼女のサークルの友人たちのためにリーディングを行なった。それから1週間、グラストンベリーに滞在し、翌週にはマンチェスターとリバプールに行くことになっていた。マンチェスターの従妹《いとこ》を訪問している間に、マイクという名の男性から電話があり、米国に戻る前にリーディングをするためにロンドンに数日間来ることができるか、と尋ねてきた。私はそうすることにした。

❖ 形而上学的動物園

マイクは、彼自身の家に滞在し、リーディングをするようにと招待してくれた。ケンジントンにある彼の家に到着した時、そこの光景を見て本当に驚いた。居間では、ハルという名のアメリカ人がフルサイズのトランポリンの上で、セラピーを行なっていた！　トランポリンは10フィート×18フィート（約3メートル×5・5メートル）で、居間の天井は非常に高かった。別の部屋ではデボラという名のカナダ人女性が、占星術によるリーディングを行なっていた。マイク（海中写真家で受賞経験もある）は別の部屋にいて、フィアンセと一緒にさまざまな投機的事業を行なっていた。

家は活気があったが、少し熱狂的で、私も混沌とした形而上学的動物園の中でチャネリングをすることを期待されていた。とにかく、リーディングをすることに一度同意したからには、その通りにするように最善を尽くすつもりだった。1日分のリーディングを行なったので、クタクタになり、寝ようとしたが、トランポリンの男性、ハルとダブルベッドをシェアすることになっているのを知り、驚いてしまった。まだ、私たちは互いに会話すら交わしていなかった。

ハルと私は2晩ベッドをシェアした。米国行きの飛行機に乗る前夜、マイクがロンドンでの滞在を考えてくれるかと尋ねたので、「私一人用のベッドのある滞在場所を探してくれるのなら、考え

ても いい」と答えた。2時間後、チェルシーに家があるビッキーを紹介してくれた。そこに到着し、初めてぐっすりと睡眠を楽しめた。その日から1年間は、そこが我が家になった。米国へ戻る航空券はゴミ箱行きになった。計画していなかった英国での滞在が延長されることになったのだ。

英国で初めて知り合ったのは、チャック・スペザーノの生徒たちだった。彼らの自己成長系のワークショップに何度も参加したが、なかには深酒をしたり、ドラッグをする者もいた。多くの人たちは霊的意識の探求に誠実に取り組んでいたが、感情的に閉ざされていて、明らかに「感情を外に出してはいけない」と教え込まれていた。霊性の捉え方、そして霊性をいかにして日常生活の中で活かしていくかについては、ロンドンっ子たちと私の間には大きな相違があった。

❖ 内側に入る

私の見解によると、霊性とは瞑想、祈り、自己成長よりももっと大きなものであり、私たちの神聖な本質からの分離を生み出している思考形態を排除することも、その中に含まれている。私たちのエゴ／マインドは、それらの思考を収納する唯一の場所ではなく、思考は私たちの肉体にも留まる。感情を押さえつけると肉体は収縮し、細胞レベルで感情をしっかりと保持するので、古い感情でも以前に動揺させられたことをわずかでも思い起こさせるような環境によって誘発される。

ドラッグ、アルコール、喫煙、暴食などは、抑圧された感情を埋もれさせるのに一役買うので、霊的探究者のライフスタイルにはふさわしくない。それらの行動はそれ自体良くも悪くもないが、私たちが自分の感情を感じることなく機能しなければならない時には、役に立ってしまう。しかしながら、本当に幸せになって本物の神聖な自身として生きるには、私たちの全ての内なる悪魔に向き合い、それらを受け入れ、愛することで解消しなければならない。

❖スペザーノ現象

チャック・スペザーノは、カリスマ性のある教師だ。彼は生徒たちを驚かせ、喜ばせながら、より高次の意識への扉を開けていく。生徒たちを笑わせ、泣かせながら、彼らの精神的な性質の奥深くに入り、彼らが気づいていなかった真実を引き出すことができる。人々が遠方から高い金額を払ってでも、ヴィジョン心理学のワークショップに参加するのは、チャックと彼の妻であるレンシーが、人々の人生を、そして人間関係の質を魔法のように変容させるためらしい。

彼らのワークショップでは、まず人間の経験の多次元性について紹介があり、新しい気づきは、しばしばチャネリングの世界への興味を引き起こす。私は、それらの馴染みの薄い世界へアクセスするための代表者であった。現象と覚醒の間の関連性には限りがあるが、例えば透視能力のような人の目を引く現象が霊性と呼ばれる神秘へ私たちを惹きつける。過去世を知ったことやチャネリングは、私にもっと霊的気づきを得たいと思わせる現象だった。しかし、究極の霊的気づきは私たちの静寂な真我の内側深くにのみ見出される。私たちが、自身の真実の本質を直接体験すると、現象は単なる足がかりであることが分かるだろう。現象は私たちの真実とは何の関係もないし、実際、真実を見出すことから私たちを遠ざけるワナになることもありえる。

マイクのことに話を戻すと、現象という要素のせいで、人々は私のチャネリングやデボラの占星術によるリーディングに惹きつけられた。まもなく、私と共に取り組む人々のためにできる最善のことは、彼らの注意をケバケバしいエゴの餌から引き離し、内なる自身に向かっていくように導いていくことだと気づいた。そうすれば、彼らは一過性の感覚以上のものに遭遇し、おそらく人生の中で意義深い長期的な違いを体験することができるだろう。

私は、そのグループに瞑想を教えることを目的に毎週、集会を開くことを提案した。マイクはその提案をとても気に入り、その集会のために彼の家を使うことを申し出てくれた。しかし、彼の友人のシンシアは快く思わなかった。

最初の瞑想会の間、静寂な時間のあとで、私はその場を質問とお話しの場にした。すると、ＵＦＯについてどう思うかと尋ねられた。誠実に尋ねてくれた質問には答えるようにしているので、アリゾナ州の空でＵＦＯとしか説明できない飛行物体を一度だけ見たことがある、と話した。私はその時、助手席の人と話をし、小さな声で「ＯＫ。私はあなたが存在することを信じるわ」と言うと、その物体は旋回し、90度回転し、すばやく視界から消え去ったのだった。

シンシアが激怒したのが、すぐに分かった。集会が終わると、私に、「これは私のグループなの。

だから、スピリチュアルなことに関して、この人たちが受講するべきか否かについては私が決めます。この瞑想会は今後、継続させません！」と言った。彼女は、部屋から出て行った。その後、彼女とそのグループの中の何人かはその後も、個人的に私に会い続けていたが、グループ全体に会うことはなかった。グループ全体に内なる自身との繋がりに向けてのガイダンスを与える立場は、それ以降は私には与えられなかった。

今まで住んだ中で、社交的な難しさが最も大きかったのは英国だったように思う。ほんの一握りの人しか、表面的なレベルを超えることには興味がないようだった。訪問したほとんどの国で、すぐに一生の友情を築けたが、英国ではそれができなかった。私がロンドンで出会った人々は、異なる惑星から来た人のようだった。ひょっとすると、本当にそうだったのかも知れない。仕事に関する意思疎通を超えて、より深いレベルで知り合うのは難しかった。

❖ より多くのツールを手に入れて

ビッキーが家を空けている間、ほとんどの時間は自分一人で家を使っていた。私は「あるがままの状況」に身を委ねることにした。その結果、マイクが送ってくれる、かなりの数のクライアントに対してチャネリングを行なうことになった。クライアントの一部には、アランがセドナで教えてくれたハイヤーセルフの統合の5回セッションを導入し、過去世からの題材へと彼らを誘《いざな》った。時には、その体験にとても困惑するクライアントもいて、未完了の感覚のまま放っておくのは気詰まりな気がしたので、彼らのセッション中に出てきたものを解決するのに役に立つためのより多くのツールが必要だと思った。

そこで、私は催眠療法のトレーニングを受講することにし、その後、6カ月間のNLPプラクティショナーのトレーニングに申し込んだ。その認定コースは、私がロンドンで出会った注意深くて感情的に閉ざされた人々用に私が必要としていた、もっと効果的なツールを提供してくれた。クライアントは、口コミによって次々と現れ始めた。

❖英国——旅の拠点

時間の余裕が比較的あったので、エジプトやイスラエルへ旅するための拠点として英国を活用することにした。1989年の冬の休暇を共に過ごす家族も親しい友人もいなかったので、休暇をエジプトで過ごすことに決めた。私のハイヤーセルフは、12月31日にギザの大ピラミッドの内部に行くように、チャネリングで指示を出してきた。

ドイツのハンブルグで出会った女性が、マヤという名のエジプト人の友人と連絡を取ってくれた。マヤと私は、私が内なる導きに従って大ピラミッドの中で瞑想をしたあと、カイロで開催される大晦日のパーティーで会うことにした。

マヤとは年が明けてから会うことができ、すぐに素晴らしい友だちになった。私のリビア人の友人と私を大ピラミッドやその他の観光名所に連れて行ってくれ、カイロでもさまざまな体験をさせてくれた。

❖ ナザレの家

次に私は、イスラエルに2週間、行くことを選択した。私がユダヤ人だからということとは関係なく、キリストの誕生と死まで、実際に旅した道をたどってみようと思ったのだ。それは、私が1984年に解き始めた過去世回帰の記憶との繋がりを感じることができるかどうかを確かめたかったからだ。しかし、私の繋がりの痕跡を見出すことはなく、その場所の元のエネルギーに繋がることもできなかった。おそらくは現代のキリスト教徒が教会をどぎつく飾り立てて、わざとらしく自分たちの刷り込みで建物を満たしたため、元の痕跡が消し去られてしまったからだろう。唯一、わずかながら心地良いと感じられたのは、キリストが住んでいたとされるナザレの家だった。そこでは、当時のエネルギーではなかったかと思われる微かな兆しに触れることができた。というのも、敷地に建てられた教会の地下室に露出した土があったからだ。イスラエル近辺でいくつかのツアーに参加してから、ハンブルグの友人の娘が主催する2～3の講演会で話をした。

❖ 複雑な奇跡の不思議

中東からロンドンに戻ると、仕事をする準備はできていた。ロンドンでの年次行事、マインド・ボディー・アンド・スピリット・フェアに行ってみた。幅広い内容が出展されていたが、ビッキー・ウォール（オーラソーマを確立した全盲の女性）にしてもらった深い洞察のあるセッション以外は、興味を惹かれたものはなかった。その後もいくつかのブースを見て回ったあとに、会場を出るところでロンドンのヒーリングを行なう人々の名簿を手に取った。帰宅すると、私のハイヤーセルフのワークについてパンフレットを作成して、名簿に載っている50人に送るようにとのガイダンスを受け取った。

パンフレットを送付した1週間後に、ある女性から電話が掛かってきた。私の郵便物に反応した最初の人で、私をディナーに招待してくれた。彼女はソンドラ・レイに熱中している人たちのグループと繋がりがあり、ソウルメイトを探すためにラビング・リレーションシップ・トレーニングに定期的に参加していた。私たちが知り合ったのは神聖な摂理による一連の不思議の一部であった。信じられない連鎖は、ニュージーランドから戻る飛行機の中でサンジェルマンから、「ケニアへ行け」というメッセージを受け取った2月25日に始まっていた。その連鎖は16カ月後に９５００マイル離れたアフリカ女性の素晴らしいグループの中に私がいる、というところで最高潮を迎えることになった。

❖ ついに、ケニアへ

1989年4月、私はロンドンからケニアへと飛んだ。アンジェラという女性がナイロビ空港まで迎えに来てくれて、彼女の美しい家に連れて行ってくれた。慈悲深い歓待を受けてから、彼女が手配してくれた講演会とセッションの仕事をした。

ケニア訪問は、驚きの体験だった。ハイライトは、キリマンジャロ山のふもとにある野生生物保護区アンボセリでのマサイ族の踊りで、私は名誉客として扱われた。私の周りで円陣を組み、飛び上がり、現地の言葉でチャントを唱え、長い三つ編みの髪で、私をピシャピシャと打った。彼らの髪は油脂で輝かせるので、私の衣服には油分と不思議な匂いが残った。そのため、彼らに感謝をし、ダンスも忘れられないものになった。マサイマラ国立保護区での豪華な5日間のサファリ旅行は、アフリカの野生動物の自然生息地を車で行くというものだった。動物たちはとても荘厳であり、動物園で檻に入れてしまうことなどは侮辱的にすら見えた。

❖ 神々の母

さらに、ロンドンに戻る前にギリシャへも短い旅行に出かけた。サンジェルマンからの私への提案や課題がなぜ、飛行機に乗っている時に来るのか分からないが、「クレタ島へ行け」というメッセージを受け取ったのだ。飛行機がアテネに到着した時、私はすぐにチケットカウンターへ行き、ミコノス島への切符を買えるかを尋ねた。しかし、ミコノス島へのフライトはなかった。「今日、飛行機が飛んでいる島は何という島かしら？」と聞くと、「クレタ島です」と彼女は答えた。私はもう一度、私の個人的な旅行エージェントであるサンジェルマンのお膳立てに委ねることにした。デルフィとアテネにあるパルテノン神殿も訪問したかったので、ハニアで2〜3日滞在したあと、ヘラクリオンへ行くことにした。バスは町に到着するための道路が狭過ぎるため、町の下に停車する。

町に入っていくために歩いて丘を登ったあとで、なぜサンジェルマンが私をここに来るように指示を出したのかが分かってきた。通り過ぎた建物の側面では、手書きで書かれた矢印のサインが「リアホテル（Rea Hotel）」を指していた。私は、それまで自分の名前がこのように綴られているのを見たことがなかったので驚いた。サンジェルマンが1985年にリア（Rea）という名を与えてくれた時、その名前を正確に綴るようにと念を押された。彼は、「神々の母」という意味だと話してくれた。たいていの場所では、その名前はRheaと綴られているし、人々は私の名前を初めて聞くと、私が修正する機会があるまではたいていRheaと綴るものだと勘違いしている。私はクレタ島にいて、私の名前（サンジェルマンが私に伝えてきた綴りと全く同じ）が建物の側面から私を見下ろしているのだ。看板に私の名前が正しく綴られているのを見るのは、奇妙な気持ちがするものだった。

町の広場に足を踏み入れると、そこにも私の名前があった。宝石店の名前だった。店内に入り、オーナーに「Rea（リア）という名はどういう意味ですか？」と尋ねると、彼は「神々、ゼウスとアテナの母の名前です」と言った。「あのような綴りで書くのですか？」と尋ねると「あれが正しい綴りです」と答えるのだった。

ある場合には、チャネリングで降ろされた情報の確認ができるのに何年も何マイルもかかることがある。サンジェルマンの友情の温かさに包まれて、私の顔には笑みが広がっていった。

第11章

アーメン(ああ、男たち)

「正しい関係」とは、
私たちが神聖なる自身との間に築いている関係のことだ。

どの場所を旅しようとも、私が出会った独身女性のほとんどは、ソウルメイトに出会いたいと言っていた。18歳だろうが80歳だろうが、連れ合いが欲しいという願望は、女性の性質の一部のようなものだ。

1987年にロンと別れてから、高校生の時以来初めて、付き合う男性のいない状態になり、私の全女性本能はロンの代わりを求めていた。新たな関係を試してみても上手くいかなかった頃に、男性エネルギーと女性エネルギーの調和に取り組んでいる女性に出会った。私は彼女のクラスに出席し、彼女の個人セッションもいくつか受けた。内面の力関係についての学びは、自分にとって喜びとなり、かなり多くの変化をもたらしてくれた。

❖ モクラン

1990年5月初め、ドイツに移る4カ月前にワークショップで教えるためにハンブルグを訪問した。そして、電車を待っている時、私はとても興味深い男性に出会った。モクランという名のアルジェリア人で、英語はほとんど話さなかったが、フランス語を話し、私たちにはすぐに繋がりが生まれた。いつ、どこで、ソウルメイトに出会うか分からない。彼にコーヒーでもと誘われ、ハンブルグに滞在する数日間、私たちは多くの時間を一緒に過ごすことになった。

知れば知るほど、モクランの隠しようのない繊細さと優しい性格に魅了されていった。外見も格別に魅力的で、その点でも申し分なかった。私はエキゾチックな人が大好きだったので、ベルベル人（北アフリカに住むコーカソイド系人種）の血筋の彼は、「背が高く、浅黒い肌で、とてもハンサム」としか言いようがなかった。私は彼こそが完璧な連れ合いだと結論づけた。私は、「唯一の真実の愛」を見つけたと確信した。

モクランはハンブルグ大学で物理と数学を教えるために雇われていたが、言語スキルを十分なものにすべく、9月に学校が始まる前にドイツに来ていたのだ。6月の終わりにはアルジェリアの大学で今期の教職を終えるために帰国するが、その後はドイツに戻り、新たな人生を始めると語った。そして私に、「自分と人生を分かち合う気があるか」と尋ねてきた。私にはその幸運が信じられなかった。

私は、9月にドイツに移る前に米国で1カ月を過ごす計画を立てた。当時の西ドイツは、ベルリンの壁が取り壊されたばかりで住宅が不足していたので、私たちはアパートをシェアすることにした。彼は私が米国にいる間に、彼の友人の一人が必ず適切な場所を見つけてくれると言っていた。私たちは喜びに胸いっぱいで、次に会う時は一緒に暮らす家で会うことを思い描きながら、別れた。

しかし、モクランは、私との再会を9月まで待てなかった。6月の中旬にアルジェリアから電話を掛けてきて、7月のロンドンで私に会うためにビザの取得を手伝ってくれるか、と尋ねてきた。私は同意して、彼は10日間の素晴らしい日々を過ごすためにやって来た。しかし、彼はアルジェリアでは、1年の間に国民が国外に持ち出すことのできる金額について厳しい法律があること、そしてすでにドイツ滞在でその上限金額を持ち出していたことを私に伝えるのを忘れていた。大学教授の地位と、現在、政権を握っている政党で尊敬を集めている政治家の息子であるという立場を駆使すれば、規則を曲げられるだろうと思った彼は、英国に来るために闇市でお金を換金した。

残念なことに、英国での10日間の滞在中に彼の祖国ではイスラム教原理主義派による大規模な暴動が起こった。彼はアルジェリアの空港のゲートを通り抜けようとした時に、逮捕されてしまった。過激派が彼を見せしめにしようと決めたのだ。パスポートが取り上げられ、裁判が予定される10月まで、彼はアルジェリアを出国することができなくなった。

彼が影響力を行使するか、あるいは賄賂を使うことで事態を打開できるかを確認している間に、私はドイツへの引っ越し準備のためにセドナに向かった。モクランと私は残りの人生を一緒に過ごしたかったので、今回の引っ越しのあとはセドナに住むことはないと考えていた。私が愛する赤い岩山を諦めるつもりだったことで、読者の皆さんは私たち二人の関係がとても熱烈なものだったことがお分かりいただけるだろう。

セドナに到着してまもなく、男性性と女性性の調和のワークを行なった女性を探し出し、そのワークを教えてくれないかと尋ねてみた。その女性は同意し、翌週のワークショップへの参加を受け付けてくれた。その後、私たちはいくつかの個人セッションも行なった。セドナを去る日、私が計画しているワークショップに彼女が教えてくれたコンセプトとプロセスを組み入れることで私たちは合意した。

❖ 盗まれた夢

私の仕事の状況は上手く運んでいたが、モクランの状況は悪化していった。新学期が始まる時期にハンブルグ大学に戻ってくることができなかったので、彼はそこでの職を失った。仕事がなければ、ドイツに住むためのビザを得ることができなかった。彼は2~3日おきに電話を掛けてきたが、彼の痛みと苦しみは、私の痛みと苦しみになった。アルジェリアを出て、私と一緒にドイツで暮らすという彼の夢は、懲役刑に服すかもしれないという恐怖に代わり、彼は感情的に取り乱していた。

そうした状況のため、私は突然ドイツへ引っ越す新たな計画を立てなければならなくなった。幸運なことに、大切な友人であるアン・マリーと彼女の夫のクラウスが、家の一部屋を提供してくれるというので、適切なアパートが見つかるまで、そこに滞在させてもらうことになった。自分一人が住む場所を探せばいいのだろうか？　あるいは、モクランは何とか解決法を見つけて、私たちの人生を一緒に始めるためにドイツに戻ってくるだろうか？　9月にハンブルグへ着いた時、私は不安で混乱していた。

モクランは、彼の裁判の前夜までは、2～3日おきに電話を掛けてきていたが、裁判の日以降は音沙汰が無くなった。その後数日間、アルジェリアの彼の家に1時間ごとに電話を掛けたが誰も出なかった。数カ月間は頻繁に電話を掛けたが、いつも誰も出なかった。

彼がどこにいるか探すことができるかもしれない、というドイツに住むアルジェリア人から助けを得ることにした。しかし、私が持っていた情報は彼の氏名と住所、電話番号だけだったので彼を見つけることはできなかった。私はアムネスティ・インターナショナルに連絡をしたが、彼らも助けにはならなかった。モクランは政治犯として捕えられたわけではなかったからだ。自分自身でアルジェリアに行こうとも考えたが、不可能だった。イスラム教原理主義派は米国人に怒りの矛先を向けていたため、米国政府は自国民に対してアルジェリアへの渡航禁止を発表していた。モクランからひと言も連絡がないまま、時は過ぎていった。

私は、チャネリングができるように冷静でバランスの取れた状態を保つのが難しかった。しかし、私にとっては初めての「男性性／女性性ワークショップ」を行なうので、前向きでひらめきに満ちた状態になる必要があった。

ワークショップでは、セドナで学んだ内なる男性性と女性性についてのワークを教えた。実践式のワークで、どの男性、女性、子どもの内面にある2種類のエネルギーがどのように機能しているのか、そして、それらのエネルギーの関係がどのように他者との関係に反映されるのかを明らかにするものだ。そのワークを活用すると、劇的に気づきが高まり、エネルギーにバランスと調和をもたらす解決法が見出されるのだ。ユニークな学びを深め、変容をさらに大きなものとするために、ジーン・ヒューストンの著書『The Possible Human』（可能性に満ちた人類）に書かれたエクササイズも取り入れることにした。そのワークショップは、ハンブルグへ初めて行った時に出会ったワークショップ主催者のミドリのために約束したものだった。彼女はとても気に入ってくれ、「ワークショップを年に6回、ハンブルグで開催することが可能か」と言ってくれた。そして、ワークショップはベルリン、コペンハーゲン、ルクセンブルグでも開催されることになった。ハンブルグの生徒がそれらの街の友人たちにも受けてもらいたがったからだった。

そして、ある人が、当時はプンディットジ・ラヴィ・シャンカルとして知られていたインドのグルによる瞑想合宿が、フランスでクリスマスと新年の間に開催されるということを教えてくれた。グルの写真を見たとき、参加しなければならないと感じた。しかし、それに先立って、11月にはエジプト行きが予定されていた。

❖ エジプト――マヤのグループ

前回のカイロ訪問の際に出会ったエジプト人女性マヤが、私のために色々なことを手際良く取りまとめてくれていた。彼女は、私のワークに興味を持ってくれたイスラム系の女性たちを集め、私の滞在とワークのためにザマレク（カイロの郊外）のアパートを1カ月間手配してくれた。そのグループは1週間に3日間集まり、講義、リバーシング、男性性／女性性のエネルギーの調整を行なった。そして、2日間は彼女たちそれぞれにチャネリングの個人セッションをし、週末は余暇とした。

マヤは、ツアーガイドとしても素晴らしく、カイロにある歴史的建造物、博物館、市場、ショッピング・スポットを案内してくれた。また、アレクサンドリア、ギザ、ザマレクにある彼女の家族の家にも私を連れて行ってくれた。砂漠の中のオアシスに立ち寄ることもあったし、新しくオープンしたピラミッドの中に入ることもできた。彼女がイスラム教スーフィー派の二つの会合に連れて行ってくれたおかげで、イスラム教の神秘の伝承について学ぶことができた。また別の夜には、ある集会に参加して、デルビッシュ（イスラム教の法悦的儀式の参加者）・ダンサーと共に、トランス状態になるまでグルグルと回る踊りも体験した。神への献身という共通点を持っていたため、私の心はこれらのイスラム教伝承儀式に大きく開かれていた。

❖ビジョンクエストからのさらなる発見―イスラム教

私たちが訪問したモスクの場所で、1986年にジョセフ・ラエルと共に体験した世界中全ての宗教観と信念体系が神への普遍的な道へと融合するというビジョンを、もう一度実現しなければならないとの思いに駆り立てられた。私はもっと深くイスラム教を理解したいという思いで、数日後、マヤと2人で別のモスクを訪ねた時に、イスラム教の教理の誓約であるシャハーダ（ラ・イラー・イラ・アラー、ムハンマド・ラスール・アラー）を唱えた。そして、私はイスラム教に帰依した。

次の週末には、シナイ山を目指した。バスに乗って、山のふもとのギリシャ正教の聖カタリナ僧院へ向かった。そこで僧院の宿泊所にチェックインを済ませてから、旧約聖書でも有名な、燃えているのに燃え尽きないシバ（聖書時代に砂漠地帯で緑に茂る唯一の植物）を見に行った。それは僧院の中庭にあったが、元々は別の小さな礼拝堂にあったものがそこに移植され、現在の僧院は小さな礼拝堂のあった場所を囲むように建てられたものと聞かされた。また、ガイドの一人を説得すれば、元々それがあった場所へ連れて行ってもらえるかもしれないとも言われた。

❖「ハイ」と答える資格

僧院に入り、最初に見かけたガイドに「特別ツアー」が可能かどうか尋ねた。彼は同意し、自由時間になったらすぐに私を連れていけると言った。彼を待っている間、周りを見回していると、かなりの観光客が辺りをうろついていたにもかかわらず、そこで感じられる静寂さに感銘を受けた。彼が戻ってくると、私は他の2~3人の観光客をその「神秘の」チャペルへの特別ツアーに誘った。私たちは、ガイドのあとについて小部屋へ入っていった。かつてあのシバが生えていたとされる部屋の中心に到達した時、私はエネルギーに飲み込まれ、気絶してしまった。私が気絶したのは、後にも先にもその時だけだ。

私が意識を取り戻すと、ガイドは何が起こったのかと心配していた。言えるのは、エネルギーがあまりに強烈で、それと一緒になろうとして、私が肉体を離れてしまったということだった。彼は私の話を理解したようだった。彼は、「ギリシャ正教徒なのか？」と尋ねてきた。その瞬間、セドナでギリシャ正教の司祭から受けた洗礼がマインドにパッと浮かんだ。正直に「そうだ」と答えたが、私にはそう答える資格があった。彼は小さな十字架を手渡すと、翌日の朝6時のミサ、そして、そのあとの司祭と一緒の朝食に来るようにと言った。私はその招待を受けることにした。

僧院の建物から出る時、そのやりとりを見ていた一人の女性が、朝6時のミサに行くのなら、朝の4時に山頂に向けて出発する予定の「日の出ツアー」と重なってしまうと言った。もし私が、モーゼがしたようにシナイ山に登るつもりであれば、すぐにそうすべきだろう。翌日の午後にはカイロに戻らないといけないので、明日、山に登るとするとバスが出発するまでに戻ることができないからだ。私は帽子を被り、山登りを始めた。

❖シナイ山、暗い山道を無事に下山

私は、一歩ずつ坂を前進し、ジグザグの山道を、ただひたすら頂上を目指すという確固たる意志を持って進んだ。そして、太陽がまさに沈もうとしている時に山頂に到着した。頂上では、2~3人のベドウィンが食料や飲み物を販売していたが、毛布やジャケットは売っていなかった。気温は急速に下がったが、余分な衣類や懐中電灯を持って来なかったので、できるだけ速やかに下山しなくてはならなかった。突然、辺りがとても暗くなっていることに気づいた。空を見上げても、道筋を照らしてくれる月も星も出ていない。足元の地面はもちろん、顔の前に手を差し出してもほとんど見えない。下山するのに、ガードレールすらない危険に満ちた山道を一体どのようにして見通すことができるだろうか？　動かないでじっとしているのは選択肢にない。どうすればいいのだろう？

私は祈り始めた。私はこの山でモーゼに話しかけた神に、そして全ての私のスピリットガイドに、「寒い闇の中をゆっくりと進んでいく間、私を安全に保ってください」とお願いした。それは、究極の信頼の歩みだった。

祈りは聞き遂げられたに違いない。直感に導かれ、一歩も踏み外すことなく、山のふもとへ辿り着いた。ちょうど皆さんが宿泊所で遅い夕食を終えようとしているところだった。私に食事を持ってきてくれたウエイターは、私が成し遂げた偉業を聞いて、かなり驚いていた。夕食を楽しくいただいただき、祈りを捧げた。それは、感謝に満ちた祈りだった。

翌朝は早く起き、借り物のスカートを履いて、日の出のミサに出席した。美しい儀式だった。特にそこでは、聖歌と礼拝堂いっぱいに広がったフランキンセンスとミルラの香りを楽しんだ。礼拝が終わると、ガイドが私を朝食へと連れて行ってくれた。英語を話す2人の修道士がいたので、霊性についてギリシャ正教の観点から彼らと数時間話し合った。彼らの見地が、チャネルであり神秘主義者である私の見地とどれほど似通っているかを知って驚いた。彼らはとても親切で、色々と丁寧に教えてくれた。私は喜びに満ちた心境で別れを告げ、さらなる新たな気づきを得て出発した。

カイロでの最終週は、仕事だけではなく、生徒たちとお祝いをし、感謝の言葉を受ける時間となった。彼女たちは持ち回り制で毎晩、私に夕食を作ってくれていたのだが、私たちが共に集えたことを祝うためにレストランへ招待してくれた。彼女たちが一緒に達成できたことに満足している様子がとても嬉しかったが、私はモクランが見つからないことでひどく悲しい気持ちだったので、彼女たちの感謝を十分受け取ることはできなかった。

❖ プンディットジ

再びハンブルグに戻って仕事を続け、フランスで行なわれる予定の瞑想合宿に参加することを心待ちするようになった。写真で見たプンディットジ・ラヴィ・シャンカルが放っていた愛に満ちたエネルギーに浸りたいと思っていた。また、彼がモクランに何が起こったかを私が理解することを助けてくれ、状況により良く対処できるようになりたかった。

瞑想合宿は、多くの意味で私にとって良いものになった。多くの瞑想を行ない、彼の敬虔な信者によって捧げられた詠唱も楽しんだ。彼の存在は愛に満ちてはいたが、私の師ではないと思った。なぜそのように感じたのかは説明できないが、何となく仲間には入らない、ということは分かっていた。

プンディットジと2人で過ごす時間が数分与えられたので、モクランに何が起こったかについて情報を与えてくれるか、もしくは理解させてくれるようにお願いした。彼は2月末までには何か確実なことが分かるだろうと言った。だが、2月の末になっても、モクランに関する何のニュースもないまま日は過ぎていった。私はモフランと再会することを諦めざるを得なかった……。

❖ 最高の人間の一人

私の女性としての本能は、素晴らしい男女の関係を築くという夢を諦めようとはしなかった。私はやがて、再び男性と交際するようになった。世界中で私が知っている人々の中で、ヨアキムは最高の人間の一人だ。楽しくて愛嬌があり、愛する人を失ったばかりの悲しみを引きずりながらも、彼と一緒に過ごす時間を楽しんだ。彼は遊び方を教えてくれた人で、私たちは、人生を豊かにし、意識を拡大させるようなことを一緒にした。しかし、私の心の中の大きな隙間を埋めることはできなかった。ヨアキムと私は、2人の関係は永遠のものではないことを感じていた。それでも、私たちの関係が終わった時、私は思い出に執着して泣いた。私は男性に抱きしめられ、触れられ、認めてもらいたかった。ピッタリと合う相手ではないことは分かっていたが、妥協したかったのだ。

ヨアキムとの関係が終わった時、私は愛に溢れた関係を自分自身の中に創造することを誓った。私の男性性／女性性のワークショップには、それに必要な材料が全て含まれていた。私がすべきことは、ピッタリの相手を探すことをやめ、自分の中から現れる指示に従うことだったのだ。

❖ドイツの家で

モクランと再会する望みを諦めると、私はドイツでの生活に感謝できるようになった。藁葺《わらぶき》屋根の家、一面に広がる黄金に輝く菜種畑がある、美しく清潔な場所を私は愛した。荘厳な姿で湖を滑る白鳥や電柱のてっぺんに巣を造り、子育てをするコウノトリに私は恋していた。デンマークのバターと酸っぱいチェリージャムが載ったドイツパンは全ての欲求を満たしてくれ、ダークチョコで覆われたマジパンはウエストラインを危うくする誘惑だった。

出会った人たちも大好きで、彼らの先祖があのような非人道的な行為に関わっていたという事実を心に抱くことは難しかった。ドイツで生活することで、私の出生国であるアメリカも、痛みや苦しみを他国に押し付け続けているということを意識させられた。ドイツに来て、人類がどのように互いに繰り返し敵対し続けるのかを認識する分岐点の中心に私自身がいるのを感じた。国、人種、宗教で自分のアイデンティティを確立しようとするのを止めることにした。3年にわたるドイツでの生活を通して、自分と世界との関わり方が永遠に変わることになった。異文化の人々と親密に知り合うことは、私たちのワンネスを直接、体験させてくれたのだ。

❖ 文化の違いではなく、エゴの構造が問題の原因

人々の間の葛藤や摩擦は、文化の違いというよりもエゴの構造の違いによるものだということに気づいた。地球上のどの社会の中にも、あらゆる性格タイプの人々がいる。各人が無意識に自分独自のプログラムに沿って行動するなら、人間関係がとても難しくなるのは明らかだ。

世界中にある多様性の中に浸ってみると、文化の違いを理解し、認めることができるようになる。浅く文化をなぞることを超え、気づきを促進させるツールを活用すると、「犠牲と非難」の姿勢を超えたところへ、私たちの意識を拡大させる手助けになる。エニアグラム（第16章参照）は、その点に関して多くの偉大な利益をもたらしてくれたツールの一つだ。

次の二つの章では、私の成長に多大な貢献をしてくれた2人の人物との経験を紹介していく。彼女たちとの出会いは、霊的開花を推し進める、類まれな機会を与えてくれた。

第12章 ゾンドラ

天国のことが分かるようになるために、
時には、地獄へ連れて行ってくれる人を必要とすることがある。

私たちの覚醒の道の歩みを加速させるために、人生に現れる人たちがいる。ゾンドラ（本名ではない）は、私にとって明らかにそうだと言えるだろう。彼女には1989年1月末、2度目のニュージーランドの旅の時に出会った。彼女は私を温かくサポートしてくれ、その後も連絡を取り合おうと同意した。次に彼女から連絡を受けた時、私はドイツに住み、定期的にワークショップを開催し、ハイヤーセルフのチャネリングや統合の個人セッションを行なっていた。

ゾンドラは、NLPプログラムのトレーナーレベルの認定を受けたばかりで、ちょっとだけ知っている程度の知り合いにも連絡をして、プラクティショナートレーニングのコースを開催する手助けを得ようとしていた。前年に英国で同様のコースを受け、内容を知っていた私は、ドイツの生徒たちのために彼女の力を発揮してもらう可能性について興味を惹かれた。

ワークショップの開催者と私の通訳たちと友だちにはなっていたので、ゾンドラをドイツに招待して入門ワークショップを教えてもらうことを提案し、理解が得られた。ゾンドラは1991年9月に到着し、とても素晴らしいNLP入門コースを教えてくれた。参加者全員が、翌月にもプラクティショナートレーニングを教えるために彼女に戻ってきてもらいたがった。彼女は、フランスのNLPトレーナーのアンドレ（本名ではない）と一緒に、トレーニングを行ないたいと言っていた。

❖偉大なトレーニングプロジェクト

最初のドイツ訪問の際に、ゾンドラは「一緒にドイツでビジネスを開始しないか」と言ってきた。彼女は、ライフスプリングとEST（現在のランドマーク・エデュケーション）のような内容の深い自己成長を促すプログラムを生み出したがっていた。私たちは、段階的なアプローチを踏んで、やがてはヨーロッパの意識に大きな影響を与えることのできるような組織へと成長させていくことを思い描いていた。本書の中では、それを偉大なトレーニングプロジェクト（実際のタイトルではない）、略してGTP（Grand Training Project）と呼ぶことにしよう。

ゾンドラは、そのプログラムを作り出すことをずっと考えていたのだという。当時の私は、彼女はそれを成功させる資格もスキルも兼ね備えていると思っていた。彼女の展望に私を含めてくれたことを光栄にも思っていた。というのも、彼女の積極的でパワフルな存在感やビジネス分野での経験、そして彼女の成長しつつあるNLPトレーニングのスキルが賞賛に値すると思っていたからだ。

私の方は、経験と人生に霊的なアプローチで取り組むやり方を提供できる。私たちは、意義深い企てのために互いを補完し合えると感じていたのだ。

ゾンドラはまた、私にサンジェルマンを再びチャネリングすることを望んでいた（彼は1989年1月12日を境に私を通してチャネリングしなくなっていた）。彼女は、サンジェルマンのチャネリングは、私たちが今やろうとしていることについての最高のガイダンスを与えるだけでなく、多くの人々を惹きつけるだろうと言った。彼女の妹のシェイラはチャネルだったので、ゾンドラはチャネリングの力と効果だけでなく、それが人々の興味を惹きつけることができることを分かっていた。どのようにして私のチャネルを再び開けるかは分からなかったが、彼女は自信があるようだった。

ゾンドラがドイツを発つ前に、私たちが一緒に生み出そうとしているビジネスについての取り決めを交わした。私の主催者は、来月予定されているプラクティショナートレーニングのための手配を開始してくれた。

❖ 邪悪なエネルギー

友人のジャニスにGTPについて話した時、彼女はとてもワクワクして、私たちを助けるためにドイツに行ってもいいかと聞いてきた。ジャニスはセドナに引っ越してくる前は、米国東部の主要都市でEST組織の一員として働いていた。彼女の何年にもわたる経験は、私たちにはとても価値あるものだから、ドイツに来てゾンドラに会い、3人でどのようにしてトレーニング事業を実現していくかを決めようと提案した。

ゾンドラは、最初のプラクティショナーレベルトレーニングの2週間ほど前にドイツに戻ってきたが、私にとっては難しい時期と重なっていた。私は、ある夫婦が所有する家の一階に住んでいたが、嫌がらせを受け、立ち退かされることになってしまった。夫婦が離婚することになり、資産を分割するために家を売りたがったのだ。借主である私はドイツの法律上、強制退去から保護されていたので、彼らは私が退去するまで嫌がらせをしろ、という弁護士のアドバイスに従ったのだ！

彼らが家を貸してくれた時、私たちの間にはお互いを敬う関係があると思っていた。彼らは揃って、私の男性性／女性性のワークショップに参加し、夫人の方は個人セッションも受けていたし、私の家で行なっていた週1回の瞑想グループにも揃って参加していた。

一方で、私はゾンドラに私の家に引っ越してくるように招いていた。彼女は、18日間のプラクティショナートレーニングの開始の前に落ち着く場所が必要だった。夫婦の嫌がらせは本格的になっていた。ゾンドラが到着して数日後、彼女がまだ時差ボケを抱えていた時、ある出来事が起こり、何か邪悪なエネルギーがあることを知らせてくれた。

突然、バスルームの壁の3分の2を占めていた大きなガラスの窓に大きなひびが入った。その時、私たちは隣りの部屋にいた。ガラスの割れる、長い、不安をかきたてるような音を聞いた時、首筋の髪の毛が逆立った。割れたガラスを見てすぐに、裏庭に行き、石か野球のボール、あるいは鳥が誤ってぶつかったりしたのかと思ったのだ。しかし、何かがぶつかった形跡はなかった。ゾンドラはスーツケースの中から巨大なシングルポイントのクリスタルを取り出した。私たちは、その空間にある私たちのエネルギーを浄化して、保護した。

❖ サンジェルマンの「再出現」

強力なオーラとチャクラの浄化行為で、数日後に予期せぬ素晴らしい副作用がもたらされた。私を通してサンジェルマンがチャネリングする道が再び開かれたのだ。ゾンドラと彼女のクリスタルはアパートの空気だけでなく、それ以上のものを浄化したようだった。サンジェルマンを取り戻した瞬間、私は大喜びしてしまい、私を通してのチャネリングをなぜ止めてしまったのかを尋ねるのを完璧に忘れていた。それは、後ほどお話しすることにする。

ゾンドラと共同でワークショップを担当するアンドレが到着し、NLPトレーニングは素晴らしいスタートを切った。最初の週のある夜、ゾンドラと私は、アンドレを交えて、チャネリングについて活発な話し合いをしていた。アンドレがチャネリングをリクエストしたので、私はサンジェルマンを招き入れ、彼のためのチャネリングを開始した。アンドレはとても興味を持ち、3人でチャネリングのプロセスをNLPの観点からすぐにでも共同で研究し、一冊の本にまとめようと言った。

❖ 初めての癇癪《かんしゃく》

家での生活は引き続き困難を伴い、どのような影響をゾンドラに与えるだろうかと気になっていた。その答えは、彼女のある一面を見た時に与えられた。私は、そんな一面が彼女の中に存在するだろうとは考えていなかった。それは激怒だった。

私がリビングルームでハイヤーセルフの統合のセッションを行なっていた時、台所から心を掻き乱すような音が轟き渡ってきた。私は、騒音が変性意識に入っているクライアントの邪魔になるのでゾンドラに音を小さくするように頼んだ。しかし、そのリクエストが彼女の癇癪を引き起こしてしまった。ゾンドラは、大きな金属製のスプーンを大きな鍋に打ちつけて大きな音を出したので、外の通りにまで聞こえるほどだった。クライアントのセッションは突然、終了せざるを得なくなった。クライアントが去ったあとで、私は尋ねた。「一体なぜ、そんな風に反応をしているの?」。それには答えず、彼女は反抗的な一瞥《いちべつ》を送ると、背中を向けて彼女の部屋へ戻り、扉を強く閉めた。私はショックを受けてしまった。

あれは奇行だろうか? 人生で一度きりの出来事だろうか? そうであって欲しいと望んだ。おそらく、あの家でゾンドラが経験していた大家のネガティブさが解放されたものだろうと思った。大家夫妻の嫌がらせは続いていた。私のイベントの多くに参加し、GTPにも興味を持っていたドイツ人の友人グダが、家を借りる手伝いをすると申し出てくれた。それは、ジャニス、ゾンドラ、グダ、そして私がコミュニティのように一緒に住める家となるものだった。

グダは、四つのベッドルームがある素晴らしい家を見つけてくれた。大きな居間もあり、グループイベントを行なうことができる。私の寝室の横には別の玄関のある小部屋があったので、誰の邪魔もすることなく個人セッションができる。ゾンドラ、グダ、そして私は、ジャニスが到着する数日前に引っ越した。

再びゾンドラの暗い側面を見たのは、私たちがジャニスを迎えに空港に行った時のことだ。ゾンドラは彼女を見るや否や、私の方を見て、「これは上手くいきっこない！ 彼女に次のフライトでここを出ていくように伝えて！」と言った。私は面喰らった。彼女たちはまだ自己紹介すらしていなかった。

ジャニスに、その時点で立ち去るようにと言うつもりはなかった。すると、ゾンドラはジャニスをつらい目に合わせるようになった。私たちが立ち向かおうとすると、彼女は自分の部屋に引きこもり、数日間は誰とも口をきかなくなった。食事を作るために部屋から出てくると、私たち３人を見下したような態度を取った。彼女が私と一対一で話をする時は、精神的に支配しようとして、頻繁にＮＬＰのスキルを使って、会話の中にメッセージを埋め込もうとした。ゾンドラのような専門家の戦術を見破り、効力を緩めるのは簡単ではなかった。ゾンドラの奇妙なふるまいは、調和の取れたコミュニティや機能的な共同関係が生み出すあらゆる可能性を壊していった。

❖ 状況の悪化

そして、私たちのために仕事をしてくれていた通訳が、給与の値上げを申し入れてきた。ゾンドラは値上げに反対した。結果、通訳は辞め、活動を運営してくれていた私の友人のミドリも辞めた。それは、大きな痛手だった。

ドラマは、引き続き悪化の一途を辿っていった。ゾンドラは、ジャニス、グダ、そして私をスタッフとして次のＮＬＰのワークショップに参加させることを決め、私たちはしぶしぶそうすることで、彼女をサポートすることにした。ワークショップは幸先の良いスタートを切り、問題なく進んでいったが、たまたま誤って違った曲の音楽をかけたグダに対して、ゾンドラは大声で叫んだ。ゾンドラが怒りを露わにしたことは、周囲をひどく困惑させた。私は全ての状況は大きな失敗であり、改善の見込みはないことを受け入れたが、どうしたらいいかは分からなかった。ジャニスは部屋で泣いている日々が続き、部屋から出てくると、「ゾンドラに出ていくように言って欲しい」と私に懇願してきた。グダもそれに同調し、私にゾンドラを追い出すように頼んできた。

❖ 私はハイヤーセルフにゆだねた

その種のことを、私がなぜ我慢しようとしていたのか疑問に思うかもしれない。そして、ゾンドラとの関わりをすぐに絶つべきだと思うかもしれない。しかし、状況は簡単に割り切れるものではなかった。直ちに彼女を追い出そうとしなかった理由が私にはいくつかあった。

私は現状を維持しようとしたが、甘くはなかった。ある日、ゾンドラが部屋に私を呼び、私たちが一緒に行なうことになっているワークショップの構想を自慢げに話した。彼女は、共時性（シンクロニシティ）と題された分厚い原稿を手渡し、「ここまでは私の部分だから、あなたがやる部分はあなた自身で書く必要がある。そして、それがこの原稿のどこにぴったり収まるかを書いてちょうだい」と言った。私は唖然としてしまった。「私たち」のワークショップだと思っていたのだが、私は短時間、登場するだけだった。しかも、私の原稿を彼女が承認するという条件付きで……。

「私は原稿に基づいて教えることはできない。その手のワークショップは私が行なうものではない」とゾンドラに言った時、狼狽《うろた》えたようだった。彼女は私の生徒に出席してもらうために、私を必要としていたからだ。私たちは妥協点を見出し、彼女は自分のワークショップを行ない、私は共同リーダーとして参加し、私が適切だと見なした時はその場でコメントを入れるというものだった。

3月のワークショップは、完全に失敗だった。ゾンドラはほとんど私に言葉を挟ませなかったので、私は貢献する機会を与えられないまま部屋の前に座っているのみだった。ワークショップのタイトルは共時性だったが、共時性が起こったようには思えなかった。参加していた私の生徒たちも満足しておらず、「この人に帰ってもらってください。私たちはあなたに教えてもらいたい！　彼女は要らない！」と不平不満を言い出した。

あらゆる方面からのプレッシャーで私は鬱状態に落ち込んでいった。なぜ、ゾンドラはまだここにいるのだろう？　私がゾンドラと離れない理由は、ほぼ消え去ってしまっていた。

❖大きな味方が必要

1985年6月にサンジェルマンに出会った時、彼に私を自己実現へ導いて欲しいとお願いした。私が本当に求めていたのは、内なる平穏だった。しかし、自分自身のために立ち上がり、上手くいかないことに対して実際にノーと言うことができるまでは、決して内なる平穏を手に入れることはできなかった。人生は、「あなたを目覚めさせるために」あなたがまさに必要としているものをもたらしてくれる。もし、内なる平穏が最初にやって来た時に人生の課題を理解しなければ、それはより大きくより声高になって戻ってくる。もし私が避け続ければ、内なる平穏は大きな叫び声を上げ始め、あなたは何かをしなければならないか、無感覚になってしまうかのどちらかになる。ゾンドラはまさに私にとってピッタリの叫び方を知っていたのだ。

ゾンドラの本質は、愛なのだ。彼女がドイツで私に対して演じていた役割がどちらかというと鬼のようであったとしても……。彼女の言動はエニアグラムによると、エゴの「囚われ」が作動したためで、彼女の本質ではない。私たちにとっては、ショッキングではあったが、私たち自身の霊的開花のために、まさに必要としていたものだった。そのことは、やがて私にとって最高の霊的機会、つまりパパジとの出会いへ誘《いざな》ってくれた。

彼女は、私が自分の内側を深く掘り進み、次の成長の一歩のために必要な自尊心を見出すことを後押ししてくれた。そして、私を縛っていた無意識のプログラムから解放されるための行動を起こすかどうかは、私次第だった。

4月のある夜、私の元クライアントであるダルヴィッシュがパパジについて話してくれた。翌朝、鬱状態から至福へと根本的なシフトを経験したとゾンドラに伝えると、彼女は不機嫌になり、「フン」といやみな息を吐き、沈黙し、その場を去った。私が彼女から受けていたコントロールから退き、彼女が支配権を失ってしまったことが分かったのだろう。彼女の容赦ない支配的言動と攻撃的な態度のため、私は一線を越え、パパジの保護のもとへ飛び込んだのだ。私は、ゾンドラがしてくれたことを嬉しく思っている。どれほど感謝してもしきれないほどだ。

❖ 私たちの関係――最後の数週間

本の仕上げのために、私たちは前もってギリシャへ旅行した。ゾンドラは旅行の間、ひと言も私と話をしなかった。私はもう十分だと思った。本の完成に必要な私の貢献は済んだので、帰国のフライトのために空港で顔を合わせた時、彼女に言った、「ゾンドラ、もうお終《しま》いよ」。「お終いってどういう意味よ?」と聞いてきたので、「すべて終わったわ。ビジネスも、一緒に住むことも、そして私たちの関係も。あなたにはできるだけ早く、家から出て行ってもらいたい」と伝え、私は飛躍のための最後の一段を登り切った。

ゾンドラはまもなく家を出ていき、その後は一度も連絡をしてこなかった。私は、彼女が現れてくれたことに感謝している。なぜなら、彼女は私を、「ネズミからライオン」へと大きく変容させてくれた鍵となる人物だったからだ。

第13章

グダ／アチャラ／アンカラ

あなたが、神聖なる自身と恋に陥る時、
あなたは、花嫁介添人であることに甘んじず、
花嫁にならねばならない。

これからお話しするのは、私にとって身近で、大切だった人の話だ。悲しい物語でもある。なぜなら、彼女は究極的な自由の近くまで行っていたのに、素晴らしい結果を見逃してしまったからだ。この物語を本書に含めたのは、どのようにして、そのようなことが起こったかをあなたに知らせるためであり、あなたには起こってほしくないと望んでいるからだ。

グダは、私がドイツで初めて行なった男性性／女性性のワークショップに参加していた。夜のイベントや瞑想グループにも来ていた。彼女は、私と友だちになりたがり、英語も完璧だったので、アパートを決めたり、車を購入したり、ドイツのしきたりを学ぶのを助けてもらった。ドイツ語を話せない私にとって、彼女の愛溢れる支援なしではドイツでの生活は難しかったので、感謝の気持ちでいっぱいだった。

グダは鋭く青い眼を持ち、暖かな微笑みの魅力的な女性だった。しかし、自分自身のことを表す

ことには、オープンでも積極的でもなかった。彼女が防御の殻を緩めるための助けを求めて来たので、私は普段使用しているツール（ハイヤーセルフの統合のワーク、内なる男性性と女性性のワーク、深い呼吸のプロセス）を使ってみたが、彼女は自分の奥深くに潜んでいる、囚われた感情に踏み入ることができなかった。

グダは両親を亡くしたばかりで、両親の資産を処分するために、矯正歯科医としての仕事から離れていた。私に時間と意欲がある時は、彼女と一緒に出掛けた。とても優しい人で、付き合いを楽しんではいたが、彼女は感情的にはブロックされていたので打ち解けることは不可能だった。彼女は何時間も瞑想し、あらゆる霊的儀式に参加し、数多くの自己成長のワークショップにも参加したが、どれも彼女に防御の殻を取り除かせることはできなかった。

私をパパジとガンガジに紹介してくれた男性であるダルヴィッシュが、グダと他の同居人にエニアグラムを教えてくれた。ダルヴィッシュ（今はオウムという名で知られている）は、人の性格タイプ分けの体系であるエニアグラムを研究し、人々へのカウンセリングに活用していた。

❖ エニアグラムからの強力なギフト

ダルヴィッシュはゾンドラはタイプ8（戦いを挑む人）で、グダ、ジャニス、そして私はタイプ9（平和を願う人）だと言った。そのタイプについての説明は私以外の3人には当てはまると思ったが、私の言動の中にタイプ9のいくつかの性質が見い出されたとしても、タイプ9の説明全体が完璧に私に当てはまっているとは思えなかった。（これまで何度か言及してきたので、読者の皆さんはエニアグラムとは一体なんだろうと思っていることだと思う。第16章の255ページで詳しく述べたい）

私たちが友情を築いた最初の2年間、グダが遺産相続したことについては全く知らなかった。彼女がそのことに触れたのは、ゾンドラとの衝突のために私の収入が止まってしまった時だ。グダは援助を申し出てくれ、私はとても感謝していた。お金をどう返金すればいいかについての話し合いもしたが、彼女は返金の代わりに一緒にエジプトとインドへ旅行に行ってもらいたいと言った。一定期間の間に、引き継いだ遺産を全て使わなければ、遺産の残りをドイツ政府に税金として納付しなければならないのだ、と言う。彼女は「返金する必要はない。一緒に旅行に行くことで私の助けることになるのだから」と繰り返し言った。

そこまで言われて、断れる人はいるだろうか？　私たちの、魂の旅が始まった。

❖ パパジとグダ

最初に、エジプトに行き、以前に訪れた場所を一緒に訪ねた。それから、インドにいるパパジに会いに行った。

グダと私は、インドではほとんど離れることがなかった。長い時間、一緒にいながら、彼女は、個人的体験やパパジやそこで交流した人々との関わりについては、一度として私には話さなかった。私に覚醒の瞬間が訪れた時、自らに課していた束縛の人生から抜け出たばかりだったので、私は笑いながら歓喜に満ち、喜びに溢れていた。ただ存在していることで感じる有頂天の状態は、私の振る舞いを永遠に変えてしまった。一方、グダは覚醒やその前段階の「あ、これだ」という体験を得たというそぶりを一切見せなかった。初めてパパジに会ってからも、彼女は直接に話はせず、パパジに手紙を書くこともなかった（パパジに会いに行った人は、ほとんど全員が彼に少なくとも短いメモを書く。特に、覚醒の体験をしたと感じた人や、心からそれを求めている人はそうだ）。私がパパジに手紙を書いた時には、グダの感想を聞こうと思って、それを彼女に読んで聞かせた。彼女の返答は「それこそ、私が言おうとしていた、まさにその言葉よ」というもので、私は「もしそうだったら、なぜそう言わないの？　彼に自分で手紙を書けば？」と言ったが、彼女は決して書かなかった。

パパジが、サットサンで私の手紙を読んだあとで、私に新しい名前（アルーナ）を与えてくれ、彼の傍《かたわら》に山積みになっていた次の手紙を読もうとしたその時に、グダは部屋の後ろの方から彼に呼びかけ、話をしてもいいかと尋ねた。パパジが同意したので、グダは前に進み出て、彼の前に腰かけた。彼女は、今の自分の名前にはもはや関わりを感じられないため、新しい名前が欲しいので自分も改名をしてくださいとお願いをした。彼は、要望についてもっと言うようにと優しく促した。

私に起こったことがグダにも起こったわけだが、彼女はそれを表現することはできないと言った。パパジは引き続き、「何が起こったのか言ってごらんなさい」と促した。彼女は、自分に起こっていることを表現することはできないと繰り返し、私たち2人は、まもなく一緒にティルヴァンナーマライの、アルナーチャラ山に向けて出発すると彼に言った。

パパジは一瞬押し黙り、それから彼女に名前を与えた。彼は、「この名前はあなたたち2人が次に行くところを示しているだろう」と言って、グダの新しい名前の書かれた小さな紙切れを私に手渡した。私は笑って、その紙切れを彼女に渡した。彼が私をアルーナと名付け、彼女をアチャラと名づけたことが分かると、彼女も笑った。それから、パパジはみんなに聞こえるように、（私に）「その場所に行ったら、あなたが最初に名を名乗り、それから、あなた（グダ）が名を名乗れば、誰もあなた方を拒否したりしないだろう」と言った。ユーモアが理解できた人たちはみんな笑った。それから、他の人たちがパパジと交流できるように私たちは聴衆席に戻った。私は、紅潮していたが、グダは場違いなほどに大人しくなっていた。

❖ 思い込みは危険

それまでの成り行きから、アチャラという名を得たグダは二つのことを思い込んだ。一つ目はパパジが彼女の覚醒を認めたこと。二つ目はパパジが私たち2人はいつも一緒に旅行するだろうと言っていたことだ。しかし私は、パパジとの交流ではいずれのメッセージも受け取らなかった。

覚醒が起こったばかりの時は、強く輝く目や肉体を満たす本物の存在のほとばしりを隠すことはできない。パパジはもう何年もの間、それを一日に数回は目撃してきた。パパジのもとに来る多くの人の中にはそうした様子が見受けられた。その兆候は、私の大事な友人、アチャラには見受けられなかったが、彼女はあたかも兆候が認められたかのように振る舞った。

❖ それ以上の探求は不要

アチャラ（グダ）は、以前からサイババの熱心な信者だった。彼女はプッタパルティにあるサイババの修行場にも数回訪れ、今回の旅行でも2人で訪れることにしていた。時間があったので、私たちは訪問を早めることにし、バンガロールに飛んで一晩をB＆Bで過ごし、翌日の午後、タクシーでサイババの修行場へ行くことにした。

私は、ハンブルグに住んでいた頃、数回サイババをチャネリングしたことがあり、彼は、「どうぞインドに会いに来てください」と招待してくれた。そのため、修行場の門に近づいた時、「あなたがここに来る理由はない」という、静かだがしっかりしたメッセージを受け取ったことに驚いた。どうやら私が覚醒した状態なので、今回の訪問による恩恵は不要になったようだ。私は、自分が聴いた内容をアチャラに伝え、夜のダルシャン（宗教家の姿を目の当たりにすること）だけに一緒に行き、翌朝はバンガロールへ戻り、彼女がサイババ訪問を完了するのを待つことにした。

長い行列に並び、私たちはサイババが現れる広場の最後列の付近に場所を見つけた。サイババが現れた時、私に見えたのは黒い髪の毛をした大きな頭と小さなオレンジの身体だった。その1時間半で、私にとっては十分な接触だった。

次の数日間、近辺を回って過ごしてから、パパジが私たちに与えてくれた名前の元になった特別な山である、アルナーチャラ山のあるティルバナーマナイに向かった。

ラマナ・マハルシの修行場はアルナーチャラ山のふもとにあり、驚くほど静かだった。外の通りは人々や牛車で溢れ、警笛を鳴らすトラックや車で騒がしいにもかかわらず、その静寂はすぐに私たちにも伝わってきた。そこは、瞑想のような静けさのある場所だった。私たちは10日間のほとんどを静寂さを堪能しながら過ごした。

どの場所に行っても、私は覚醒による究極的な平穏を享受している状態であった。私たちの滞在は限られていたので、アチャラと私はドイツへ戻る前に、タイに寄り、さらにバリ島へも行くことを決めた。

❖ 異国情緒溢れるバリ島

タイでのツアーのあとに訪れたバリ島では、素晴らしい時間を過ごすことができた。私たちは、ビーチや水田、滝、寺院を訪れ、宗教的儀式も見物した。美しい衣装を身にまとった参列者があらゆる方向から流れ込んできて、彼らを乗せたトラックが儀式の会場に群がると、特別な動物がヒンズー教の神々への生贄《いけにえ》として寄付される。私たちは驚きに値する食べ物をいただき（その中には今まで食べたことのある中で最高のチョコレートケーキもあった）、さらに、ユニークな芸術の国の特別なお土産品を絶え間なく買い物した。とりわけ、ガムラン音楽によって行なわれたバリ伝統舞踊を楽しんだ。

滞在中に特別な祝日のお祝いがあった。それは数日間にわたって島全体で皆が静寂な時間を持ち、そうすることで悪霊たちはこの島には誰もいないのだと思い、立ち去るというものだ。しかし残念なことに、誰もこの静寂の計画について雄鶏たちには伝えなかったようだ。３日３晩とも、雄鶏たちの甲高い声が響き渡っていた。

アチャラと私が同じエニアグラムタイプではないと確信したのは、バリ島においてだった。タイプの違いが、２人のパパジとの体験を全く異なったものにする一因となったことが分かった。私には彼女のエゴがいまだに働いていて、十分な覚醒の意識を体験することから遠ざけたことが分かった。私がそのことを話そうとすると、彼女は話を切り上げ、悟りの境地に達したわけではない可能性を考えようとはしなかった。

❖ アチャラにとっての課題

バリ島で何が明らかになったかをお話ししよう。アチャラが当てはまるエニアグラムタイプ9（平和を願う人）の人は、自分の本能的センターにアクセスするのが難しい。また、対立するのが苦手なので摩擦を避けるために自分の感情を抑圧する。アチャラは人生全般にわたって感情を詰め込んできたので、抑制された感情が通常であれば覚醒が解放してくれる生命エネルギーに覆いをかけていた。

彼女はパパジが言ったことを知性では理解していたが、彼女の肉体にはブロックされたエネルギーがあったため、彼女の真実の本質を体験することがなかった。彼女のマインドと肉体の間には完璧な断絶があったのだ。それは私にとって、「あ、なるほど」という大きな気づきだった。彼女の気分を害したり、判断の目を向けられていると思わせることもしたくなかったので、私はただ静かに彼女がまもなく自分に何が起こっているかに気づくことを望むだけだった。

バリ島からニューデリー経緯でハンブルグに戻ってすぐ、私は仕事に没頭した。出版されたばかりのチャネリングについての私の本に基づいたワークショップが、インド旅行の前から計画され、宣伝されていた。しかし、新たな視点を得た私は、もはや人々にチャネリングの方法を教えることに興味がなくなっていた。その代わりに、その本を生徒たちが彼ら自身のハイヤーセルフの内なる声にアクセスする助けとした。

ワークショップは大成功だった。2回のワークショップで十分なお金を得ることができたので、「米国へ戻りなさい。コロラド州ボルダーへ行け！」という、私の内なるガイダンスからの呼びかけに従うことにした。

❖ グリーンカード

私は、雪をいただいた山や小さな町の雰囲気、多くの健康食品の店やスピリチュアルな活動のある、ボルダーの町が大好きだった。ボルダーに引っ越すことをアチャラに伝えると、彼女は、米国で新たな生活を始めるためにグリーンカードを取得する手助けができるか、と尋ねてきた。グリーンカードについては何も知らないと伝えると、彼女は微笑み、「そのうち何かが現れてくるわ……パパジは私たちは一緒に旅するだろうと言わなかった？」と言った。そうは聞いていなかったが、そのことで彼女と言い争いをするつもりはなかった。

アチャラと一緒に住むのに、米国とドイツでは勝手が違っていた。ドイツでは彼女には家族や友人がいて、全ての時間を私と過ごしていたわけではなかった。しかし、ボルダーではそうはいかない。私たちは二つのベッドルーム付きのアパートを借り、広告宣伝の資料を用意するとすぐに、私はワークの宣伝を開始した。人々にハイヤーセルフをチャネリングすることと、彼らの男性性と女性性の内なるエネルギーの調和の取り方を教えるワークだ。反応は今一つで、私たちの出費を賄うには十分ではなかったが、少なくとも家計にいくらかの貢献はできた。

アチャラは私たちをかなりの期間養うのに十分なお金があると請け負ってくれていたが、人に頼る生活は気分のいいものではないので、私はお金を稼ぐ方法を探し続けた。彼女は、部屋で何時間もパパジやガンガジのテープを聴きながら過ごしていた。

アチャラは、グリーンカードを手にする方法を探すために高価な弁護士を何人か雇っていたが、有効な手立てにはならなかった。彼女はグリーンカードの抽選にも応募したが、何ら結果をもたらさなかったようだ。

アチャラは、私が何かのビジネスを開始し、彼女を雇うことを期待していた。私が思いついたアイディアは、私が最近チャネリングによって受け取った感情の浄化プロセスだったので、彼女にやり方を教えた。しかし彼女は、その他のテクニックやトレーニングと同様にそのプロセスも止めてしまった。私には理解できなかった。そして彼女は、お金がまもなく無くなってしまうと言い始めた。

ボルダーでは私の活動がなかなか受け入れられないので、長男の会社で働くことにした。すると、私が勤め始めたことで計画が変更されたためか、アチャラは機嫌を悪くし、まもなく怒り出した。私とのビジネスでグリーンカードを手にするという、彼女の夢を打ち砕いてしまったからのようだった。

私はどんどん居心地が悪くなってきたので、賃貸契約の終了が近づいてきた時、私は自分のスペースと自分の車、そして独立した生活が欲しいと伝え、私たちは「一心同体」でなくとも友人でいることができると話した。アチャラも、２人にとって、その方が良い転機になるだろうと同意した。

アチャラは、インドでパパジのもとにいた時に「覚醒した」のだと主張し、私がその覚醒について彼女に質問したことで傷つけられたと言い張った。私は、彼女には覚醒は起きなかったのだと確信していた。彼女は覚醒の体験について表現しなかったし、彼女の中には覚醒が見出せなかった。彼女のエネルギー体は全くブロックされたままで、私がいる場所では真我から自発的に話すことは決してなかったからだ。

覚醒と共に訪れる喜びに満ちた光を、隠しておくことはできない。その体験は、覚醒した者の習慣的な振る舞いを変えてしまう。例えば、万人に対する親切さが生じてくる。また、何であろうとも現れたものを良し、とすることができるようになるのだ。

❖ 彼女の異変

アチャラは、ハンブルグで開催した私の二つのワークショップの両方にスタッフとしてかかわってくれたが、自分でチャネリングをしようとはしなかった。彼女は定期的にサンジェルマンを彼女のためにチャネリングして欲しいと頼んできたが、私がチャネリングするごとに答えは同じで、

「全ての答えはあなたの中にある。内側を見なさい。そうすれば、あなた自身のガイダンスを与えられるだろう」というものだった。彼女は、その答えが気に入らなかった。私は彼女が、こっそりと私の個人的なチャネリングノートを読んだり、クローゼットの中を漁っていたのに気づいていた。

そしてある日、私の持っていたパパジのオーディオカセットのうちの一つの音を消してしまったことが分かった。それは、パパジが私に名前を与えてくれ、私の覚醒を認めてくれた時のものだった。それは、彼女が不器用な様子で自分の覚醒を彼に認めてもらいたがっていた場面でもあった。

私たちのパパジとの出会いを撮影したDVDを見るたびに、私はいつもアチャラに思いを馳せる。パパジが数秒間、彼女に手を伸ばし、強力なギフトを申し出、彼の知恵と愛に満ちた手を差し出したにもかかわらず、彼女は怖れに満ちた自分の守りの姿勢を崩さず、手を差し出し返そうと試みず、ただ新しい名前が欲しいと頼むだけだった。おそらくパパジは、あのように私たちに名付けることで、私たちを緩い絆で結びつけておこうとしたのだろう。そうすることで、彼女に覚醒の可能性を与え、私との関係を継続することで、結果として覚醒に至ることができるように、と。しかし、決してそのような形で達成されることはなかったようだ。彼女はいつも誰からも感情的に距離を保っていて、私に対してもそうだった。特に、私が覚醒を体験したあとには……。

ある日、彼女が喫煙をしているのを見て、驚いた。友人として過ごした5年間、喫煙は一度も見たことがなかった。また別の時には（私たちは一部の衣類を互いに長い間シェアしていた）、彼女のクローゼットからブラウスを借りようとすると、驚いたことに床に飲みかけのお酒の瓶がたくさん置かれていた。私はショックを受けた。私に腹を立てているのは分かっていたが、怒りをアルコールの中に埋め込んでいたとは知らなかった。

私たちの賃貸契約が終了した時、私は自分のアパートへ引っ越し、アチャラは10マイルほど離れた所に住むドイツ人の友人たちの家へ引っ越した。その後、奇妙な場所で彼女と遭遇した。私がどこに行こうとも、彼女が偶然に現れるということが続いた。ある夜、以前から推測していたことを確信した。彼女は私に、ストーカー行為をしていたのだ。

❖ 記憶違い

数日後に、アチャラは私に電話を掛けてきて、セドナに引っ越すつもりだと言い、私のアパートに残していったもの全てと、「私に貸した」お金を返して欲しいと言い、「借金の証拠」なるものを見せた。私にお金があれば喜んで支払うつもりだが、私は破産した息子の会社を救済するために最善を尽くしていたので、支払うことは今は不可能だということを伝えた。(私は、翌週の支払小切手を受け取れるかどうかも分からない状態だったので、クレジットカードで暮らしていた)
私の現実を伝えたのだが、彼女は受け入れられないようだった。彼女の車が遠くへ消えて行った時、彼女が勇気を持って生きていくことと、覚醒の完成を祈った。私たちは、再び会うことはなかった。

私は、アチャラと過ごした最後の2年間で、覚醒した意識について多くのことを学んだ。彼女は、覚醒の前段階である「あ、これだ」という体験は完璧なる覚醒ではないことを、そして最初の「あ、これだ」という体験が起こったあとには、多くの「手放す」ことが必要なことを示してくれた。彼女は、たとえ何が起ころうとも、精神的に静かで、空の状態であることがどれほど重要であるかについて教えてくれた。彼女は、また「あ、これだ」という体験を揺るぎない平穏と幸福感へと深めていく機会を見失うのが、いかに簡単かも示してくれた。

アチャラは自分自身に取り組むことを拒み、彼女を支援しようとするボルダーの人々すら拒み、セドナへ引っ越していった。彼女は、名前をグダに戻し、異教主義の女性のグループに参加し、アンカラという新たな名前を付けてもらった。セドナに引っ越して約2年後、グダ／アチャラ／アンカラは肝臓の病気で亡くなった。彼女が亡くなったことを、死の数週間後に友人から聞くことになった。

❖ マインドの作り事ではなく、ハートの中に

覚醒というものは、マインドの中に起こるものではない。実際、マインドは覚醒を阻止することのできるあらゆることをしようとする。覚醒はハートの中に起こり、マインドの作り出す人格の幻想を打ち壊す。実際問題として、マインドは覚醒の可能性をぶち壊すことすら可能な場合がある。

無意識のプログラミングや閉じ込めてしまった感情が露わになり解放される時に、完全に今ここにいるという状態を保つためには、油断してはならない。身体が反応したとしても、精神的に穏やかさを保つことが、最初の「あ、これだ」という体験から、内なる静寂と穏やかなマインドへと覚醒を深めていく。反応を引き起こすようなストーリーと精神的に同一化してしまうと、その深化のプロセスが、瞬時に停止してしまう。個人のストーリーについて湧き上がってくる、全ての思考は無視されなければならない。

アチャラは、私には決して話してくれなかったものの、精神的な「あ、これだ」という体験をしていたのかもしれなかったが、私にはそのようには見えなかった。彼女は覚醒するという彼女のストーリーと同一化してしまい、自分のマインドがそれについて信じていることを手放そうとしなかったので、エゴの元へと押し戻されてしまった。生きていくにあたって、その姿勢を選び続けたため、彼女の苦しみは大きくなり、最終的に彼女は、早過ぎる死へと導かれてしまった。

前章では、いかに一人のエゴの「囚われ」が、他の人を覚醒のための機会と環境へ追いやるか（ゾンドラは結果的に私を覚醒へと導いてくれた）について説明した。本章では、グダ／アチャラ／アンカラの物語から、いかに人のエゴが、すでに覚醒しているとの嘘を生み出すことで、実際の覚醒を妨げるかがお分かりいただけただろう。

私の親愛なる友人グダは、感情に繋がることができなかった。彼女は感情を押し込み、感情が彼女に気づいてもらいたがって叫んでいても、それが存在していることを否定した。それは、エニアグラムのタイプ９（平和を願う人）に広く見られる傾向だ。私たちの無意識の悪魔に直面しなければ、確実に覚醒を遠ざけることになる。グダ／アチャラ／アンカラは、ツールを持ち、必要なサポートもあったが、彼女のエゴが、明らかに彼女を支配し続けていたのだ。

第2部

覚醒後

第14章
覚醒が深まる

覚醒した意識が深まるということは、
エゴによって永続させられている
肉体／マインドの反応がなくなり、空になることだ。

覚醒の瞬間には、エゴが消え、個人のストーリーとのかかわりが全て消えてしまうというのを聞いたことがあるが、それは私が体験したこととは違った。覚醒の結果、本当のことと、そうでないことが分かるようになったが、だからと言ってマインドが意識のシフトに逆らおうとして、あらゆることを試みようとすることを止めさせることはできなかった。覚醒の瞬間は、アーリーン、リア、アルーナと呼ばれる、肉体の幻想が終了する合図だったのかもしれないが、その後も続く個人的なストーリーを変化させることは無かった。そのストーリーを体験する仕方が深く変化したに過ぎない。日常という名の修行場での私の人生は、そこから始まったのだ。

覚醒前、私はエニアグラムの「囚われ」のなすがままだった。肉体が何をどれほど達成しようとも、マインドがどれほど多くの知識を蓄積しても、いつも不安、自己不信、そして「まだまだ不十分」という気持ちを抱えていた。コースに参加したり、ヒーリングのテクニックを試すことは終わりのない「自己改善」の探究のためだった。私は自分がチャネリングしているものの多くを決して信頼することのないチャネルであり、自分が立派だと考えるほど十分な学びを決して得ることのなかった教師だった。驚くべき、魔法に満ちたとさえ言える人生を生きてきたが、私は幸福であったろうか？　決してそうではなかった。実際、覚醒後に認識したことの一つは、それまでの人生ではずっと鬱状態だったということだ。覚醒の瞬間、ずっと私を支配していた考えも、マインドが私の注意をそれに向けさせる能力も、完全に消えてしまったが、ボディ／マインドの勢いはその後も継続した。

私の場合、覚醒の瞬間は「これが私だ」とエゴが主張する状態から、精神的にも感情的にも静かな状態へと意識がシフトするという単なるプロセスの開始だった。覚醒による深遠なる「エゴの沈黙」は、エゴがその影響力を回復できそうな状況が引き起こされるごとに試されることになる。エゴは戦うことなしに、私たちに対して主張することを諦めようとはしない。エゴは私たちの真実のアイデンティティに変装し、どのような機会をも使って、エゴの位置づけを再構築しようとする。だから、覚醒することと、いつでも覚醒した意識状態で生きるというのは別のことだ。

私が経験したエゴが仕掛けてくるワナのシナリオについては、本章の後半でお話ししたい。そうした状況や類似した状況が必ずしも、あなたに起こると言っているのではない。それらの状況は私が必要としていたもので、真の本質が私に必要と判断した機会だった。エゴを映画監督の役割から退かせて、真の本質が力を発揮するための場所を作るにあたって必要となる「演習問題」は、人によっては少なくて済むかもしれない。悟りを追求することについてのよりシンプルな考え方の一つに、悟りには「軽くなる」というプロセスが含まれるというものがある。つまり、覚醒の瞬間まで蓄積されてきた重み（すなわち、習慣になっている信念や判断、恐れなど）を振り払うということである。

静かになって、状況や状況に対する肉体の反応をコントロールしようとすることなく、起こっている全てのことに直面しようとしたら、多くの囚われた感情を感じ、解放することになった。マインドが抱える判断や信念、怖れを体験する機会は、何があっても平穏で幸せでいることができるかどうかを試すテストだった。そう言うと、覚醒はひどい人生の始まりと聞こえるかもしれないが、その考え方は正しくない。私の人生は、覚醒のあとも魔法に満ちているし、多くの豊かで楽しい出来事に溢れている。しかし、困難が挑まれる時には、静かなマインド、慈悲深く幸せな心を持って、さらに気づきを高めていくと、苦しむことなく、一つ一つを通り過ぎていくことができるようになった。

覚醒した意識が深まっていくというプロセスの中で私が発見したのは、肉体はそれ自体に「マインド」を持っているようだということだ。肉体構造の中には、記憶が蓄積されていて、何かの環境によって引き金を引かれると、簡単に感情が引き起こされる。もし、ボディ／マインドが感情の原因を探すことで「理解する」モードや、感情を取り除こうとして「避ける」モードに入ることが許されると、それらの感情は個人的なストーリーとの再同一化をもたらしてしまう。そうした反応は、幻想の過去を現在に持ってくることで、マインドを再び働かせてしまうことになる。マインドが無視され、全ての感情が感じられ、それらに基づいた行動をとらなくなると（それらの感情を生み出したかもしれない、どのようなストーリーにも思いを向けないようにすると）、覚醒の深化のプロセスが始まる。

私たちが、自分の存在の中核で、思考はどれも真実ではないことを知り、あらゆる環境下で、それらの思考を体系的に無視することができれば、覚醒した意識は自然と深まっていく。

❖偽りの人格の信念体系

「私の」思考、「私の」感情、「私の」アイディア、「私の」信念といったアイデンティティのワナは、組み立てられた人格に属するもので、私たちの真の本質である意識に属するものではない。そのでっち上げられた人格は、それ以上のことを知らないために、私たちの真の本質だと考えてしまう。人格は自分のことを「私」と呼び、そうすることで自分が他のどの肉体とも異なり、分離されていると考える、特定の肉体に限定されたアイデンティティを主張する。そして、肉体から観察するもの全てを対象化する。主体—客体という見方の世界は、現実ではない。偽りの人格が持つ信念体系に過ぎない。私がそれを「偽りの」人格と呼ぶのは、全体として構成しているものは、自分たちが観察しているものから分離されているという、全く誤った仮定に基づいているからだ。

現実には分離など存在しておらず、そこにはワンネスがあるだけだ。各人のエゴの構造はそれぞれ独自のものだが、共通点もあり、そのうち最も主要なのは、「私は」とか「私に」という概念を用いて、自分たちをどの他者の人格からも差別化していることだ。「私と私の人生」というエゴが作り出すストーリー全体が、全くのフィクションなのだ。私たちは一体どのようにして、そのようなストーリーを自分たちの現実の概念として受け入れてしまうようになったのだろうか？　私たちは、本当は何者なのか——私たちは神聖な意識である、ということを忘れてしまったのだ。

別の見方で眺めてみると、私たちが「エゴ」という名札を付けた構造物は、コンピューターのソフトウエアのような働きをする。データが五感を通してエゴの中に入っていくと、それはさまざまな推論をし、集積されたデータを使って結論を作り上げる。しかし、そのソフトウェアの運用プログラムの致命的欠陥（つまり分離の存在を大前提としていること）のせいで、生み出された全ての推論と意見は、完璧に現実性に欠けたものになる。策略や意見に中身は無く、全て想像の物語であり、人生についての概念であり、その他のあらゆる概念と同様、真実ではない。私たちの存在や世界についての見解は、現実ではない！

霊的な覚醒とは、私たちのエッセンスである真の本質（意識そのもの）を再度、発見することだ。覚醒が実現されると、「真の本質が真実を知る」ので、エゴの作り出すストーリーは、即座にその妥当性を失う。私たちはエゴではないのだ。

❖ 覚醒を失う

ラクナウでパパジのサットサンに参加していた間に、何人かの人が彼に「私は覚醒を失ってしまった！」と言うのを聞いた。パパジは笑い、からかうような調子で、彼らが失ってしまったと思った覚醒の意識の中に彼らを戻してやっていた。そのやりとりから明らかになったのは、覚醒のあとに起こることは、意識を進化させていくことにとって、覚醒と同じくらい重要ということだ。覚醒のあとに起こることこそが、実際に覚醒した意識で生きているのか、それとも一時的に単なる霊的な体験をしたに過ぎないのか、ということの分かれ目になる。

私たちの多くが、自分は何者かという真実をチラリと見せてくれる神秘的な出来事を体験したことがある。そのワンネスの体験を、単発的に、または瞬間的に得た時に、エゴが「今、私は悟ったのだ」と思い込むことがある。しかしながら、決めつけをするエゴがある限り、悟りの境地にはまだ到達していない。完全な悟りの境地とは、エゴが消えた結果の状態だからだ。もし、個人としてのアイデンティティである「私」が、覚醒の瞬間に完璧に消えていなければ、それを消し去るプロセスが必要な分だけ続くことになる。「真我」が心に抱かれた状態であれば、個人のストーリーを生きている、というふりをした偽りの人格と同一化することなく、人生の環境の全てを体験するようになる。

パパジはしばしば、「あなたの頭はすでに虎の口の中にある」と言った。彼が意味していたのは、エゴは私たちの真の本質によって、どこかの時点で確実に食い尽くされるだろうということだった。もし、私たちが絶えず警戒を怠らず、湧き上がってくる思考に注意を払うことを止めれば、エゴは戦いを諦め、マインドのおしゃべりは気づかないほど稀になるだろう。最終的に、肉体のマインドは、私がこれから説明する困難な出来事への反応の直接的結果として、全てのおしゃべりを止めたのだ。

❖覚醒した存在はどのように見えるか？

世の中で持てはやされ、信じられていることとは反対に、覚醒した状態だからと言って、いつでも微笑んでいたり、感情が無くなったり、マインドが願うことを何でも具現化できる、引き寄せの法則によって富を磁石のように引きつけるということには直結しない。覚醒した存在は、宗教的、社会的な行動の規則に従わないし、自分たちの都合によって世の中を操作しようとしたりもしない。覚醒した存在の真の本質（愛）は、彼らの取る行動がどのように他人に映ろうが、全ての環境の中で、彼らを導いていく。

覚醒が起こって19年が経ち、私の思考体の中には、アリーナ、リア、アルーナと名付けられた「人」についての考えは存在しないようだ。世の中に対応するとか、コミュニケーションを取る時になると、肉体にとって適切な行動が内なる静寂の中から自発的に湧き上がってくる。人生は覚醒前と劇的に変わったようには見えないが、真の本質が主導権を握っている。主たる違いは「個人的な」記憶データを表す言葉が、肉体が登場する「人生の映画」の中での役柄にとって必要な時にのみ、内なる静けさから湧き上がってくることだ。それは、役者が演技をする際に、台本のプロンプターが役者に台詞をささやくようなものだ。

覚醒した者であれば誰でも、他の人たちを覚醒させられるわけではない。覚醒は、自動的にあなたを自分自身や他の人を癒す存在にするわけではない。通常、覚醒は完全な健康や超常現象を引き起こす能力をもたらすわけではない（だが、覚醒がそうした力をもたらすこともある）。実際のところ、その手の特別な現象は、覚醒や、覚醒の深化の妨げとなる。なぜなら、エゴは自分が特別の存在であるという態度を取るようになりえるからだ。

覚醒のあとも、元々の性格の名残りは残るが、自分と性格とを同一化することがなくなる。真の本質が、自らの意識レベルに合わせて肉体を操作するが、外見上は、覚醒の前にその肉体が取っていたのと同じ行動スタイルだ。もし喫煙者だったら、おそらく引き続き喫煙するだろう。もし、食べることが好きなら、同じ食習慣を引き続き楽しむだろう。覚醒したからといって、どんな時でも、気遣いがあり、慈悲深いという風には見えないかもしれない。そういう場合は、例えば真の本質が肉体を使って、誰かに何か教訓を与えるために思いもかけないような行動を取っているのだ。

私の場合で言うと、かつては、人々に本当に思っていることを伝えると嫌われるのではと心配し、自分の意見を自分の中で抑えていた。そのようなことで衝突すると、気まずく感じるので避けていた。本当の自分自身でいるということについては臆病だった。そのプログラミングは、私の幼少期に端を発したもので、心配している本人（エゴ）が私の人生への対処の仕方をコントロールできなくなるまで続いた。現在の私はといえば、真の本質が肉体を通して直接的で、明確で正直なやり方で、ためらうことなしに表現している。それは、何も倫理的になろうとしているわけではなく、幻想を断ち切るシヴァ神の役割を私が演じることになっているようなものだ。私たちの惑星における、類いまれで貴重なギフトとは、私たち自身についての真実を語ってくれる力と意欲のある人のことだ。私がコーチングとガイダンスを求められる時は、真の本質が道を照らしてくれている！

私は、真の本質が望むどのような行動も、肉体が表現することができることを、何年にもわたって観察してきた。時には、私が誰かに対して取った行動はまさにその人がその時に必要としていたことだった、というのを目の当たりにして驚くことがある。

私が選んで身に着けるもの、食べるもの、ヒーリング法や、天候や環境にはいまだに好みがある。表面上は、私は物事の有り様に好みがあるので、色々なことにこだわっているように見えるかもしれない。私はショッピングの時は、自分の好みにピッタリの物を探すのが大好きだ。しかし、覚醒した意識と、そうでない状態との違いは、興味の惹かれるものが全く、あるいは、あまりない時でも全く不機嫌にならないことだ。覚醒した者が不平を言うのを耳にすることはないだろう。万事が、いつでも、あるがままで良くなるのだ。個々の好みは、肉体が人生という映画の中で演じる役割の一部だ。大局から見れば、個性は存在せず、幻想の別の一部である――真の本質は、私が何を身に着けようが、私がネットオークションでいくつの品物を落札しようとも気にしない。

覚醒した意識には、非個人的な世界観がある。「私と他人」と見なす代わりに、「誰もが私」と認識する。たとえ、日々の選択肢はアルーナという人格によって選ばれているように見えても、真の本質が私のあらゆる言動の源であるように感じる。毎日、クローゼットから私が選ぶものから始まり、朝食、出会う人、私が引きつけるクライアント、私の口から発せられる言葉や、私のペンが書き出す言葉さえもが、真の本質が発端となっている。大局意識が現在を支えていると、いつも何事にも良し悪しの判断を加える余地は無くなる。現れたものが何であれ、それが「他人」にどのように映ろうとも、歓迎することになる。なぜなら、あらゆるものがワンネスの中に存在し、「他人」というものは存在しないからである。「私」は、「どのようなもの」も神聖な意識の演劇として体験していて、万事はあるがままで完璧だ。

そのような知覚認識のシフトは、人生の生き方を変えるだろうか？　ある意味では、そうだと言える。いくつかの行動パターンを継続する理由が無くなるし、その結果として異なった選択をすることになるからだ。例えば、私はかつてスピリチュアル関連の多くの本を読み、スピリチュアル志向の活動にも参加していた。それは、覚醒と共に終了した。その代わりに、それ以前は関心のなかったこと、例えばドラムを演奏したり、唄を歌ったり、執筆したりするようになった。私はもはや、どのような言動を取るかについて、エゴの助言を受け入れることが無くなったので、人生の状況に対して、以前とはかなり異なった反応をしている。時には、覚醒までの私を知っている人たちが驚くほどだ。

知覚認識における重要なシフトは、もう一つの興味深い「課題」をもたらした。それは「私」という言葉の使用だ。もし、もはや自分自身を一個人として考えなくなると、自分を一個人と見なしている世の中とどのようにかかわっていくのだろうか？　自分の肉体や人格について語る時は、いつも三人称で呼ぶのだろうか？　マインドはその課題についてどうすべきか何も知らなかった。現在でも、肉体が人生という映画の中の登場人物を演じているのと同時に、マインドが真実とは何かを表現するのは難しい。マインドは、その「課題」を諦めるしかなかった。それによって、マインドが「正しくやろうとして」干渉してくることがなくなり、真の本質が個人の人生の役割を演じられるようになった。

❖ 不可欠なツール

真我が心の中に抱かれていると、マインドフルネスへと導かれる。マインドフルネスとは、仏教の言葉でいうサティ（念）のことで、起こっている全てのことに思考レベルでかかわることなく、穏やかに意識を向けている状態を意味する。マインドフルネスの中にいると、湧き上がってくる思考に気づくことはあるが、その思考に対して何の反応も生じない。瞑想の最中のように、ただ思考が湧いては消えていく。現在の私の場合、肉体はとても集中した状態（マインドフル）になっている。どうして、そうなったのだろうか？　「真我探求」と呼ばれるプロセスのおかげだ。真我探求は、エゴが何を語ろうと誰も興味がないのだとエゴに分からせるために使われるプロセスだ。

真我探求は、パパジの師であるスリ・ラマナ・マハルシがもたらしたギフトだ。彼は、「真我探求は悟りへの最も直接的な道である」と言った。ラマナは１９５７年にその肉体を去ったが、彼のギャーナ・ヨガから得た真我探求というシンプルなプロセスは、今日に至るまで世界中の霊的探究者にとって、大変貴重な遺産として引き継がれている。私の経験では、真我探求を継続的に行なうと、たとえ霊的な探求の実践や瞑想をしていない人も、覚醒へと導かれると言える。

真我探求は、私たちがラクナウに到着した時にパパジが与えてくれた、「静寂になりなさい」という指示に従うことを助けてくれたツールだった。私にとって役に立った真我探求は、以下のやり方だ。マインドが騒がしくなってくると、「これらの思考は誰のためのものか？」と尋ね、「あなたのためのものだ」とか「リアのためのものだ」という答えが出たら、二つ目の質問をする。「私とは、何者か？」。マインドはその質問に対する答えを持ち合わせていなかったので、即座に静かになった。途切れることのなかったマインドのおしゃべりの流れが中断すると、たとえ瞬間的にでも、マインドからの邪魔を受けることなく完全に今ここにいるための機会が真の本質に与えられる。だが、ゆっくりと、しかし確実に思考が再び表に出てくるので、マインドが話すことに興味を持つ「私」や「リア」は存在しないことをマインドに思い出させる必要のある時はいつでも、その二つの質問を使った。

静かなマインドは、覚醒した意識の中に完全に存在している状態の重要な特徴の一つだ。

❖再同一化のための餌

エゴがあなたの注意をコントロールすることをそう簡単に諦めない点は、強調し過ぎることはない――しかもエゴは巧妙だ！　エゴは長い期間、静かにしているかと思えば、どうでもよさそうな瞬間にコメントを一つか二つを挟んでくる。もし、わずかでも思考に注意を向けることで、エゴが仕掛けた餌に手を出してしまうと、エゴはさらにコメントを付け加えてくる。そして、もし、あなたがそれらを受け入れ、他の思考が続いて浮かんでくるのを許すと、エゴは元々の絶え間ない無駄話のレベルへすぐに戻ってしまう。あなたの心の無防備な部分が、その罠の対象にされやすいことは確かだ。

覚醒してからの1年間は、外的な状況によって引き金が引かれたわけでなくとも、強い感情が現れてきた。日々の生活の中で突然、悲しい感情が生じてきたり、時には絶対的な恐怖に駆られそうな恐れが生じたことも何度かあった。私が静かに椅子に座っていようが、皿洗いをしていようが、それは起こった。ほぼ2週間、何度も怒りがほとばしり、時にはそれが熱狂的な状態にまでなったこともある。それから、パッと起こらなくなった。そのタイプの感情の体験は、それ以来起こっていない。

エゴはさらにまた別の種類の罠を仕掛けてきたこともある。それは、アルーナという人格にとって不快な状況がもたらされた時に現れた。エゴは、1985年から1993年に覚醒を体験するまでの間に、エゴが行なってきたことに立ち戻ろうとした。つまり、ニューエイジ系の考えが湧き上がって、私は問題となっている状況の原因と重要性を明らかにして、欠陥だと思われたものを克服、または修正するために学びとテクニックを活用しようとした。そのプロセスは自己成長には役立ったが、覚醒のあとでは障害となった。なぜなら、感情を感じて解放するためにマインドが無視される必要のある時に、マインドが働いてしまうからだ。

幸運なことに、覚醒の瞬間に起こった意識のシフトは十分に確固たるもので、ほとんどはエゴの罠に対して優勢だった。私が罠に落ちた時間があっただろうか？　確かにあったが、マインドフルネスの状態になることで罠を看破し、真我探求を始めると、マインドの攻撃はやがて止まった。

❖ マスターへと進む

1993年以来、この肉体の人生には多くの試練を伴う状況が起こった。時には、まるで大いなる全てが「あなたはこれに耐えられるか？　あれはどうだ？　これはどうだ？」と尋ねられているように思えた。そのような状況の中、真我探求はしっかり着実にマスターへと導いてくれる道となり、真我が心の中に抱かれることを実現してくれた。

覚醒が起こると、エゴ／マインドは、個人の意志の傲慢さが神聖なる意志へ道を譲るにつれて消え始める。神聖なる意志が優勢になると、エゴはもはや必要ではなくなる。エゴ／マインドによって引き起こされる出来事がなくても、人生は続けることができるのだ。出来事が良い気分をもたらすこともあれば、そうでないこともある。全てが良し悪しの判断や反応を伴うことなく歓迎されるようになる。というのは、意見や反応の源であった個人の意志が解体され、個人の意志から支配的だった全ての特性が奪われてしまうからだ。マインドのおしゃべりは、真の本質から注意を向けてもらえないため問題にはならない。

しかし、マインドが完璧に消えてしまうまでは、人生の体験を通して露呈される必要のある心理構造の中に捕らわれた姿勢や信念は存在し続ける。それらの反応は、引き金となる出来事によって意識の前へ連れて来られると、ただ感じられ、解放されていく。人間が肉体を持って生まれてくるのはそのためだ。私たちが肉体の中にいて、それらを演じている時の方が私たちの誤解を解放することが容易なのだ。

❖ エニアグラム――役立つツール

エニアグラム（詳細は第16章）でいう自分に特有なエゴ構造の「囚われ」を知ることは、感情的反応をクリアにするのに役立つツールだ。エニアグラムを使えば、反応が起こっている最中にそれを見つけ、理解する方法を教えてくれる。

私には感情的反応を生じさせるような困難な状況があまりにもたくさんあったので、「自分自身の現実を創り出す」というニューエイジ系の発想を持った友人から、私はどこかおかしいと思われていた。彼らは「マインドが正常であれば、誰もが引き起こすことを選びそうもない試練を、なぜあなたは生み出しているのだ？」と尋ねた。しかし、私には「正常なマインド」など働いてはいなかった。実際のところ、何かを選ぶマインドなどなく、困難な状況の結果として、すばやく消えていくマインドがあるだけだ。覚醒後に展開した一連の出来事を振り返ってみると、私は修行のための俗世の教室にいたように思える。もちろん、その教室に入るためにはそうする意思を持たなければならないし、実際に意思はあったが、自然な流れでそうなった。私がしなければならなかったのは、ただ静かにして、肉体が体験しているどんなことも自分と同一化しないようにすることだけだった。

それらの試練の一つ一つは、静寂さ以外に何かの反応があるかどうかを見るための機会であった。もし、マインドがコメントを言い出したら、たいていは無視すると静寂さが広がっていく。もし感情的な反応が起これば、そこにはまだ、手放さなければならないものがあるということを意味していた。私は感情を受け入れながら、状況に対して生まれた思考を無視した。もし、その思考を受け入れるとマインドが大はしゃぎし、状況を理解し、それを何とかする責任がマインドにあるという錯覚を復活させてしまうことになる。

これから、私が体験したシナリオ（私の深化のプロセスの主なエピソード）を少しばかり紹介したい。それは、私に特有のエゴ構造の一面を披露すると共に、それがどのように消えたかを明らかにするものであり、また覚醒した意識の中に居続けるために、ほとんどの人間がやがて取りのぞかなければならない標準的なエゴ・テストの例を示すものである。

❖ シンデレラ症候群

20年間独身生活をし、大きな家に一人で住み、家の全ての手入れを一人で行なう生活をして4年が過ぎようとしていた頃の話だ。

どんな女性にとっても理想的な、修理が得意な男性が私の前に現れた。そして、彼が私の家に移ってきて6カ月後、彼は木を剪定していた時に15メートル以上の高さから真っ逆さまに落下した。ちょうど、私たちの大きな新しい野菜畑に種を植える予定をしていた時だった。どうしよう？　母なる大地は待ってくれないし、一緒にしてくれるはずの彼が突然、負傷してしまった。家と畑の世話だけでなく、彼の世話までしなければならなくなったのだ。私は彼への感謝の想いを持ち、人生はなぜこんな状況をもたらしたのかという思考と自分を同一化せずに彼の世話をした。どんな体験が起こったとしても、マインドに答えを探し求めたり、解決法を探したりすることを許さず、「あるがまま」でいることは喜びをもたらしてくれるものだ。

その状況で再活性化される可能性のあったエゴの側面は、自分の家族の中で他の人の世話ばかり（幼少期から）続けたあとに、自分自身を助けてくれる人を手にする価値が自分にはあるという「シンデレラ症候群」だった。

その後、彼、つまりジアコモは、木の剪定師としてよりも、編集者としての方がずっと能力が高いことが分かった……そして、２０１１年に彼は私の夫になったのである。

❖ 募金詐欺

次は、２００９年頃のことである。私は文字通り数百時間をかけて、９カ月間、大きなプロジェクトのための助成金の申請書の準備をしていた。ウルグアイでの自己持続型のスピリチュアルセンターの開設だ。６名からなるチームを作り、助成金提供者の要望に応えるため、無数の資料やプレゼンテーションを準備した。そして、ついにプロジェクトへの資金提供にとても興味を持ってくれているらしい団体の役員にプレゼンテーションをすることができた。

プレゼンテーションから2週間後、私たちに１５００万ドルが授与され、２００９年の終わりまでに私たちの会社の口座に振り込まれるという連絡を受け取った。その上、私たちの1年がかりのプロジェクトの完成のために追加で５００万ドルが見込まれるという。私たちのチームメンバーのうちの3名は、米国とオーストラリアでの生活をたたんで、ウルグアイ行きの切符を購入し、助成金申請代行業者のアドバイスに従って行動した。12月になってもお金は振り込まれなかったが、私たちは振り込まれると信じていた。私は家財道具をまとめ、家も売りに出していたので、とりあえず出発した。

しかし、お金が私たちの銀行口座に振り込まれることはなかった。助成金の申請代行人が捜査を受け、９件の重罪で起訴されたことをあとで知った。

資金がないままでウルグアイにいることは、確かに内なる「不安と精神的動揺」を感じる機会ではあったが、それはまた祝福が姿を変えたものでもあった。私は肉体のエネルギーを枯渇させ、チャネリングを妨害する、多くの邪魔なエネルギー（多くの携帯電話基地局、高画質テレビや無線シグナル、高圧線など）が全くない、人里離れた場所に身を置くことになった。

その結果、サンジェルマンとの繋がりがクリアになり、彼の新しいブログを作ることができるようになった。ブログは人類を愛の真の本質とアセンションの可能性へ目覚めさせる手助けを目的としたものだ。私の人生に「現れる」ことによって、ウルグアイはポジティブで、重要な役割を担ってくれた。現地での素晴らしい新しい友人たちは、そこが私が行くべき場所だったということを証明している。そしてもちろん、ウルグアイでも光のアンカリングを行なったことは言うまでもない。

❖ 息子と孫と切り離されて

次に紹介するのは、今までのエゴ・テストのなかでも最も困難だったものだ。今世における私の静寂さと平静心にとっての最大の試練は、私が無条件に愛する家族がかかわる話なので、詳細は割愛し、状況に対する私の反応だけを書くことにする。なぜなら、その出来事は私が個人的なストーリーから完全に執着を手放す最後のひと押しを与えたからだ。

2000年7月、長男と私はビジネスの取り決めを交わしたが書面にはしていなかった。取り決めについての私たちそれぞれの解釈（お互いに対して期待するところも）は全く違っていた。お互いのフラストレーションは、私たちの関係を完全に壊してしまうコミュニケーションへと発展していった。12年が経過して今日に至るまで、互いにほとんど連絡を取り合わなくなっていること、そして、私は彼の5歳の息子にも会ったことがない。

母と子どもの間には深い絆がある。その絆が引きちぎられた時、大変な痛みを伴う。内なる静寂は最後の別離の際に起きた軽度の心臓発作や、一年後の彼の誕生日の時に入院する原因となった高血圧症を阻止することはできなかった。数年前に彼のビジネスの再建の手助けをしたのに会社を辞めさせられた時以来、何年間も感じていなかった感情が浮上した。私は彼の怒りを感じ、反応してしまった。叫んだり、泣いたりはなかったし、パパジとの体験をする以前のように、自分に投げかけられた言葉やされたことにこだわっていたわけでもなかった。そうではなく、状況をどう克服したらいいのか分からない時に病気になってしまうという、古いパターンを再び生み出したのだ。私は感情的に腹が立ち、病気になったが、その苦しみは束の間しか続かなかった。

エゴは数日間、私を弄《もてあそ》んだが、すばやく一線を画した。決して息子の要求を受け入れないし、私への扱いを容認しないと決めた。慰めを求めて、私は内側の静寂な自身の方を向いた――そうすることで、私は苦しみから解放された。その結果、対立に変化が起こった。もはや「私の」問題ではなくなり、真実が明確になった。そのような問題を持っていた「私」という存在はなくなっていた。

重要なのは、「私の」息子の言動ではなく、人間関係、特に最も親密で「特別」だと感じていた関係に固執していたエゴの終焉だった。エゴは人が子どもに対して持っている「エゴの側面」を通してすら、静かなマインドを邪魔することができなくなった。先に述べたように、私は今でも無条件に息子を愛している。

❖ エゴのテストがもたらした成果

私は、人生において裏切り者として現れた人たちの犠牲になったとは考えていない。なぜなら、彼らは真我が心に抱かれた状態にするというプロセスに貢献し、静寂の強さをテストしてくれた。私は勇気と自信を育むため、困難な状況全てを自分自身へと手繰り寄せたのだ。

私の真の本質は、今や性格による邪魔を受けることなく物事に対処している。ご紹介したいくつかの例は、性格が陥るエゴの「囚われ」のさまざまな側面を認識する機会を与えてくれた。私の覚醒した意識を深めていくために、私の人生という映画にそういった役割で登場してくれた全ての参加者に感謝を捧げる。

❖最終分析

覚醒が深まるにあたって中核となる目標は、反応がなくなることだ。そうなるには、過去に拒んできたものや障害となったもの全てと向き合い、私たちを物質社会に縛っているあらゆる縄を解かなければならない。その段階まで進めば、真の本質が私たちを通して妨げられずに表現される。

私の過去の不自由な体験の多くは金銭と裏切りに関係している。では、私は何に直面しなければならなかったのだろうか？　エゴの怖れの全てが現実化される中で、肉体がその環境の中で、平穏で、幸せで、思考に取りつかれないでいられるかどうかを試されたのだ。私は次々とビジネスの失敗に直面し、うず高く積まれる負債と病気に見舞われ、信用は落ち、家も大きな損失を抱えたまま売りに出さざるを得なくなり、そして多くの裏切りの場面が——。それら全てが、私が受け入れがたいと判断し、拒んできたものだった！

そのような状況を前にしても、静寂がそれまでよりも私の中に広がっている。私の内なる静けさは、微動だにしないアルナーチャラ山のようにしっかりとしたものになった。1993年に覚醒して以来、何も知らない人々からは苦しみと解釈されたかもしれない、ごく短い瞬間的な感情の反応を数回経験したのみだ。たとえ、前記のシナリオがある種の感情の反応を引き出したとしても、私はそうした興奮状態にふけることはしなかった。内なる平安と静寂さが邪魔されることはなかった。

最後に、逸話をもう一つ。こんな夢を見たことがある。私は名前のない行き先に向かって飛び立つために空港に到着する。車のトランクを開けると、スーツケースを忘れたことを発見する。または、チケットカウンターで私の番になって、預ける荷物はあるかと聞かれた時、荷物が見当たらないのに気づいて、ゾッとする。または、搭乗口で自分が荷物を忘れてしまったので、飛行機に乗ることを猛烈に拒む。私はその夢を、形を少し変えながらも何年もの間、何度も繰り返して見た。

もし、夢が暗示するものに妥当性があるなら、私の中で何かが変化したのだと思う。最近はその種の夢を見なくなった。おそらく覚醒した意識が深まった状態では、主なエゴの引き金はほとんど消え去り、真の本質に完全に委ねた状態では、幻想へのほとんどの執着は捨て去られるのだ。私は執着することのない旅人――だから、荷物なんて必要ないのだ！

❖ すべては何のためか

何が起こっても静かでいられるので、この肉体は引き続き、静かなマインドと喜びに満ちた心を楽しんでいる。それは、エゴの構造は何も残っていないことを意味しているのだろうか？　それとも、これからは静寂を揺るがすような難しい状況は訪れないのだろうか？　私にはそれは分からないし、どうでもいいことだ。

覚醒がもたらすものは、私たちが身を置く環境がどうであれ平安で愛に満ちた存在でいられるようになることだ。

要するに、幻想についての思い込みは消え去った！　ということだ。

第15章

覚醒が深まるプロセス――楽しい罠

どの状況でも、再び同一化してしまう機会がある。

前章では容易にエゴと再同一化してしまう可能性のシナリオについて話したが、本章ではエゴの同一化に気づいて手放すチャンスを与えてくれた「楽しい」状況について話したい。私が楽しいと呼ぶのは、それらの話はどちらかというと何気ないもので、困難を伴わないものだったからだ。しかし、エゴの痕跡はまだ心の中に刻まれ、働いていたので、さらけ出して処分する必要があった。

覚醒は、人生がもたらすものへ肉体が反応して行動する時に、肉体が何を考え、感じているかを観察するための無執着の能力をもたらしてくれる。真の本質は、考える部分でも感じる部分でもないということが分かると、同一化のおそれのある最も微細な機会さえ発見できるようになる。例えば、私はどこへ行っても将来のパートナーはいないかと無意識に探していたことに気づいた時のことを覚えているが、その瞬間まで自分がそんなことをしていることに全く気づいていなかったので、パターンに気づいた時は、「アハ！（ああ、そう！）」と思った。無意識のパターンが明らかになると、それを手放すための気づきが与えられる。無意識のパターンに気づくことは、私が究極の自由に向かって進化するための鍵だった。そうしたパターンは、どの状況においても、例えば「えもいわれぬ心地よい」状況にさえ潜んでいる。これから述べる例と前章の例の違いは、本章の例は基本的にはつらい体験というより喜びに満ちた体験だったことだ。そして、まさにその理由からエゴが運転席に座り続けるための、さらに巧妙な機会が与えられることになった。私は、それらの例を「アハ！体験」と呼ぶことにする。最初に紹介する体験は、どちらかというと重いものだが、まだ区切りが付けられていなかった状況に美しい完結をもたらしてくれた。

❖アハ！体験❶ モクラン

1990年9月19日の最後の電話のあと、人としてのモクランの肉声を二度と聴くことは無かった。しかし、彼がアルジェリアで消え去ってしまった4年後に、モクランはもう一度、私に連絡をしてきた。今回はスピリットとして……。

ごくありふれた、ある日――。私が手紙を書き始めていた時、モクランが私のペンをつかんだ。スピリットたちは私たちが彼らのための「窓」を開けておく限り、そのようなことができるし、私は彼との繋がりをまだ閉じてはいなかった。彼の影響下で、私のペンはアルジェリアでの裁判のあと、何が起こったのかについて書き始めた。私は彼の存在を感じ、彼の付けていた香料の匂いがして、彼の「ジュテーム（愛している）」という言葉が頭の中で何度も繰り返された。彼は裁判所から刑務所へ連れていかれ、チャンスをみて、すぐに自殺したと伝えてきた。彼は自分のいる状況から抜け出る方法が見出せず、人生は終わったと考え、喜びを感じることなど何もできない刑務所という地獄を体験しないことを決心したのだ。自殺するとカルマを作ってしまうかもしれないと理解しながらも、私に「会いに来るため」肉体の一生を自ら閉じることを選んだ。彼は自動書記の手順を向こう側から学べば、チャネリングを通して現世の人間に接触することができることを知っていて、やがて彼のできる唯一の方法で、私との再会を何とかやってのけたのだ。

私はその接触に深く影響を受け、最初はどのように対応するべきか分からなかった。エゴは彼に起こったことを知り、そして、彼が再び私に会いにきたことで我を忘れていた。真の本質は、幽霊として私の肉体と共に「結婚」を実行したいという彼の願望は、彼と私のどちらにも最善ではないことを知っていた（……映画のようには行かないのだ）。エゴは今もまだ彼を求めていたが、真の本質が彼に立ち去るようにと頼んだ。しかし、彼は拒んだ。彼は「ジュテーム」と何度も何度も言い、私が彼の妻だと考えるように要求した。

それは、数カ月間続いた。ある日、地元のヒーラーの所へ別の理由で出向くことになった時、私が彼女のオフィスに入っていくと、彼女が「あなたのオーラの中に誰かが見えるけれど、サンジェルマンではないわ。あなた、誰だか分かる？」と聞いてきた。私は彼女に、モクランについて、そしてなぜ彼がそこにいるのかを話した。彼女は、彼を十分手放していなかった私のエゴの一部から解放する助けをしてくれただけでなく、彼がアストラル界に囚われていたので、次の霊的段階へと進んでいけるようにも手助けしてくれた。そうして私は、彼の思い出を手放したがらない、心地よくも誘惑的なエゴの側面から解放された。

❖アハ！体験❷　次男との再会

私の次男は、高校生活を中断させられたことで私にひどく腹を立てていた。その時から、私とは連絡を取ることさえ拒否していた。しかし、7年後の1993年にドイツからコロラドへ移った時、彼はサンディエゴから車で私を訪問してくれた。しかし、「私の人生へお帰りなさい」という訪問ではなく、憤りと恨みを吐き出すためだった。彼は、私がセドナ、英国、ドイツにいた期間にずっと感じていたことや内側でフツフツしていた全ての怒りを伝えるためにやって来たのだ。私は彼が話すひと言ひと言に耳を傾け、彼が私と対峙しようとしたことで、私たちが再びコミュニケーションを取り始められることに感謝した。（古い「私」であれば、恐怖におののいて、その手の出会いを避けようとしただろう）

次男が幼い頃は、私たちはとても仲良しだった。しかし、私がチャネリングを始めた時、自分は見捨てられたと感じたようだ。ロンと一緒にカリフォルニアに引っ越してすぐに、ロンは破産申告し、彼らはアパートから立ち退きを強いられた。次男は高校の同級生の所へ転がり込む以外に選択肢がなかった。それは誰が体験しても大変なことだろうが、かに座（家庭を愛する星座）の影響の強い、繊細な芸術家タイプの彼にとっては衝撃的だった。彼は17歳でお金もなく、運転していた車は危険なボロ車だった。彼が不満だったのは無理もない。

彼の長い話をいくつか聞いたあと、彼は私に話をする機会を与えてくれた。エゴは興奮して、そうした状況における私の立場を説明した。彼はロンが離婚を申し入れる前に、私たちの共同口座のお金を使い果たしてしまったことも、ロンが私のクレジットカードで物を買ったために私が多額の債務を負わされたことも知らなかった。セドナは当時はほんの小さな観光都市だったので、海外に行くことが唯一、私を財政的に支え、請求書の支払いをする方法だったのだと説明できた。しかし、彼を失望させたことに言い訳はできなかった。物事がそのように動いてしまったのだ。

私の子が心を開き、少しでも怒りを手放してくれたことを嬉しく思った。私はいつも息子２人を愛してきたし、これからもそうだろう。私のここでの「アハ！」は、エゴは母と息子の関係に対してこうあるべきだ（私はそれに落第したが……）という見解を持っていたことだ。真の本質は、もうそろそろ起こったことはそれで良しとしていい時期だ、ということを示してくれたのだ。

彼自身の怒りを全て解放したわけではなかったが、少なくとも扉は開かれた。彼の過去をもっと受け入れる助けができる機会がまた訪れるかどうかは分からなかったが、私はもう罪の意識を持ってはいなかった。数年後、私がボルダーのアパートに引っ越したあと、次男はTシャツ会社で仕事をしていた時に再び私を訪ねてくれた。感謝祭の時期で、彼はガールフレンドを連れてきてくれた。

❖婚約者

次男のガールフレンドは、息子の嫁として期待できる全てを備えていた。美しく、頭が良く、息子を愛していた。彼女は心理学の修士課程で学んでいて、私が行なっていた自己成長や霊的覚醒の「正攻法ではない」アプローチには懐疑的であるということを伝えてきた。その種のワークをするには、私には適正な教育が欠けていると見なしている様子だった。私たちはそこそこ気が合ったが、母と娘の関係を築くのは簡単ではないようだった。彼女が私に示す態度に気分を害することもできたが、覚醒した意識は、それもあるがままに動揺することなく受け入れた。

それは1996年11月のことだが、16年間を早送りしてみよう。現在、彼女は私の良き友人になった。彼女は、私が欲しかったが手に入れることができなかった娘であり、次男と連絡を取り合える理由ともなっている。義理の娘は、私の2人の孫息子の素晴らしい母で、それだけでも彼女を好きになる十分な理由があるが、それ以外にも好ましいと思う理由がある。彼女はライターおよびライフコーチとして成功し、育てられた環境で受けたものを超えて、霊性についてのさまざまなアプローチを探索してきた。彼女が見出した多くのものは私が見出したものと似通ってもいるが、彼女は自分の世界観へと統合した。私たちはいつも意見が合ったり、同じように物事を見るわけではないが、違いについて言い争ったりする代わりに、違いについて話し合いをする。私たちは互いに相手が行なうことを支え合っている。彼女は、有機食材を食べることや自然な方法で健康管理に取り組む利点については、私の結論と同じものになっている。

私たちの世界観は時間の経過と共により近くなってきたが、そうならなかったとしても彼女を大切にしたいと思う。というのは、彼女はとても思いやりがあり、彼女が私の人生にいてくれて嬉しく思うからだ。

❖アハ！体験❸ 大阪での特別なギフト

1998年にオーストラリアから日本へ到着した時、ミヤケ・アイという若い女性に紹介されたが、彼女は私のサットサンと個人セッションの通訳を買って出てくれた。それは、私にとっては大きなギフトだった。アイはプロの通訳だっただけでなく、神道の宮司の孫娘であり、祖父のおかげで彼女は私がサットサンで分かち合おうとしていた内容を理解していた。私たちはすぐに互いのことが気に入り、仕事を一緒にするのがとても楽だった。

東京でのあるサットサンでは、とてもハンサムで身なりの良いヒジノという男性が自己紹介してきた。彼は日本の雑誌で私への取材記事を読み、大阪から来たと言った。私たちが大阪まで出向いて、彼のグループに向けてサットサンを開催するつもりはないかと尋ねてきたので、私たちは同意し、そのための日程が設定された。

彼は新幹線の切符を購入し、ヒルトンホテルに宿泊予約を入れてくれた。私たちはとても感銘を受けた！　翌日、彼の同行でサットサンの開催される会場へ行ったが、その時、次に私が住む場所は大阪になるという気がした。ヒジノさんが、「グループがずっとバーソロミューの教えを彼と共に勉強していて、以前、メアリー・マーガレットを日本に招いた」と話した時、私のマインドはいい意味でビックリしてしまった。それもまた、私の人生で良く起こるシンクロニシティの新たな一例だからだ。

サットサンの後、アイと私は大きな花束を贈呈され、後からヒジノさんの友人のカトウさんが夕食を共にするために来るまで、ホテルで休憩することになった。夕食の間、私は、サットサンに来る途中で感じていた、大阪に住むことになりそうな予感について話した。彼らは理解を示し、どのようにして私の大阪での暮らしを手配できるかを調べてみたいと言った。私は90日間有効のビザで来日しており、まもなく期限が切れてしまう。彼らは、今回私が提供した体験を大変良かったと評価してくれ、米国へ戻る前にもう一度大阪でサットサンを開催したいと言ってくれた。再度のサットサンのあとの短いミーティングの際に、ヒジノさんとカトウさんが、「2カ月後の9月に、再び大阪に来れないか？」と尋ねた。彼らは私に住まいを用意し、就労ビザのスポンサーをしてくれるというのだ。嬉しかった！　アイは、私たちの毎月のサットサンの通訳のために、大阪と東京を行き来することに同意してくれ、私は東京での月一度のサットサンのために毎月、上京することにした。

6月末に飛行機に乗った時、人生が私にとても特別なギフト（日本文化に浸り、私が惹かれる人たちとより多くの時間を共に過ごす機会）を与えてくれたことを感じた。大阪は、日本の古い都である京都から電車で1時間ちょっとの場所なので、たくさんの神社仏閣や庭園を訪れたり、祇園の芸者を見たり、私が初めて京都を訪ねた時にはできなかった全てのことができると思うと、あらゆる方向に喜びが広がった。

❖ 日本での生活

9月には、雇用主のハトキン社が所有するハトキンビルにある私専用のマンションへと引っ越した。その会社は、カトウさんが社長で家族経営をしている会社だ。私の住まいは彼の住まいと同じ階にあり、彼は奥さんのタカコ、息子のソウスケ、タケトと共に住んでいた。カトウさんの母親は最上階の大きな部屋に住んでいた。私は住む家が与えられたのに加え、家族にまで恵まれたのだ。

私の住まいはかなり狭く、大通りの一つに面していたため騒がしかった。2ブロック先には救急隊の施設があり、そこからさらに1ブロック先には消防署があった。屋外の全ての騒音に加えて、毎晩、午前2時30分から3時の間にはクラリネットの練習をしている音が聴こえたが、いつも同じところでつまずいてやり直すので、あまり上手ではない人だという印象だった。数カ月が経過した頃、クラリネットの練習ではなく、外の通りを移動する屋台のラーメン屋さんが鳴らすパイプ楽器の音で、近くのバーで飲んでいる人々を誘っているのだということを知った。

それらの騒音は、私にとって大変なことだった。私は長い間、都心に住んだことはなく、交通量の少ない静かな郊外や外部の音など聞こえない田舎に住んでいた。そのため、最初の数カ月はほとんど眠れず、眠る代わりに瞑想をして夜を過ごした。寒い日には窓を開けた状態でガスストーブを使うか、窓を閉めてストーブを使わないかを選択するしかなかったので、騒音を避けるためにストーブを使わず、トレーナー、スウェットパンツ、そしてウールのソックスを何足も重ね着し、マフラーと手袋もして、もう1枚キルトを掛けて夜をしのいだ。

そうした環境は肉体的には苛酷で、その結果、エゴが活発になるたくさんの理由を与えてしまうが、その状況について考え込む代わりに、私は静かに内なる静寂を深め続けた。この状況下での「アハ！体験」は、肉体に何が起こっても平穏で幸福でいられるということだった。

❖ ついに「避難所」を見つける

やがて、私の肉体も環境に慣れてきたこともあって、耳栓をすると状況はかなり改善され、関心を他のことに向けられるようになった。私には緑が必要だった！　近隣には木々や草花がほとんどなく、通り沿いに数本の樹々があったものの、それらは互いに離れていた。交通量も多く、植物、動物、そして人さえも、新鮮な空気からの栄養が十分ではなかった。家の前を飾る植木や花はあったが、近隣には母なる大地に足を踏みしめて立てるような場所はなかった。定期的に新鮮な花を買うようになり、自然に近い感じの、光沢のついていない窯で焼かれた食器を手に入れた。それらの物は、新しい生活の中にある穴を多少埋めるのに役立ったが、もっと緑の多い環境を見つけたかった。

ある日、自分の内面から、「扉を出て左折せよ。樹が見えるまでは立ち止まらず歩くように」というメッセージを受け取った。樹？　大阪で？　徒歩で行けるところ？　どれくらいの間、歩くべきなのか分からなかったが言われた通りに歩いた。すると驚くなかれ、20分後には一面に樹々や草花が生え、小川が流れている公園があった！　ついに、避難所を見つけた！　その安心感はものすごく大きなものだった。

内面からの指示に従って発見したのは、公園だけではなかった。私は散歩の数日前に京都で開催された外国人のパーティーに参加して、主催者から2枚の美しいデザインのろうけつ染めの和布を購入した。それを飾るための額縁が欲しかったが、電話帳で「絵画の額縁」を探すことは当時はまだできなかった。カトウさん以外は誰も英語を話さなかったし、彼の英語レベルは中学校で学んだレベルでしかなかった。

しかし、素晴らしい公園から自宅に戻る途中、散歩の通りすがりに額縁の店を魔法のごとく見つけたので立ち寄ってみた。店に入るとすぐに、日本人の男性が英語で「少しお待ちください！」と言って、店の奥に行き、彼の奥さんを連れてきた。日本人の奥さんは私より何歳か年下で、完璧な英語を話した。私が望む額縁についての話が終わると、彼女は「どうぞ、またすぐにお立ち寄りください」と言ってくれたので、翌日もその店を訪れた。私のろうけつ染めを持っていき、一緒にお茶を飲んだ。それが、フクダ・キミコ、ヤスオ夫妻との生涯の友情の始まりだった。

2人のことは、今では家族のように感じている。そこでの「アハ！体験」は、真の本質は、私の壁の装飾のように細かいことでも肉体の全てのニーズの面倒を見てくれていて、どんなことにもストレスを感じる必要はないということだった。

もう1組、親しい友人になった大阪のご夫妻は、私のマンションから通りを隔てた所に住んでいた。ハラダさんは鍼灸師で、奥さんはとても可愛い人で、みんなに「やーちゃん」と呼ばれていた。彼女はマッサージセラピスト兼カウンセラーだった。彼らには男の子2人と女の子、計3人の子どもがいた。

カトウさんの奥さんのタカコとやーちゃんはグループの仲間で、そのうちの数人は私に英語を教えてもらいたがった。たまたま私が英語を話すということだけだったのだが、週に1回の英語クラスを7人のママと11人の子どもたちに教えることになった。私にとってとても楽しい冒険であり、みんなと一緒に集うことができるので、私はクラスの時間を本当に心待ちにしていた。

❖ 敬意の念と超一流の扱い

アイが月一回、サットサンの通訳で大阪に来る時、ヒジノさんは私たちをとても寛大に接待してくれた。数回、京都の高級レストランへ連れて行ってくれたことがあるが、そこでは私たちが座っている目の前でフランス風の和食が調理された。彼はまた、奥さんとカトウ夫妻と共に、数日の温泉旅行へ連れて行ってくれた。金閣寺やその他の京都の名所、春には花見、秋には色とりどりの紅葉の場所も案内してくれた。花や紅葉が見頃の夜はライトアップされ、その美しさは息を飲むほどだった。彼は私を王室の一員のように扱ってくれた。日本文化における敬意の表現だ。あれほど見事に心配りされたことは、経験したことがない。感謝すると共に、私にしてくれたことは大変な厚遇だったので、我慢しなければならなかった家の騒音もたいしたことではなくなった。

ヒジノさんは、岐阜県で彼がリーダーをしているグループにも私を紹介してくれ、アイと私はサットサンを開催するために共にその場所を訪れた。サットサンは3都市でそれぞれ月1回の開催だったので、私には日本について知るための時間がたっぷりあった。城郭、仏寺、神社、ときおり温泉を訪れる以外の活動として、私は日本のさまざまな陶磁器について学んだ。さらに、窯元のある場所を訪問し、代表的な湯飲みや皿を少し収集するようになった。また、書道と墨絵を教えてくれる講師を見つけた。私が意外と上手だったことで、エゴが何か語り始めることは容易だったかもしれないが、静かなマインドが広がっていた。

❖ A教授との再会

大阪に住んでいた1999年、素晴らしいことが起こった。15年前、1995年の初来日の際に共に苦しい思いを体験したA教授と再び、繋がることができたのだ。再会の時間は、つつがなく過ぎた。2人ともすっかり変わったし、お互いの人生が展開していることを私たちは本当に幸せに感じた。彼は奥さまを紹介してくれ、東京では何度か互いを訪問した。翌年には、彼らが沖縄にいた私を訪ねてくれ、そこで私は奥さまが教えるワークショップを開催した。A教授と私は1985年に私たちに起こったあのクレイジーな出来事のおかげで、いつでも繋がりを分かち合うことができるだろう。今世という映画の残りの期間、友情を続けていけるのは喜ばしいことだ。

❖ アハ！体験❹ 美しい島、沖縄

東京サンガ（サットサンのグループ）のメンバーの一人が沖縄に引っ越し、彼女がそこで私のサットサンを開催してくれた。イベントに向かう飛行機の中で、「そこはあなたが次に住む場所」という内なるメッセージを受け取った。

沖縄に14カ月間住み、美しい島や人々との出会いの全て（そして、ウニのソースをかけたロブスターの素晴らしい思い出）を楽しんだ。クバ・カヨコは、私の通訳として寛大にあらゆる面でサポートしてくれた。彼女以上に愛に満ちた、献身的な友人、アシスタントを求めることはできないだろう。カヨコは多くの沖縄の名所や名物を案内してくれ、その中には琉球のスピリチュアルな作法や、アニミズム的、シャーマン的な宗教、百年前の日本への併合以前にさかのぼる現地の文化も含まれていた。考古学者になりたかった私にとっては、それは特別な時間だった。

❖ 最高の楽しみの再来

ある日、東京から私に会いに来た友人のルミコと近所を散歩していた時、日本語で「焼き物」と書かれた看板の掛かっている一軒の家の前を通りかかった。私は日本語が読めなかったので、どんなことを意味しているのか分からなかったが、ルミコは私の楽しみや好みに精通していたので、私の腕をつかんでその家の門へと引っ張っていった。そこは陶磁器の工房で、しかもレッスンを提供していた！　翌日、私はひさしぶりにろくろの前に座った。大学と大学院でいくつかのコースを履修したことがあったが、子どもが生まれてからは一度もしたことがなく、何と33年ぶりだった！

私は粘土を持って、ろくろに近づいた。今回の陶磁器体験は今までとは全く違っていた。というのも、もはや「私」が「何かを作る」ということはなかったからだ。肉体はさえぎられることのない真の本質が粘土を形成するために使われて、マインドが計画していなかった形が生み出された。それは、マインドや過去の先生たちの指示に従って作られていた物と比較して、どの点においても

空虚から生まれた作品（著者作）

より良い形だった！　今回は講師の影響を受けることはなかった。というのも、講師は英語が話せなかったし、私は日本語を話せなかったからだ。彼は、器具をどのように動かし、出来上がった器をどのようにろくろから取り外すかを教えてくれた。

私のマインドは、私の手が生み出したものの品質に仰天していた。ひょっとすると、それは本当にいいものに仕上がったのかもしれない、なぜなら、東京サンガのメンバーの一人は陶磁器の専門家で、私に米国の有名な陶芸家に師従するようにと、プロとしての推薦状を書いてくれた。私はまた、濱田庄司（陶芸家）とベルナルド・リーチ（英国の陶芸家）が１９６０年代に伝統工芸を世界に芸術品として紹介するためにコラボレーションした沖縄の工房で、陶磁器の勉強をするようにとの招待も受けた。

しかし、残念ながらそれは実現しなかった。私の技術を高めるチャンスと陶磁器への愛を深めるチャンスの両方を逃さざるを得なかった。エゴの残りカスが私にその方面で人生を全うさせたいと思っていたとしても、それができなかったからといって私は動揺することもなかった。

そこでの「アハ！体験」は、マインドが静かな時、肉体は予想されるよりもずっと高いスキルレベルで機能できるということだ。ひと目見たときには無理そうに思えたものでも、試すことをためらうことはなくなった。もう一つの「アハ！体験」は、何かが得意で楽しくできるからといって、必ずしも人生の残りをそれに費やすことになるとは限らないということだ。

その瞬間に生き、大きな喜びを感じていれば、あなたは流れに乗っていられる。真の本質はそれまでと違ったものを用意していることが多い。ゆったりと腰かけ、流れに乗って楽しめばいいのだ。真の本質はいつもあなたの最善を考え、永遠のユーモアのセンスを持って、次の体験を用意してくれている。それは、おこがましいエゴに引っ張り回されるよりはあらゆる点において優れていることだろう!

❖ アハ!体験❺ ユダヤ的なもの

2003年の春、私はデンバーで開かれた女性の集会に出席した。部屋に入ってまもなく、そこにいた女性の一人の周りに放つ光を見て、彼女に気がつかざるを得なかった。彼女が立っている場所まで行くと、彼女が隣りの人に、「もう行かなくっちゃ。次は私の話す番だから」と言うのが聞こえた。彼女と会話を始める代わりに、彼女の話を聞くためにホールへ向かった。その女性がラビで、祖母から伝承されたカバラの教えについて話すのを知った時の私の驚きを想像して欲しい。

その頃私は、エニアグラムの教師の一人ラス・ハドソンがクラスである話をしたので、カバラに興味を持つようになった。話とは、ラスがある日、ニューヨーク市のバーンズ・アンド・ノーブル書店に入ると、伝統的な長い髭をたくわえ、黒の衣服を身に着け、ペヨス(長いもみあげ)を生やしたユダヤ教ハシド派のグループが、ラスがドン・リソと共著した"The Wisdom of the Enneagram"『エニアグラム—あなたを知る9つのタイプ基礎編』(角川書店)について話し合っているのを見つけた。彼らは本の内容に同意してうなずいていた。ラスが彼らに近づいて、本の何が面白かったかと聞くと、「本には私たちの秘密がたくさん書かれている。私たちはそうした情報はカバラの中でのみ見つかるだろうと思っていました」と言ったという。

エニアグラム研究所のプロフェッショナルトレーニングを修了したばかりの私にとって、カバラとの繋がりは魅力的だった。そして今、カバラについての興味を満たしてくれそうな人物が目の前の檀上にいて、まさにそのテーマについて、部屋中に彼女の存在感を輝かせながら話していた。

❖ ユダヤ教の刷新

講演が終わってから、私はその女性、ラビ・ナドヤ・グロスに自己紹介し、後日、ランチをご一緒できないかと尋ねた。彼女は同意してくれた。そのようにして、私は自分のユダヤ的出自について引きずっていた内面の摩擦を解放し始めた。ナドヤのカバラのクラスに参加し、彼女と彼女の夫が行なっている礼拝にも出席した。私は「ユダヤ教の刷新」と呼ばれるユダヤ教に対する神秘的アプローチを発見したが、それはハシド派のラビだったザルマン・シャクター・サロミによって世界中に紹介されたものだった。私がナドヤと経験したものは、子どもの頃に興味を失わせてしまったものとは大きく異なっていた。それは、私が知り、ためらいなく愛するようになった、誰の中にも何の中にもいる愛に溢れた存在である神を讃えることだった。私は組織化された宗教（特にこの宗教、つまりユダヤ教）と典型的に結びついている伝統的な態度や制限を背負うことなく、その種のスピリチュアルな儀式を受け止めることができた。

ユダヤ的文化に関する全てのこと（レバーペーストとチキンスープを除いて）に対する拒否感は、究極の自由を十分に実現させることから私を遠ざけていた。周りの人々が持つ信念を自分の中に取り入れずとも、どのような状況にも参加し、それが持つ美点を楽しむことができることが分かると、私はついに自分の中で萎縮していた部分を手放すことができた。それこそ、私をとても驚かせた「アハ！体験」だった。というのも、私は人生のほとんどの時期、自分のユダヤ的育ちということをネガティブに感じていたからだ。自分のユダヤ的ルーツについても心地よく感じられるようになったことに敬意を表し、ユダヤ教の聖なる贖罪の日にリヴカという新たなヘブライ名を付けてもらった。

❖ アハ！体験 ❻ パパジを祝う

パパジの肉体は1997年に火葬されたが、彼が肉体の中にいた時に一緒にいた人たちの多くは、彼が私たちから去ったのでは決してない、ということを知っている。彼の存在そのものは、私たちがさまざまな感覚を通して感じる他の全ての物と同じくリアルなので、私たちは1年に3回、彼の誕生日、グルプールニマ（マスターの日）、そして彼のマハーサマディ（肉体からの離脱）に集い、彼の存在をお祝いする。ボルダーのパパジを敬愛する人々のコミュニティは、小規模でみんなが全ての行事に出るわけではないが、私が参加した集会は私にとっては特別なものだった。アヴァドゥータ・ファウンデーションのジョンとラムは、それらのイベントを継続するようにしてくれているので、グルの中にある私たちの真の本質に気づいている人たちは、彼の存在に敬意を表することができる。

２００８年、ボルダーのグループのメンバーの一人が亡くなった。彼はパパジに傾倒していて、葬儀に行った時、私は、まるで自分がラクナウを決して離れたことはなかったような感じがした。その日の講演者の一人は、バラット・ミトラ・レヴで、全ての思考が生まれる内なる場所へ導くことで、私の覚醒の引き金を引いてくれた人だった。その日、彼を通してパパジが語った。それはちょうど私がサットサンのために座する時にはいつでも、私を通してパパジが語るのと同じだった。インドにおいてでさえ感じたことがなかったが、混雑した部屋の中で私たち全員のワンネスを感じた。覚醒をとげた私たちの一人の全うされた人生を追悼する時に、神聖なるものの光があまりにも明白に現れ、誰も否定することができないほどだった。

以上でアハ！体験の記述を終えるが、私は「その輝き」の中にいることを愛した。その時到来した、「アハ！（ああ、そう！）」は、私も同じ輝きを放つための器《うつわ》なのだということだった。

❖今、アルーナはどうしているか？

これまでの全ての深める過程を経験した結果、私は覚醒の瞬間からどう変わったのだろうか？私はマインドフルネスを持ち、全く本来の姿で一瞬一瞬を生きている……その肉体を介して真の本質はエゴの信念や態度、防御のメカニズムに邪魔されることなく無条件に愛することができる。肉体は起こりうる結果や成り行きをマインドが「考慮する」ことなく、自然に行動している。菩提心は肉体を通して全ての人へと自由に流れ、愛することを難しくしている人々へも流れていく。肉体が体験していることへの反応による感情の負荷は、その瞬間に必要とされるいくばくかの感情のエネルギーの力を除いてほとんど生じない。それが起こると、肉体は感情を導管のように通す役割を担うが、その感情は「私」から発生した「私の」感情ではない。その一例が、難しい不動産の交渉をしている最中に起こった。不動産エージェントの男性は私の要求に沿った行動を取らず、何度か催促も無視されたので、怒りのエネルギーが私の言葉を相手に伝える手助けをするために急に現れた。その怒りは、私の要求を強調するのに必要なだけの時間、肉体を通り過ぎ、消えてしまった。エージェントは私の言葉を聞き入れるようになり、２人で契約を完成させることができた。「私」は怒ってはいなかった。肉体は、怒りを運ぶ伝達手段として機能しただけで、それと同じことがその後の人生にも起こっている。個人としての「私」が語ったり、行動しているように見えていても、真の本質が表現しているのだ。そうなれば「静かなマインド」が、人生に利益をもたらすことになる。ストレスも心配も無用で、真の本質が全てを処理してくれる。

この肉体は、ヒンズー教の神、シヴァ神の権化と言われるアルナーチャラ山にちなんで、アルーナという名を与えられた。シヴァはエゴの幻想を断ち切る破壊神で、ときおり肉体はそれを行なうために使われる。サットサンの開催中やクライアントへコーチングを行なっている間だけでなく、その他の日常生活においてもそうだ。真の本質がさえぎられることなく自らを表現すると、受け取る側のエゴが揺さぶられることがある。エゴは、聞こえていることが予期せぬギフト（自分に受け入れる必要のあるもの）であることに気づいていないので、怒ったり、気分を害したりする。もし、エゴが気づきに対してオープンであれば、起こったことに対して感謝するようになる。しかし、いつもそうとは限らない。もし、誰かがひどく心が乱され、私との関係を終結させる選択をするならそれでいい。それは、彼らの選択だ。私は友人を捨てたりはしない。今までしたこともなければ、今後もすることはない。しかし私はまた、操られたり、虐待を受けたり、敬意を表されない行為は誰からも受けることを我慢しないし、もし、そのようなことが私たちの関係にもたらされたなら、私は自分にふさわしい待遇とそうでない待遇をすばやく明らかにする。

関係を瞬時に識別し、対応する能力は容易に訪れたのではなかった。それを手に入れるのは人生の最も大きな課題だった。あなたが読んできたように、私が経験した覚醒が深まるためのシナリオのほとんどで、それが急所だったことに気づくだろう。私は子どものころに操られて、とても従順な性格が形成された。人生の大半で、他の人々の意図に合わせて生き、最終的な結果として、利用されたり、裏切られたりする人間関係を次から次と引き寄せてしまった。そのような関係が引き続き起こらないよう、そのパターンに気づきをもたらすために、私が「懲りた」状態になるまで、必要な状況が手を変え品を変え、何度も何度も繰り返されたのだ。

覚醒のあとでさえ、覚醒が深まるプロセスにおいては、私を操ろうとする一連の「友人」が現れる必要があった。それは何が起こっているのか気づき、私の中核にあった機能障害の最後に残った部分を超越するためだった。私は十分ではないというエゴの確信がそのパターンが長く続いた理由であったし、従順であろうとすることでどれほど自分自身を裏切ってきたかにさらされることなしに、パターンを取り除くことができなかった。裏切り症候群の働きを終わらせるために、それが起こっていると気づいた瞬間に、ノーと言って、「友人」を失っても構わないと思えるようになる必要があった。それは、真の本質が肉体を自由に統治するために必要とされる、無執着だった。

私の人生において、多くの素晴らしい出会いがあり、世界中の国々を訪れたことは、多くの異なった文化の人々との友情を結ぶ結果となった。それらの友情は数においても質においても豊かで、私はその全てを大切にし続けるだろう。それらの一つ一つは、たとえ長く連絡が取れなくなっても消えることのないタイプの友情だ。なぜなら、心の繋がりが強く、距離や時間は問題ではないからだ。私は、彼らのことを「私の霊的ファミリー」と呼んでいる。

そのファミリーの一員になる資格は何だろう？　資格など何もない。誰でも歓迎だ。心と心の繋がりだけが唯一の必要要件である。継続的に連絡を取り合うかどうかということは問題ではなく、次に会うときには何であれ現状で起こっていることについて、私たちは話し合うだろう――過去にこだわる必要も無く。

❖ エゴは容赦しない

本章を終える最後の言葉として、人のマインドは永遠に、どのような状況においても機会を狙っているということを強調したい。私たちが予期していないか、気づいていない時にエゴは密かにかかわりを探り、主導権を取り戻そうと試みる。本章で紹介したより楽しい体験は、前章で述べたより困難だった体験と形が違うだけで、中身は同じだった。つまり、どちらも再度同一化する機会だったのだ。本章の全ての体験の中で、エゴの側面が誘惑された。それはつまり、人格が持つ、満足し、感謝し、喜び、「それ」ができることや、なれるものを誇りに思うさまざまな側面だ。そのような心地よい態度もエゴで、中立で同一化しない真の本質からはやって来ないものだ。覚醒の初期体験が空虚へと深まっていくと、最も明らかな側面だけでなく、全てのエゴの側面は消え去る。時にはそれらの心地よい再同一化の機会は何気ないものだったり、あまりにも巧妙にコントロールされているため、気づかれることなしに来ては去り、手放すチャンスも逃してしまいやすい。しかし、安心しても大丈夫だ。あなたはいつでも打席に立つ機会を与えられる。なぜなら、エゴは諦めがつかないからだ。

第16章
エニアグラム

完全な悟りを開くためには、
エゴの「囚われ」を切り捨てなければならない。

覚醒の瞬間に、私の幸福感と平穏の探求は終わった。ついに見つけ出したのだ。覚醒以降に現れてきたあらゆるものは、真の本質によって自然に対応され、環境やその対応の結果を「私」が考える必要はなくなった。物事が起こった時、なぜ起こったのかを新たな意識レベルですぐに理解できるようになったが、その新しい理解を説明できない自分に気がついた。理解を落とし込む枠組みや、それを言葉にする用語や言語化のスキルがまだ備わっていなかった。

❖ 信じ難く素晴らしいツール！

そのために必要なスキルは、本書において頻繁に言及してきたエニアグラムによって、上手い具合に提供された。エニアグラムのように洗練されていて普遍的に活用できるシステムを学ぶためにはいくらかは勉強をする必要はあるが、入門レベルであってもすぐに使い始められる。自分のことが理解できると、エニアグラムが提供してくれる情報をより繊細なレベルまで理解できるようになるだろう。本書ではエニアグラムのシステム全体を説明することはできないが、それを学ぶために役に立つ多くの資料がある（毎年、世界中の多くの国で、入門からプロレベルまでのトレーニングが開催されている）。そこでの目的は、なぜエニアグラムが霊的覚醒をサポートし、深めていくのに最高のツールかを示すことだ。

左ページの図を見て分かるように、エニアグラムは９つの基本的な性格タイプを表す幾何学模様で示される。９つの性格タイプは、それぞれが独自の世界観を持ち、それによって人々の言動や世の中の見方の傾向が形作られている。図に示される名前、位置、そして交差する線は、あなたに特有なエゴ構造がどのように他の８つと関係しているかを示すのに役立つ。

通常の意識の下部で働いている無意識のプログラムを明らかにすることは、覚醒を探求したり、自分が本当に覚醒しているかを知りたい時に重要だ。基本的にもしもあなたがエニアグラムの「囚われ」の行動を取っているなら、あなたは空の状態ではないので、覚醒した意識が存在している場所で十分生きているとは言えない。

自分のエニアグラムタイプを見つけ、それが人生で出会う人々のタイプとどのように反応しあっているかを理解するためには、基本レベルのコースを受講されることをお勧めする。エニアグラムを効果的に活用するには、自分のタイプを正しく確認しなければならない。しかし、自分のタイプ

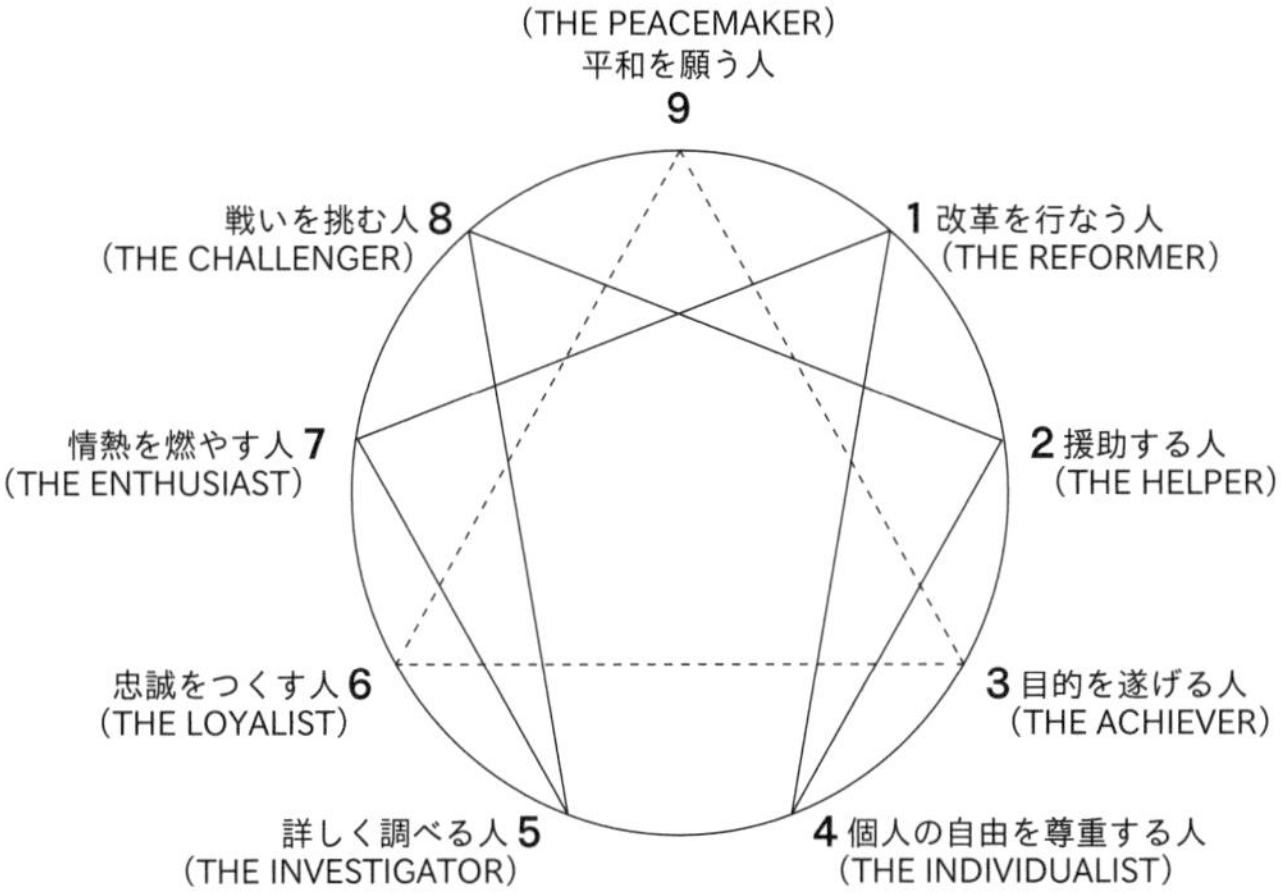

エニアグラム研究所
(Copyright2005,
The Enneagram Institute. All Rights Reserved.
Used with Permission)

を見つけることだけにフォーカスするのではなく、エニアグラムのシステム全体を学ぶといいだろう。自分のタイプを見つけることは、難しい場合がある。というのも、エゴには自己イメージがあり、それを守ろうとするため、あなたが本当はどのタイプであるのかを適切に見極めることを妨害するかもしれないからだ。私がいつも推薦している書籍は、ドン・リチャード・リソとラス・ハドソンが著した“Wisdom of the Enneagram”と“Personality Types”（邦訳『性格のタイプ―自己発見のためのエニアグラム』春秋社）だ。この二人の著者は、本の中でエニアグラムの知識の基本部分に、各タイプの中にある9つの成長の段階という次元と、「囚われ」の支配を超越する手段としての「今この瞬間にいることの力」を加えて論じている。私は、彼らのこの独特な分析に意義を見出しているため、これらの本を活用し、推薦する。

エニアグラムは、私の経験上、覚醒、つまりエゴの人格を霊的に超越することへと至らせることのできる自己成長の道を与えてくれる。エニアグラムによって、より健全な選択をすること、それは私たちが人生の中でエゴの支配から自由になることのできる一つの方法だ。自分がどのように無意識のプログラムから動かされていたかを明らかにすることを通して私たちの意識を拡大させると、「なぜ、人生は望んでいるように進まないのか」、「なぜ、ある人とは上手くやっていけるのに別の人とは上手くいかないのか」、「なぜ、ある種の性格の人を人生に引きつけ続けるのか」、「なぜ、自分たちのニーズを満たすよりも他人の面倒をみることを好むのか」など、あれこれ思い巡らす必要がなくなる。エニアグラムはそれらの疑問に答えると共に、人の言動についてあなたが抱いている他のどんな疑問にも答えてくれる。その素晴らしいツールは、私たちの人生で行き詰まっている全ての場所から抜け出る方法を与えてくれる。

私にとって初めてエニアグラムが役に立ったのは、ドイツで同居人と問題を引き起こしていた人間関係の力学について、エニアグラムによってシンプルで正確な説明がもたらされた時だ。エニアグラムで、ゾンドラ（第12章参照）の世界観について学んだおかげで、彼女が私のクライアントに私のことを中傷しても、彼女の言動を理解し、それを個人攻撃だと思わないことが容易になった。

❖ 誰が誰を裏切ったか？

身近な人に裏切られることは、私の人生で何度も再発した大きなテーマだった。自己成長に取り組んでいた頃、何人かの優秀なセラピストからカウンセリングを受けたが、自分でエニアグラムを勉強するまでは、なぜ裏切りに遭うのか理解できなかった。確かに、私の人生という映画の中に現れた役者たちは、私が自分自身を裏切っていることを鏡に映し出しているに過ぎず、他人の計画に従っていくことは私自身の真実を尊重することにならないことは分かっていた。しかし、エニアグラムは、なぜ私がそのシナリオを何度も生み出しているか、さらに深い場所に隠された理由を見せてくれた。

❖「囚われ」に真っ向から向き合う

1994年夏、初めての正式なエニアグラムのコースを体験するまで、私の性格タイプの主たる課題は、人間関係の中で勇気を持ってリスクを負うことだと分かっていなかった。自分のエゴには、人間関係で足がすくんでしまうと、相手の計画に合わせてしまう傾向があると分かり、私は機会あるごとに異なった選択を始めた。機会は、次から次へと現れた！　最初のケースは、アチャラに正直になることで、私は当時の人間関係のあり様を「もはや続けたくない」と彼女に伝えた。

私には、もっと意識的な方法で葛藤に対応していくための多くの機会が現れた。それらの機会を書き連ねても長い話になるだけなので、エゴが真の本質が適切に対応するやり方へと屈服した、緊迫した意義深い例のみを披露する。その結果、エゴは安全な崖から奈落の底へと真っ逆さまに落とされた。

私のエゴ（その時までにはだいぶ解体されていて、エゴの残りカスがあるだけだった）への最後のひと突きは、2000年に私が投資目的で（長男には住む場所があるだろうと思って……）買っていた家について、彼との不和が生じている時に起こった。タイプ8（戦いを挑む人）の長男の言動は、それまで私が経験したことのない様子で表れ、ありったけの怒りが私に向けられた。あまりにも強烈で、度を超えた怒りを前にして、私のマインドはどうすればいいか分からなかった。

軽度の心臓発作が起き、しっかりとしたタイムリーな対処の行動が不可欠であることを知らせていた。私は、無条件な愛に満ちた母親の場所で息子と向き合うことはできなかった！　私には、新しいアプローチが必要だった。それは、母と息子という力関係に対する執着を完全に捨て去り、全ての感情を割り切り、ためらいや障害なしに私にとって真実であることを話すというものだった。

その時、マインドは「何も分からない」状態になった。そのことは無執着になるのには好都合だった。マインドが知っている中に与えるべき答えは何もなく、そのせいで安全の崖っぷちは不安定だった。心臓発作は私の心を大きく開き、出てきた強くパワフルな存在が状況の主導権を握った。それは息子の攻撃にも強さを持って対応し、自信に満ちた無執着なあり方で境界線を確立した。真の本質は、「敬意を持って扱わないのなら、もうあなたからの連絡はいらない」と宣言した。それは、この肉体にとっては全く新しい表現の仕方で、究極の自由の中で生きるには必要な突破口だった。

❖ エニアグラムで強化されたプロセス

パパジによって確認された覚醒は、真実が何であるかを十分に認識することだった。しかし、注意が必要だ。なぜなら、最も初期の段階の覚醒は必ずしも永遠ではないし、元に戻ってしまうこともありえるからだ。私がその認識を不変の静寂へと深めていくのには多くの年数がかかった。エニアグラムは、深化のプロセスに不可欠な要素だった。エニアグラムは、私の反応と言動の中の何が正真正銘の真実の表現であるかを明らかにし、そのことによって、まだ働いている深く染みついたエゴの痕跡を手放す方法を与えてくれた。言動の自由、つまり無意識の反応のパターンに囚われないことは、エニアグラムに支えられた超越の結果もたらされたものだ。

第17章 瞑想

瞑想だけでは、覚醒が起きる保証はない。

私が初めて瞑想をしようとしたのは、１９８４年に私の不動産ビジネスのキャリアが崩壊の最終段階に入っていた頃のことだ。何とか立て直そうと努力したものの、上手くいかなかったので、感じていたストレスは相当なものだった。不動産ビジネスで長い間成功していたのに、今度は抑制の効かない下降の螺旋を描いていた。なぜそうなったのか理由が分からず、思い浮かぶ修復策もやり尽くしてしまっていた。自暴自棄ともいえる状態で、救命策を大慌てで探していた。

❖ 自分自身との毎日の約束

瞑想は神経を落ち着かせるのに役立つと聞いたので、正式な方法を教わることもないまま、私はリビングルームのソファーに座り、目を閉じて呼吸に注意を払い始めた。前に述べたとおり、長年患ったアレルギーと喘息のせいで、私の鼻腔は詰まってしまっていて、鼻での呼吸は難しく、口で呼吸をしなければならなかった。瞑想を始めると最初に、口の中の乾燥とくすぐったい感覚が続き、瞑想を体験する邪魔となった。しかし、粘り強く続けると、肉体は呼吸方法を見つけ、より長い時間、瞑想を続けることができるようになった。

その時点に到達するまでには、多くの自制の念が必要だった。というのは、マインドは瞑想する邪魔をしようとしたからだ。根気強い方だったので、現状を克服する最も安全なやり方に思えた瞑想を諦める気はなかった。神経を落ち着かせるために薬を飲む代わりに、毎日、同じ時間に瞑想するという約束を自分で決めた。6週間ほど経過すると、1日に30分ぐらいは呼吸だけに集中して心地よく瞑想できるようになった。それはリラックスさせるのにも役立った。また、マインドが日夜、投げかけてくる財政的な見通しについてのコメントに悩まされることからも一時的に私を解放し、安堵感をもたらしてくれた。

数カ月が経つと、私は至福としか表現しようのない感覚を体験し始めた。夢見心地の感覚だったので、当初の予定よりも多くの時間を瞑想に費やすようになった。時には、1時間半から2時間が一気に過ぎてしまうこともあった。瞑想は、人生の他の時に浸透していたストレスから解放される、大きな安堵の時間だったので、私はその一時的な救済を大いに活用した。幸運なことに息子たちは学校に行き、ロンは仕事に出ていたので、家にいるのは4頭のシルキーテリアだけだった。彼らは、私と同じぐらいに私の瞑想を楽しんでいるようだった。4頭が私の周りに集まり、そこで生み出されるエネルギーを楽しんでいた。もし私が許したなら、4頭ともが私の膝の上に乗っていただろう。

❖ シンプル・イズ・ベスト

瞑想を始めて半年ほど経った頃、友人が「地元で瞑想コースが開催される」と言ってきた。瞑想の方法を正式に教えてもらったことがなく、自分の性格の「囚われ」として多く自己疑問があったので、「正しい」方法で瞑想ができているのかを見極めるために、そのコースに申し込んだ。いくつかの方法が紹介され、そのうちのリラクゼーションのためのプロセスは、今でも他の人に教えることがある。しかし、それ以外には私が自分で編み出した方法に改善をもたらすものはなかった。なぜなのだろう？　それは、自分の呼吸に集中するというシンプルな方法で、すぐに私は瞑想状態になることができたので、私をその境地へと誘うための追加的なテクニックを必要としなかったからだ。

瞑想を始めてから1年以内に、私はチャネリングを始めた。瞑想もバーソロミューの教えも、ライフスプリングのトレーニングでの変容のワークも、全てはチャネリングを可能にするために必要な準備だったと考えている。瞑想は私の人生で起こっていることから自分を切り離し、ストレスを解放し、波動を高めるための能力を与えてくれた。バーソロミューの教えは私の健康や感情の癒しの助けとなる選択をするのに役立った。ライフスプリングは私に自信をつけ、人としての力を発揮させ、そして人類への奉仕の人生に対する揺るぎない覚悟をもたらしてくれた。

ライフスプリングのトレーニングの修了後、「私はどのように役立てますか?」という質問だけをしながら祈り始めた。私をエルモリヤ、そして最終的にはサンジェルマンに紹介してくれた、あの小さな白い本は祈りへの答えをもたらしてくれた。

瞑想は私の生活の一部となっているが、それが覚醒をもたらした原因ではない。瞑想は覚醒への第一歩ではあるが、私の場合はもっと多くのことが必要だった。サンジェルマンのチャネルとして世界中を旅していた数年の間に取り組んでいた全ての自己成長のワークや、母、ロン、ゾンドラ、アチャラといった人々との体験が必要だった。パパジが「私の真実のアイデンティティの実現」を触発することによりエゴの人格の縄を切ってくれた、あのインドへの旅の準備をするため、あらゆる体験や出来事が私には必要だったのだ。

正直なところ、瞑想の助けなしには、私は何者であるかという真実を、今生の間に認識することはおそらくなかっただろうと思う。多くのトレーニングやヒーリング、テクニックを習得しても、また効果的にそれらが変容のプロセスに貢献したとしても、実際に起こったエネルギーの変化を浸透させるには、瞑想が重要であり続けた。瞑想は、私(本質)とエゴ(反応する部分)の違いに対して、敏感になる経験を私にもたらしてくれた。瞑想は、内なる領域(私のハイヤーセルフや、霊的次元の兄弟姉妹と繋がることができる場所)への扉だった。瞑想は、覚醒への道の準備をしてくれた。覚醒やアセンションを切望する人たち誰にとっても、瞑想は不可欠な要素だと私は考えている。

❖瞑想だけでは不十分

しかし、瞑想だけでは私が探求していた類いの変容には十分ではなかった。そのことは、超越瞑想（トランセンデンタルメディテーション：ＴＭ）の活動にかかわっている人々に出会った時に明白になった。彼らはその他の自己成長のワークに取り組むことなく、1日に2回の瞑想だけをするようにと言われていた。興味深いことに、活動の教師の側にいる人も含め、彼らの多くは人生の問題に苦しんでいたため、私のところにチャネリングにやって来た。それらの問題を瞑想だけで解決するという、彼らのアプローチは効果的ではなかった。サンジェルマンは、いつでも彼らに何かさらなる援助を得るようにとアドバイスしていたが、それは彼らのカルト的活動に反するので、物事がよほど悪くならない限り、彼らがアドバイスに従うことはなかっただろう。

❖「私は何者であるか」という問題

日本を訪れたある時、禅寺において毎週、開催されていた瞑想プログラムに参加してみた。荘厳なプロセスで、2時間ぐらいかけて行なわれていた。参加者は全員、服装、座り方、所作、儀式の食べ物にいたるまで規律に従っていた。その後、私を招待してくれた友人たち、参加者と共に、地元のレストランに行った。彼らは、その儀式的な瞑想会を30年以上も行なっているが、彼らを指導する先生を含め誰一人として覚醒していないと語った。友人の一人が、私のことを覚醒者だと他の人に紹介したので、彼らは、なぜそうなのかと尋ねてきた。私はすでに本章で説明したことに加え、瞑想（その他のいかなる霊的実践もそうだが）のみを行なうだけでは覚醒を触発するには不十分で、どこかの時点で「私は何者か？」という質問をすることが絶対に必要だと説明した。（その質問については本書の第14章に書かれているラマナ・マハルシの真我探求で取り組むことができる）

心を静かにするだけで覚醒を引き起こすことはできないし、同様に静かなマインドを持っているからといって、覚醒していることを意味するわけでもない。僧院にいるような禁欲的なライフスタイルをしていれば、世の中とのかかわりを絶つことができるので、静かなマインドを手に入れられるかもしれない。しかし、だからといって、その人が自分の真の本質に出会ったとか、マインドがその中に吸い込まれていったことは意味しない。

ヒマラヤ山脈の洞穴に住んでいた、ある隠遁者についての有名な話がある。瞑想に明け暮れる生活の結果、ついに思考から解放され、輝かしい至福に満ちた境地を体験した日、彼は隠遁生活から出て、近くの町を訪問した。通りを進んで行くと、誰かが彼の足を踏みつけた。その瞬間に怒りが噴出してきて、至福の境地も静かなマインドも消え去っていった。彼は覚醒していたのだろうか？洞穴の中で抱いていた想像の中では、そうだったのだろう。

❖ 役に立つガイダンス

覚醒した教師のほとんどは、肉体的に今を生きている人からガイダンスを得ることは役に立つという。私の場合も確かにそうだった。覚醒した状態についていくつかの基本的なこと（エゴに思い込みによる覚醒を探求するのを止めさせるため、特に何が覚醒した状態でないのかを知る必要があった）を知るために、パパジとの経験が必要だった。ニューエイジ系の市場には、自分は覚醒していると信じている「覚醒していない」教師たちによる多くの間違った情報があり、マインドは自分が信じていいことと、信じてはならないことを見極めようとするだけでも永遠に忙殺されてしまう。覚醒とは全ての信念を消し去ることの始まりであり、それによってマインドの働きを止めることだ。

マインドを静かにすることは複雑なことではない。しかし、静かなマインドとはどのようなものであり、静かでないマインドとはどういうものであるのかを、知っている人から明確な指示を受けることは役に立つ。覚醒者からのガイダンスは、あなたが覚醒へと進む歩みを速める手助けとなるだろう。

❖ 協力的マインドは役に立つ

私の理解では、仏教では覚醒者自身が覚醒者である事実は口にしない。なぜなら、そのような態度はエゴに基づくものだと考えられているからだ。結果からいえば、覚醒の体験は決して分かち合われないことになる。覚醒していることを語らないことは、自分の仏教コミュニティの互助システムの中にいる覚醒者からのガイダンスによって助けを得られる人々から、機会を奪ってしまう。しかし、なぜ覚醒していることを語らないのかは理解できる。「私は悟った」ということは真実ではない、と言及できるからだ。というのも、「私」があるうちは悟りはないからだ。しかし、覚醒は悟りと同じではない。悟っている状態とは、全ての個人的なアイデンティティの痕跡が完璧に根絶された状態だ。覚醒は、そのための最初の第一歩なのだ。

禅の瞑想儀式に参加した時、私にはその種の儀式が覚醒への理解を提供することはないと分かっていた。そのような儀式では、儀式の厳格なルールを守ることにマインドが全面的に従事しているので、協力的マインドを育むには反生産的でさえある。そういう瞑想や儀式は経験として役に立つかもしれないが、エゴのアイデンティティを静寂へと永久に溶かす、覚醒した状態に不可欠な場所へ導くことができないのは確かだ。

サットサン（真実のための集い）は、単に覚醒者のエネルギーの中で静寂を保ち、共に集うことであれ、覚醒についての教えを分かち合うことであれ、マントラを唱えることであれ、雑談をすることであれ、全ては覚醒のためだ。サットサンは、協力的マインドを育む一つの重要な方法であり、協力的マインドは覚醒のための大きなサポートとなる。

　霊的用語で言う協力的マインドとは、最も進化したマインドの姿勢のことで、その状態ではマインドが全ての環境で真の本質の導きに自ら進んで追従しようとする。覚醒とそれが深まるプロセスにマインドが参加することを可能にし、奨励することによって手に入れることができる。エゴは敵ではないが、エゴが脅されていると感じると、自分が（思うところの）支配権を持っていると想定している肉体への主権を守ろうとして、自分を主張する。健康的なエゴは、平和、喜び、愛、そして知恵を求めているという事実にもあるように、エゴはハイヤーセルフがそれらの要素を生み出す源泉だということを認識すると、喜んで「探求者」となり、当然のごとく真の本質に協力する。覚醒の境地は、本質がエゴを破壊するといった二極性の力関係ではない。むしろ覚醒の瞬間には知覚認識にシフトが起こり、エゴが茶番を続ける能力を排除してしまう。真の本質は、エゴが何であるかを見抜いているのだ。そのことを認識すると、エゴはその場で退場する機会を与えられ、エゴは心に吸収され、真の本質の愛を楽しむことができるのだ。

　すでに述べてきたように、瞑想は私が覚醒するための舞台を整えるのに有効だったが、瞑想が覚醒を引き起こしたわけではない。とはいえ、瞑想は欠かすことのできないツールであり、私の自己成長の中に平和と充実感をもたらしてくれ、協力的マインドによるサポートを受けられるようになった。また、瞑想は確かに私がチャネリングをする能力を開花させてくれた。しかし、それらの性質は当時はとても意義深いものではあったものの、最終目的である自己実現を達成するには不十分だったのだ。

覚醒の瞬間には、ずっと成長してきた人格がマインドの神話としてさらけ出される。そして、まさにその気づきによって誤ったアイデンティティが終わりを迎えるのだ。個人としてのアイデンティティから真の現実へのシフトは、やがてはエゴの幻想の全ての側面を終焉させるプロセスの始まりに過ぎない。それは、誰にでもいつでも起こりうるものではあるが、真実と、最終的にそれに点火するシャクティパット（神聖なエネルギー）を提供できる覚醒者のガイダンスなしに、起こることはほとんどない。パパジが最後の火種を私に与えてくれたことに、私は永遠に感謝する。

❖ 瞑想とは、瞑想である

ここでは、瞑想に関しての私自身の体験を分かち合うことにする。瞑想は、センタリング、グラウンディング、ストレス軽減、自己成就、多次元的な体験の実現、内なるガイダンスへのアクセスなどの霊的な調整にとって必要不可欠である、と私は考えている。また、瞑想する者は誰でも肉体から神聖なる光を放つという事実のため、瞑想者と接触のある人の生活にも違いがもたらされる。しかし、瞑想をしてさえいれば覚醒を保証できるわけではないし、瞑想は覚醒が起こるための必要事項でもない。

覚醒を起こせるのは唯一、真の本質のみだ。人間の本質は、それ自身を、それ自身の時間に、それ自身の方法で目覚めさせる。私たちにできることは、それを招き入れ、私たちの心の導きに従うことしかない。瞑想は、内なる声が存在するのを知ることを助けてくれる。瞑想は「内なる静寂」や「世界の中にはいるが、世界に属するわけではない」とはどういう感覚なのかを教えてくれる。思考がやって来ては去っていくのを観察していると、私たちは自分が思考そのものではないことや、思考に邪魔される必要はないのだということが分かる。その体験は、協力的マインドをすばやく強化し、心の受容力を高めてくれる。

❖覚醒の状態

覚醒した意識とは、瞑想の中に達成されるどのような状態とも全く異なる。覚醒とは、一過性の状態や達成するものではない。全ての状態が覚醒した意識の中には含まれていて、私たちの自然な状態にいつもあったものを達成することはできない。それを発見するしかないのだ。覚醒とは、私たちのマインドの作り出す構造が何も実質的なものを含んでいないことを認識することだ。覚醒した意識には、個人の企みはなく、「マインドがない」、「意見がない」、「願望がない」、「抵抗がない」という表現でしばしば説明される。

何と微妙で、しかし大きなシフトが覚醒の時に起こるのだろう？「私（個人的なアイデンティティ)」は、ひとたび内なる声に気づくと、声の源にある静寂こそが唯一、真実を提供するものだということを認識する。そして、個人的な「私」のストーリーが単なるマインドが作った夢物語なのだと気づく。その「アハ!(ああ、そう!)」という認識が起こると、エゴは消え始める。そして、マインドの夢物語によって生み出された全ての思考と状況に静かに直面すると(それらのどれとも自分を同一化することなく)、エゴはやがて真の本質の自由な表現を妨げることを止める。その誤りのアイデンティティが消失することこそが、覚醒した意識が邪魔されることなく、肉体を通して表現されることを可能にする。覚醒の状態を直接的に体験するには、まず最初に、瞑想している者、つまりあなたとは誰なのかを見出さなければならない。

第18章 クンダリーニ

ハートを開けば、他のチャクラも開くことができる。

1987年11月、東京の友人の家の居間の布団でぐっすり眠っていた時、私は全身に広がる性的絶頂感の「苦しみ」を経験した。全ての細胞が恍惚の脈動で振動すると同時に、心臓の真裏側の背中にナイフを突き立てられたような鋭い痛みが走った。「神様、助けて！　私はＥＴ（地球外生命体）にレイプされている！」と思ったが、恐怖心もその感覚を止められず、それが収まった時、何か邪悪なことが自分に起こったのだと心配になった。

朝になっても、友人にはそのことについて何も言わなかった。どのように言えばいいのか、よく分からなかったからだ。友人の居間で、異次元の存在と私が性行為をしたと言ったら、彼女はどのような反応を示すだろうか？　私に家を出ていくように言うだろうか？　それから、私の「責任感の強い」部分が、「そんなものを引きつけるなんて、一体あなたは何をしていたの？」とか、「それって、サンジェルマンじゃないの？」などと口をはさんでくる声が聞こえた。しかし、その体験の間に感じていたエネルギーは無害で、愛に満ちてさえいたが、私がサンジェルマンをチャネリングしている時に感じる彼のエネルギーとは異質だった。一体、何が起こっていたのだろう？

その時は3回目の来日中で、東京で1カ月ほどリーディングを行なっていた。その頃の私は、チャネリングを邪魔しようとするいたずらな存在に対処する準備は十分にできていると思っていた。しかし、今回のギョッとする体験に対処できるものはなかった。だから、ETによるレイプかも知れないと思った。それより前に〝金縛り〟（第8章で述べたように、体が動かなくなり、部屋の中に別な存在を感じていた）を体験していたからだ。日本ではそのような現象はよくあることで、だからこそ日本語で名前がついている。しかし、私の性的絶頂感の体験は、部屋の中に別の存在を感じていなかったので、金縛りとは異なっていた。何が起こっていたのかは謎だが、それについて話ができる人は誰もいなかった。

性的絶頂感は来日中に数回体験したが、決まって夜に起こるので、そのたびに深い眠りから起こされてしまった。関係のありそうなエロティックな夢を見ていたわけではなかった。エネルギーはいつも私の第2チャクラに集まり、背骨を通って上昇し、心臓のチャクラの辺りで何かにぶつかり、止まってしまうのだった。

❖ それは何なのか？

そんなことが起こった2カ月後に、香港で短期間を過ごすことになった。魅惑的な都市である香港を散策中に書店を見つけ、スピリチュアル系の本をチェックしていると、1冊の本が注意を向けるようにと呼びかけていた。バグワン・シュリー・ラジニーシ（和尚）がクンダリーニについて書いた本で、私の性的絶頂感の体験の原因と、それに伴う痛みについても書かれていた。その本を読んだおかげで、体験はクンダリーニのエネルギーが私の肉体を通って上昇していたということが分かった。背中の真ん中の痛みは、のどのチャクラにあるブロックによって引き起こされたもので、ブロックはエネルギーの動きを心臓の辺りで詰まらせ、上位のチャクラが頭頂部のチャクラを通って出てくる邪魔をしていた。その閉塞は痛みを伴ったが、エネルギー自体によって障害を引き起こしていた感情的収縮が取り除かれ、痛みは消えた。クンダリーニの体験には引き続き頻繁に遭遇したが、最初の数回を過ぎると、それはいつでも気持ちのいい体験になった。

❖ 覚醒しているかいないかにかかわらず、そこにはまだ肉体がある

なぜ、その体験について書いているのだろうか？　なぜなら、ほとんど情報がないのに、そのような体験をしたのは私だけではないと確信しているからだ。ゴーピ・クリシュナは、クンダリーニ

について数冊の本を書いているが、私の体験は彼が体験したものとは異なっている。私は精神的にも感情的にもバランスを失っていると感じたことはなかったし、その体験を「性的絶頂感」とは呼んではみても、実際に性的なものとは今は思わない。その体験は、単に肉体を通ってエネルギーが動くことで筋肉が収縮した時の感覚で、霊的に進化しようとする人間の肉体に起こりえることに過ぎない。

クンダリーニの体験は、23年間におよんだ私の結婚生活が終焉した6カ月後に始まった。性交渉を持たなくなって、しばらく経った頃のことだった。私はまだまだとても人間的で、やがては人生を共に分かち合う新しいパートナーが見つかるだろうと思っていた。私は、その体験が将来の恋愛関係にどのような影響を与えるものなのか疑問に思った。今となれば、そんなことは何の影響もなかったと言える。やがて、私が性交渉を伴う新しい恋愛関係へと再び入った時、クンダリーニの体験以前と変わらぬ性的反応をしていることが分かった。私の情熱的な蠍《さそり》座の性質は、当面の間は変わらないままだった。

２００６年へ20年、時間を先送りしよう！　その間の更年期、覚醒、何年も続いた独身生活、そして何百回も起こったクンダリーニ上昇の体験（今でもまだ続いている）のあと、私には新しい親密な関係が始まった。最初は触れられることに極端に敏感になっているのを感じた。ごくわずかな刺激で、私は何回もの絶頂感を感じた。しかし、時が過ぎるにつれて、その新たな性的感じやすさも再び遠ざかった。その頃、多くのストレス要因が働き始めていたのだ。私のパートナーが木から転落したので、面倒をみなければならなくなり、彼の半永久に続く身体障害の状態は財政的に全ての費用を私一人でまかなわなければならない結果となった。長期にわたる帯状疱疹の発作に見舞われた時にはヘトヘトになり、しばらくの間は仕事ができなくなった。いくつかの事情も重なり、過労を引き起こすには十分な材料だったし、それによって肉体の感じやすさが阻害されていたことは疑いようがない。

クンダリーニによる性的絶頂感は単なる体験で、人間の肉体が霊的に開かれた時に起こることもあれば起こらないこともある。霊的活動の副産物として起こるどのような現象も、人のマインドには重要に見えるかもしれないが、霊的見地から見ると意味がない。実際には覚醒の邪魔をし、覚醒が深まるプロセスを進まなくする罠となりかねない。性的絶頂感であれ、悟りの境地であれ、マインドが捜し求めるものであれ、それらへの願望はエゴから直接的に生じているもので、覚醒した意識の真実の中には存在しない。

私が覚醒の旅を始めた時には、直面することになるどの問題も知らなかったのだが、もし分かっていたとしても止めはしなかっただろう。神を知りたいと切望する気持ちは、私が遭遇したどんな障害よりも強かった。１９９３年に覚醒が起きた時、呼び起こされた純粋な喜びは想像したよりもずっと充実感をもたらした。そして、予期しない恩恵もあった。輝かしい神聖な恩寵は、肉体の老化のプロセスも遅らせてくれるようだ。

第19章

教師、ガイドとしてのサンジェルマン

違いを生むには、今まで経験のないことをすることになるかもしれない。

サンジェルマンのことは、エルモリヤが１９８５年に紹介してくれるまで耳にしたことがなかった。第４章でチャネリングについて述べたが、私の当時の教師はバーソロミューという名のチャネリングされる存在だった。２００時間以上にわたるカセットに録音された彼の知恵を聴き、あまりに真実のように思えたので、バーソロミューは神からの声だと考えた。

エルモリヤを知ったのは、２回目のバーソロミューのワークショップに行く飛行機の中で読んだ小さな白い本だった。翌朝、私は自動書記を通してエルモリヤのチャネリングを始めた。エルモリヤは私を、サンジェルマンとの関係を始めることに誘ってくれ、サンジェルマンが私を世界中に連れて行ってくれるだろうと言った。同じ日、私がバーソロミューに彼のチャネル、メアリー・マーガレットを通して会った時、彼はそれが私の宿命であることを確認してくれた。その確認で、私はサンジェルマンをチャネリングすることを百％信頼した。会ったこともなく、彼が私に語りたいことを私の手を使って書くことだけでコミュニケーションの取れる存在からの指示に従うために、自分の知っていた全てのことを手放す意思を固めた。

しばしば、「なぜ、あなたはそんなにも〝盲目的〟にマスターたちのことを確信できたのですか？」、「なぜ、それが正しい使命だと知ることができたのですか？」と尋ねられることがある。その答えは、第一に、バーソロミューのテープを通して、私は彼を完全に信頼するようになっていたので、あの日の午後、彼がサンジェルマンを推薦してくれた時、それを受け入れることができたこと。

第二に、サンジェルマンのエネルギーの訪問を受ける時はいつも、神聖なる愛によって完全に抱きしめられていると感じていたことにある。それは生まれて初めて、純粋に愛されていると感じた体験だった。私がサンジェルマンを信頼したのは、出会いの時から、彼が変わることなく、私を完全に尊重し、手厚く扱ってくれたからだ。

エルモリヤは、自動書記することへ私を導いてくれた。最初のうちは、サンジェルマンも同じ方法で私とコンタクトを取っていた。しかし、私のチャネリングの手順は進化し続け、数カ月の内にペンがメッセージを紙に書くのと同時に、耳でも聴こえるようになった。また、クライアントが彼に質問している時に、彼からの応答が聴こえてきた。私は、ただ頭の中で彼が話すことを自分の口で繰り返して伝えられるようになった。それは、私のマインドに耳を傾けるのとは異なっていた。私は彼のエネルギーを感じ、彼の言葉（私が話す時の言葉とはとても異なっていた）を聴くことができ、彼のメッセージを受け取った人たちは、私には何のことか分からなくても、いつもその内容にピンと来るようだった。

❖ 懐疑、渋々、そして、正確さ

最初の数年間は、チャネリングするのは気が進まなかった。やって来る内容の正確さを信頼していなかったからだ。クライアントが私の馴染みのないことについて質問し、それから口伝えで、私が知りようもない回答を受け取っていた。最初のうちは自信が持てなかった。また、私には確認できない多くの過去世の情報が語られることがあったが、その多くは、クライアントがすでに知っていたか推測していたことの確認となる事実だった。時には、手紙でチャネリングすることを頼まれることもあった。別の国や文化で育った人々にチャネリングすることも数多くあって、特に日本では、名前を見てもクライアントが男性か女性かも分からなかった。そのような場合でも、私のリーディングを通してやって来た回答はいつも的確だった。

私の個人的な目的でチャネリングした情報の場合は、チャネリングの手順について十分に自信を得るために必要としていたほど正確なものではなかった。チャネリングを始めたばかりの頃は、エゴが自分のコメントをチャネリングの一部であるかのように差し挟んでくる現象について良く理解していなかったが、それが起きると、元々意図されていたメッセージが改変されてしまうことがある。その問題に気づいた時、私は人々のためにチャネリングした内容が可能な限り純粋なことを確実にするという、私自身の責任について慎重になった。その用心深さが、サンジェルマンにとっては大きな問題だった。なぜなら、私はいつでもチャネリングの内容を信頼していたわけではなかったため、チャネリングのプロセスの中で完全にリラックスできず、私の波動は必要とされるほど彼の波動といつも適合していたわけではなかった。

正しいと自分が確信できない情報をもたらすことに気が進まないということは、私が前もって馴染みのある情報しか、サンジェルマンはチャネリングで伝えられないことを意味した。私が何も分からない話題を彼が持ち出すとすぐに固まってしまい、コンタクトをブロックしてしまった。すると、サンジェルマンは自分が話したい話題に関する本や会話に私を導くようになった。そのやり方のおかげで、新しいテーマや特殊用語にも馴染み、リラックスして情報を届けられるようになった。彼が伝えたいと思っていたことは、私がすでに持っている、もしくは集めることのできる基礎的な情報の延長線上にあるのが常だった。しかし、科学や高等数学は楽な分野ではなかったので、受け付けないことにした。

❖ メッセンジャーを指導する

1986年5月、メラニーと私は、ニューメキシコからアリゾナへ車で向かった。私たちは陽気だった。セドナに到着したらサンジェルマンが姿を見せてくれることになっていたからだ。彼が実際にそうしてくれなかった時、2人とも私のチャネリングに幻滅してしまった。彼がなぜ現れなかったのかについての、満足な答えは与えられなかった。そのことが元々抱いていた猜疑心に付け加わった結果、私は心からチャネリングを楽しむことができなくなった。

私は、瞑想を頻繁に行なった。その結果、全体的な自信は培われたが、幼少期から人格に潜在している不安は依然として残っていた。チャネリングのプロセスが完全にリラックスすることは、後年になるまでなかった。

私とサンジェルマンの間には、ダンスをするための、私が今回、転生する前に交した契約があったに違いないと確信している。なぜなら、チャネリングのプロセスに対する信頼が私には欠けているにもかかわらず、彼が辛抱強く耐えたのには理由があるはずだからだ。本当に彼は辛抱強く、私が自分に取り組むように後押ししてくれた。そしてまた、彼の個人的なメッセンジャーだけでなく、私自身が有能な心理療法士、またワークショップ講師になれるよう、怖れを手放すことを助けてくれた。

2度目の来日の前に、私のエネルギーが彼のエネルギーと十分つながってから、サンジェルマンはチャネリングを次のレベルへと引き上げた。彼は、私の肉体に彼の存在を重ね合わせ、私の喉のチャクラを使い、私の口を通して彼の言葉を話すようにした。私は静かに座り、数回深呼吸をしてリラックスし、私がアクセスを許可するのはサンジェルマンだけなことを宣言する祈りの言葉を述べた。準備が整ったことを彼が感じると、愛溢れるエネルギーの抱擁を感じることができるようになり、頭の中で彼が話したい最初の数語が聞こえてくる。それらの言葉を私が口にするとすぐに、私の思考回路は消え、続いて出てくる言葉は全て彼からのメッセージになった。私はまるで腹話術の人形のようだった。私は語りながら、聴衆やクライアントがそれを聴いているのと同時に、彼の言葉を聴いていた。

❖クリアなチャネリング――生涯にわたる覚悟

正直に言うと、サンジェルマンが彼のメッセンジャーとして私を使わなかった2年余りの間、自分のハイヤーセルフをチャネリングしていた時の方が気楽だった。自分以外の誰かの責任を負わなくていいのは安心だ。私は彼を落胆させたくないと思っていたのだ。自分自身のハイヤーセルフが話している時は、チャネリングされた情報が「正確」かどうかを判断するのは、クライアント次第だと簡単に言えたが、サンジェルマンからのメッセージについては、同じことは言えなかった。彼は専門家として期待されていたわけで、私は専門知識を伝える責任があった――しかも、正確に。しかし、彼が語った内容が「適切」であるかどうかを決めるのは、クライアント次第であった。

チャネリングを正確に行なうことに関する私の覚悟は、チャネリングを始めた最初の頃にすでに固めたもので、初めて来日した際に起こった敵対的「乗っ取り」（第7章108ページ）のあとに学んだ教訓によって、さらに強いものになった。セドナに引っ越した時にはチャネリングの講義に参加し、チャネリングする他の人々からできるだけ多くを学んだ。なぜなら、私は彼らと同じくらいクリアで正確になりたかったからだ。

チャネルの中には理解が難しい内容を話す人もいた。チャネリングする最初の段階から、私のチャネリングがシンプルで、絶対的に正真正銘のもので、たとえ霊的現象の初心者であっても理解できるものにしたいと思っていた。あやふやなものをチャネリングしたくはなかった。クリアで、地に足のついた情報を意義深いやり方で伝え、人々を助けたいと思った。そうすると、その通りになった。私が伝えることのできた情報の素晴らしさは、私のクライアントと私自身の双方を驚かせた。それは、私が受けた教育や精神的な能力のおかげではないことは確かだ。チャネリングされた内容は、明らかにサンジェルマン以外の何物でもない、アセンデッドマスターからのものだった。

❖ 識別力

テレビや映画、本、新聞、インターネットから届く無数の情報に直面する時には、識別力が重要な能力だ。以下、しばらくはチャネリングの質を識別することについて述べたい。

識別力は、私が試行錯誤を繰り返すことと、サンジェルマンからの貴重な情報を活用することによって高めてきたものだ。情報（特にチャネリングによってもたらされたもの）が正確で、あなたにとって有益かどうかを明らかにするにはどうしたらいいだろう。まずシンプルに、あなたの真実の本質に、その情報は自分が受け取るべきものかどうかを尋ねればいい。その質問に対する答えは直感、もしくは時にガットフィーリング（腹の底で感じる本能）とも呼ばれるエネルギーの動きから来るもので、それこそがあなたの内なる知恵だ。

もし、あなたが真の本質に質問するという手順への信頼をまだ築いていないのなら、キネシオロジー（筋運動反射）を活用するか、ペンジュラム（振り子）でダウジングを試してみるといいだろう。両方とも少し調べれば簡単に情報が手に入る。実践してみると、どちらもあなた自身の直感への信頼を築き、エゴからの答えと真実の本質からの答えの違いを識別するのに役に立つ。

あなたの答えへの信頼が培われたら、チャネリングされた存在がキリスト意識からのものかどうか、そして与えられたメッセージ自体がキリスト意識に奉仕するものかを尋ねればいい。左記は、メッセージが最高レベルの宇宙意識からのものではないことを見抜くために、サンジェルマンが私に与えてくれたヒントだ。

「チャネル自身が、特別の存在だと思わせるようなことを言っているか」
「チャネリングされた存在が、何らかの意味で自分を優れた存在だと言っているか」
「将来に関することを、絶対的事実のように予言しているか」
「誰かあるいは何かについての、ネガティブな内容が含まれているか※」

「チャネリングされた存在が現実と離れた希望を抱かせ、現在に足をつけない状態にするような将来についての夢をあおっているように見えるか」

（※＝実際に起こっていることを明らかにすること自体はネガティブではない。将来の選択において考慮するべき、「現状」を述べているにすぎない）

❖彼は何者であるか――詳細

サンジェルマン伯爵については、私が１９８９年にロンドンに住んでいて、ジーン・オーバートン――フラーが書いた歴史的伝記を読むまで何一つ知らなかった。それまでにも、彼についての情報が掲載された２冊の本（サミットライトハウス社のものと、ゴッドフレ・レイ・キングの書いたもの）をチラッと見たことはあったが、読もうという気にはならなかった。

私は、実際にサンジェルマンという名のアセンデッドマスターがいるというのを知ったこと、そしてバーソロミューいわく、「私が彼のチャネリングをすることになっている」のを知ったことだけで満足していた。彼が前回の人生で何者であったとか、彼は他の人を通して何を教えるのかは私には関係がないように思われた。唯一、気にしたのは、私が彼のチャネルとして正確にできるか、私が彼に紹介する人たちにとって価値あることを教えてくれるか、ということだけだった。霊的世界の階層での彼の位置づけも、私にとっては意味はなく、彼もそのことを話したことはなかった。

私たちが行なう共同作業は、私たちが奉仕する人々のためで、彼のためではなかった。私は、彼自身が何者かといったことを疑ったことはなかった。彼をチャネリングする時はいつも、私が紫色の光に包まれているのが見えると言う人が数多くいた。私には、彼が本物かどうかを問いただす必要はなかった。

❖私が集めた興味深い情報

1990年5月、初めてのワークショップをドイツで教えていた時、生徒の一人がサンジェルマンの城に行ったことがあるかと尋ねてきた。その城はキール近郊にあるということで、私はそこを訪問すべきだという。

その場所は、今はルイーゼンルントと呼ばれる私立学校になっていて、シュレースヴィヒ=ホルシュタイン州のキールから北に1時間ほど行ったところにある。城というよりも、むしろドイツ語でシュロッスと呼ばれる、極端に大きなマナーハウスだ。それは、神秘主義者、占星術師、そして錬金術師であったカール・フォン・ヘッセン=カッセル方伯（爵位の一つ）の所有地だった。彼はサンジェルマンに住むように招待し、サンジェルマンの肉体が1787年に死を迎えるまで、敷地内で共に錬金術や、儀式的な式典を行なった。

その地所にはかつて錬金術塔があったが、いま残っているのは入り口の門だけだ。その門は重々しく彫り物が施された石の梁で接合された2本の柱で出来ていて、全体にさまざまなシンボルが彫られていた。そのシンボルはエジプトのヒエログリフだと説明を受けたが、私がエジプトで見たどの象形文字とも似ていなかった。どうやら古代の錬金術のシンボルのようだ。

入り口の門は、今は古い馬屋の壁の一部となっていて、歴史的重要性を特定できるような面影はない。また、馬屋の近くには祭壇があって、ツアーガイドによれば、サンジェルマンが生きていた頃には式典に使われたものだそうだ。かつて塔が立っていた小さな敷地は柵で囲われていて、中央にはいくつかのバラの木が植えられている。

初めて訪問した時、サンジェルマンと地所との関わりに詳しい人々に出会えた。そのうちの一人は、毎月デンマークから来て、塔がかつて立っていた土地の世話をしているという。彼は、18世紀の頃にサンジェルマンの召使で、今回の人生でもその役目を続けていると言う。

土地の別の場所には地下の洞穴があり、そこはもう一つの実験室だったと言われているが、その場所のエネルギーが強烈で、塔や地所内の他の場所とは非常に異なっていた。ある時、私はネイティブアメリカンのシャーマンであるサン・ベアーを伴ってその土地を訪問したが、彼は実験室の場所には特別なエネルギーの渦があり、サンジェルマンの波動の存在がとても強いことを認めた。ハンブルグに住んでいた3年間は、ルイーゼンルントを何度も訪問するように導かれていると感じた。訪れるといつも、サンジェルマンが喜んでいるのが感じられた。彼は私を通してチャネリングしていなくとも、そばにいるのが分かった。なぜなら、私がとてもよく知っている、あのエネルギーを感じることができたからだ。

ドイツに住んでいた間に、私は再びサンジェルマンのチャネリングを始めた。目新しい題材についても私がより気楽でいられるようにするために、サンジェルマンが行なったことの一つは、チャネリングによるリーディングの最中に、ドイツ語を挟んできたことだ。ドイツ語で語られると、すぐにチャネリングを止め、クライアントにどういう意味なのか、それまで語られたことと辻褄《つじつま》が合うのかを尋ねた。しかし、いつも辻褄は合っていた。

❖ 最初のチャネリングコース

ドイツは、私が自分の初めてのチャネリングコースを「産み落とした」場所でもあった。コースは、私がゾンドラとアンドレと共同執筆した"Ein Kurs Im Channeln"というドイツ語の本をベースにしたものだった。私たちの本は1993年にドイツで出版され、数年間は印税が支払われるほど売れ行きが良かった。しかし、米国やその他の英語圏の国々で出版されることはなかった。その後、私は米国での自費出版を考えたが、他の2人が許可を与えてくれなかった。

ドイツは、サンジェルマンと再び繋がり、チャネリングを再開できた場所だが、そのチャネリングは短期間に終わった。1993年に私が覚醒したことで異なった意識がもたらされ、当時の私の人生にはチャネリングという現象は合致しなかったのだ。しかし、それから12年後の2005年、サンジェルマンに彼のチャネルとして再び活動することを頼まれた。私はそれ以来、彼のチャネリングを続けている。

第20章

再び、サンジェルマンによる呼びかけが

アセンデッドマスターとの関係には、
始まりも終わりも無い。

第10章で述べたように、1989年にロンドンに住んでいた間に、私は精神世界をテーマとしたフェアに参加し、そこでヴィッキー・ウォールという全盲の女性に出会った。彼女は、人の心理に洞察を与え、自己成長と霊的成長を促進するという、美しい色をしたエッセンスのオーラソーマ商品の開発者だった。ホワイト・ブラザーフッドのアセンデッドマスターと共に、それらの商品のエネルギーの開発に取り組んでいて、商品の中にはマスターの名前やエネルギーが冠されたものもあった。

ヴィッキーは私に、エッセンスを使ったリーディングをしてくれ、サンジェルマンとの関係を肯定してくれた。私は、サンジェルマンの代名詞として知られる「紫の炎」のエネルギーを含んだボトルを購入した。また、自己成長と空間から望ましくないエネルギーを浄化する目的で、その他のボトルも購入した。それらの商品は、クライアントと私にとって、以来22年以上にわたって貴重な

サポートとなった。そして、私の覚醒から数年後のサンジェルマンのチャネリングの再開の時にも重要な役割を担ってくれた。

２００２年11月に身の周りの物を日本の沖縄からコロラド州ロングモントへ送る時に、荷物の中にサンジェルマンの新しいオーラソーマボトルの「エアーコンディショナー」という空気清浄用スプレーを入れておいた。私は家の環境の浄化にそのエッセンスを使っていたが、なぜか荷ほどきをした時にはボトルが見つからなかった。考えられるところ全てを探したが見つからなかったので、別のオーラソーマのスプレーを使い始めた。

２００５年の春のある日、2時間におよぶ長い瞑想の後、部屋を浄化したくなった私は、バスルームへ行き、その時に使っていたボトルを手に取り、ベッドルームを浄化し始めた。スプレーの香りが私の感覚に浸透していくとすぐに、自分が予期していたホーリーグレイルの香りとは違う香りがしていることに気づいた。ボトルを見てみると、何と私は2年間もの間、「紛失」していたサンジェルマンのボトルを手にしていた！　私は、元々手に取るつもりだったホーリーグレイルのボトルを確認するためにバスルームに戻った。それは置いてあった場所にあり、私が手に取ったのはその隣りのボトルで、それがサンジェルマンのボトルだった。そのような形で肩を叩かれたので、彼がコンタクトを取りたがっているのを無視するわけにはいかなかった。私は、彼が自動書記を介して、再び私に語りかけてくるのを嬉しい気持ちで歓迎した。

それまでも彼の存在は感じていたが、１９９５年にボルダーのアパートに引っ越して以来、個人的にも仕事としてもチャネリングすることはなかった。だからといって彼のアドバイスを軽視していたわけではない。ただ、私には必要なかったのだ。真の本質は、何についても問いかける必要はない。私が取り組んでいたのはマインドを静かにさせることで、質問と答え（アセンデッドマスターからのものでさえ）で、マインドを活発に働かせることではなかった。

しかし、10年が経過し、私のマインドはとても静かになったので、親しい友人であり、教師であるサンジェルマンとおしゃべりをしてもいいのではないだろうか？　ペンと紙を持つと、彼が現れ、私へのメッセージを伝える時にいつもする同じ挨拶が始まった。「おはよう、私はサンジェルマンだ」

それはまるで、何年も前（私にとっての時間だ。彼らにとっては時間は存在しない）に最後に話してから、一日もコミュニケーションが途切れていなかったのようだった。

❖覚醒した意識を持ったチャネル

彼が私に呼びかけてきたのは、とても重要なわけがあるからだった。それは、私がメッセージを受け取って人類の利益のために出版するつもりがあるか、という質問のためだった。「もちろんです。だけど、なぜ私なのですか？」と尋ねると、彼は「静かなマインドを持って、分かち合うべき情報に反応することなしに情報を受け取ることのできる、経験豊かなチャネルは数少ないのだ」と答えた。覚醒とそれが深まるプロセスを体験したことで、彼は、私がクリアで冷静にチャネリングを行なうことができることを知ったのだ。

当時は、その他に多くの仕事を抱えていなかった。コーチングをしてはいたものの、それほど多くのクライアントを持っていなかった。また、インターネット上でも今ほどには存在感はなかった。

当時は、車の事故から1年ほどかかってようやく回復し、タイレノール（解熱鎮痛剤）が原因の肝臓の機能不全が終わろうかという時期だった。私は、次に何をすればいいかを考え始めていて、そこへ彼が現れた。問いかけが、答えられたのだ！

❖ メッセージの第1巻

再び彼のメッセンジャーとなることに同意した私は、日々の彼からの講話だけでなく、彼が招待したその他のマスターや大天使からのメッセージも受け取った。チャネリングが進んでいくと、私の知っている多くの人たちにメッセージを送った。すると、友人たちにも話をしてくれ、私のチャネリングの読者のメーリングリストが大きくなっていった。

ある友人は、「マスターメッセージ（Master Messages）」というウェブサイトの立ち上げを手がけてくれ、メッセージを受け取るとすぐに掲載してくれた。最初の50のメッセージが掲載されると、サンジェルマンがメッセージを一冊の本にまとめ、インターネット上で販売し、副題を「アセ

アセンデッドマスター　サンジェルマン
© Troika Saint Germain

ンションと来たるべき日々のためのガイド」とするよう伝えてきた。彼はまた、覚醒のためのコーチングをテーマにした、もう一つのウェブサイトを立ち上げることも望んだ。

インターネットやコンピューターの最低限の技術しかない者が、どうやればいいのだろう？　サンジェルマンからの課題のほとんどは「資金に関しては適当にやって」というものなので、自分で始めるしかなかった。しかし、幸運なことに、本の販売サイト制作を手伝ってくれる人が現れた。スティーブという名のオーストラリア人で、私の初期の「マスターメッセージ」に掲載されたメッセージを読み、掲載されたメッセージは彼が読んでくれていた。その時から、スティーブはプロジェクトにかかわって私を助けてくれるようになった。手始めに、彼は「紫の炎」の絵を電子書籍の表紙に使えるように転写してくれた。

新しいウェブサイトが完成したが、初めての努力の結果にしては悪くないと思った。私は、数年たった今でもウェブサイトの最適化やインターネットマーケティングについて学び続けているが、ハイテク社会とサンジェルマンの要望は、私に新たな挑戦を与え続けてくれている。

彼の提案で、あるインターネット上のフォーラムに参加したが、数日後、私はフォーラムから締め出されてしまった。スティーブが私のチャネリングによるメッセージをいくつか投稿したのだが、運営者である女性が内容に同意しなかったのだ。彼女は、私のことを「全くのペテン師」と考えている、と知らせてきた。

その女性が私に向けたネガティブさは露骨だったので、彼女が最高位の波動の存在とつながっていなかったか、チャネリングされたメッセージがそのような存在からのものではないのは明らかだった。彼女が、私やサンジェルマンと何の関係をも持ちたくなかったのも無理もない。

他の人たちが私のことや私が受け取るメッセージについてどのように思おうが、メッセージが純粋なキリスト意識の波動を運ぶものである限り気にはしない。しかし、多くの人々が架空の誤った情報に追従する傾向があることには驚かされる。

スティーブは、かつて彼が追従していた他の人々によるチャネリングをいくつか紹介してくれた。そのうちの一つは、次のようなことを宣言していた。

（1） 英国女王はさまざまなプロジェクトを支援し、ライトワーカーたちに大きな富をもたらすはずの多額の資金を封鎖した。

（2） 米国大統領と副大統領は国際裁判で逮捕された。

（3） クローン人間が米国政府を統治している。

人々が実際に、そのようなメッセージを信じることには驚いた。人が自分の生活から逃げようとする限り、自分を特別だと信じさせ、自分の霊性開花の責任を避けることを許すような架空の話を受け入れるのだろう。悲しいことだ。彼らは自分についての真実を発見できるし、自分の外に導きを探す理由などなく、根本的な幸せを得ることができるのに……。

❖ 必須のチャネリングコース

スティーブは、私にチャネリングの方法を教えてもらいたがった。私はそれほど興味がなかったが、数カ月後にサンジェルマン自身が、チャネリングで降ろされる情報とエネルギーを含んだ新しいチャネリングコースを教えることを提案してきた。私は、一度だけということでコースを教えることに同意した。録音作業はかなり上手くでき、スティーブは録音された内容を文字に転記する作業を引き受けてくれた。

今となれば、なぜサンジェルマンがコースを作ることを望んだのか理解できる。そのようなものは、どこを探してもないのだ。7年間にわたって私が行なった公開チャネリング、ドイツで共著した本のためのリサーチ、人々に教えたチャネリングの方法のコース、そして13年間保持している覚醒した意識、それら全ての要素のおかげで全くの初心者であれ、知識の豊富な素人であれ、個人のチャネリングという重要な領域へ誘《いざな》われるための確固たる土台が、サンジェルマンによって提供された。

コースのハイライトは、サンジェルマン自身との永遠で直接的な繋がり（エーテル体のアンテナ）を、参加者それぞれのために築けることだ。コースには、その種の繋がりを楽に作るために知るべきことが全て含まれている。

スティーブは、そのコースの「生みの親」だった。彼は、大いなる源から直接に自身の内なるガイダンスを得る助けを必要としている、全ての人々のために偉大な奉仕を行なった。もちろん、愛するサンジェルマンからの恩寵溢れる助けがあってこそ可能だったのだが、スティーブの後押しがなかったら、そのコースを生まれなかっただろう。

私は、チャネリングを自分のキャリアにしようと望んだことは一度もなかったが、エゴを諦めると、肉体が行なうことを決めようとする「選ぶ者」がいなくなる。覚醒した意識のやり方は、現れるものに対してシンプルに対応することだ。

私たちは、「覚醒のコミュニティ（The Community for Awakening：TCFA）」と呼ばれるコミュニティをウルグアイで設立することを計画し始めた。それは、居住者と来訪者に「覚醒すること」についての十分なサポートを提供するための、持続可能でエコ志向のあるコミュニティにする計画だった。第14章（221ページ）で述べたように、私たちは犯罪者たちに裏切られ、約束された助成金は支払われることはなかったが、その地に居たことは重要だったのだ。ウルグアイにいたおかげで、この本を書くようになり、ブログも始めることになったのだから……。

❖「マスターメッセージ」のブログ

2005年に出版した『マスターメッセージ』（未邦訳）の時と同様に、サンジェルマンは、2010年5月末に、彼のメッセージを「もっと受け取り、掲載することができるか」と尋ねてきた。今回は、本ではなく、日々更新するブログという新しいフォーマットにする予定だった。私は、『マスターメッセージ』の第3巻を２００８年に書き上げてから、定期的なチャネリングをしていなかった。タイミングは完璧だった。ウルグアイは、その仕事にうってつけの場所だったからだ。そこでの私の生活は静かなもので、波動的な干渉は最低限だった。地球上のほとんどの大都市で人々がさらされているインターネットの不都合な周波数によって邪魔されることもなく、エネルギー的に整った居住環境を維持することができた。

私は、ウルグアイで見込みの薄い地元のクライアントを発掘するよりも、スカイプを通して、遠く離れた国々のクライアントへのコーチングを続けた。日常の大部分は静かで、サンジェルマンのエネルギーの中にいることを楽しんでいると、何の苦労もなくブログのためのメッセージがチャネリングで降りてきた。この国にいることは、私たちにとって、ホワイト・ブラザーフッドの地球上での目標に大きな貢献をすることができる完璧な機会だった。

「サンジェルマン伯爵のブログ」(Compte de Saint Germain's Blog―本来は“Compte”ではなく“Comte”なのだが、私のスペルミスがそのまま、ブログの名前となってしまっている）は、世界約１２０カ国に読者がいる。私はまた、「マスターと人類についてのブログ（Masters and Mankind Blog)」も持っている。そのブログには、私がチャネリングで受け取った、大天使とその他多くのアセンデッドマスターからの短いメッセージを掲載している。

❖内側の静寂さから沸いてくる

覚醒後の数週間の間、私はチャネリングを手放していた。ただ静かにして、真の本質が何の邪魔もなく、他の何者もの影響を受けることなしに、肉体の人生でリーダーシップを発揮するのに委ねたかったからだ。覚醒した意識が深まるプロセスが進むにつれて、この肉体を通して表現していたサンジェルマンや他の天使やアセンデッドマスターたちの言葉は、実際には内なる静寂さから現れたものだということが明らかになった。真の本質の「知恵」の場合のように、彼ら全ては単に異なった名札を使っているだけのワンネスの側面なのだ。

パパジが、「ダム」（チャネリングを覚醒した意識の全ての英知から分離していたもの）を取り除いて以来、この肉体にはチャネリングに判断を下したり、コントロールしたりする「私」がなくなってしまった。静寂から出てくるものは、それが何であれ、そしてそれが何と呼ばれようとも、真の本質の自由な表現だ。静寂がもたらすものに判断を下したり、拒否したりなど、誰がするだろうか？　傲慢なエゴだけだろう。

第21章

サンジェルマンとの人生

他のどの教師にも増して、
サンジェルマンは私を導いてくれる光であった。

１９８５年にチャネリングを始めた時、私は自分が心地いいと感じる範囲から飛び出させる多くのことをするように、サンジェルマンから依頼された。私が覚醒する前の数年、サンジェルマンが何か要望を伝えてくると、エゴが考えて、それに従った。なぜなら、私たちの取り決めは私が彼のためにチャネリングをすれば、彼は私を自己実現へと導いてくれるというものだったからだ。エゴは「エゴの」自己実現のためには、サンジェルマンの要望の全てに従うことが重要だと信じていたので、喜んでサンジェルマンに付いていった。

１９８５年６月から１９８６年の秋にセドナに引っ越すまで、宝飾品や全ての服を手放すこと、日々瞑想をして自動書記を行なうことなど、彼のどの指示も拒否しなかった。しかし、夫と次男、そして私がセドナに住まいを落ち着けて、すぐにサンジェルマンは私にペルーへ行くことを依頼してきた……しかも一人で。それには、かなりのショックを受けた。というのも、特別なドッグショーに参加することを除いて、それまで一人で遠距離の旅行を経験したことがほとんどなかったからだ。文化も言語も異なる外国へ行くことは、エゴの意見によれば、私には手に負えないことだった。懸念を払しょくするために、ツアーに参加するという手もあったが、当時の私たちは貯金で生活していたので、限りある資産を使うのは気が進まなかった。

私はサンジェルマンからのペルー行きの依頼を拒んだ。4カ月後、夫が自分が欲しい物に私たちのお金を費やしていたことを発見し、別居することになる日まで、そのことを考えもしなかった。銀行口座には、私のためには100ドルしか残されていなかった。今から思うと、あれは十分な貯金が当時はあったにもかかわらず、経済的な事情からサンジェルマンの依頼を尊重することを拒否したことに対する教訓だったのだろうか？

1987年7月にマウイへ引っ越すようにという要望も拒んだ。それ以降、サンジェルマンはメッセンジャーとして私を使うことを止めてしまった。私は彼をチャネリングすることで受け取っていた報酬を得られなくなったので、生活を支える他の手立てを見つけなければならなくなった。それは、感情的にも財政的にも痛手となった。

そして数週間後、23年間連れ添った夫は、若い彼女と一緒になるために私を捨てた。私の人生の中にあった男性のエネルギーが、すべて消えてしまったようだった。ジェットコースターのような結婚生活が終わったことは悲しかったが、安堵でもあった。しかし、サンジェルマンからのいつものコンタクトがなくなったことは、親友を失ったような気持ちにさせた。

❖ 去ってしまったが、まだそこに居る

そういった全体の状況の中で最も奇妙なことは、引き続きサンジェルマンの存在を感じ続けていたことだ。ときおり、彼が近くにいるのを感じていたが、それは、自分が取るべき行動や知る必要のある情報について、内なる導きによってひらめきを受け取っている時だった。当時はそうは思えなかったが、彼が私を介してチャネリングをする気をなくしてしまったらしいことは実は祝福だった。私は、自分のハイヤーセルフの内なる英知にアクセスできることを発見したので、サンジェルマンに依存する必要がなくなったからだ。

私たちの関係が変わったことにガッカリはしたものの、私の人生には彼の影響を受けている出来事が確かにあることを認識した。明らかなシンクロニシティが、あまりにも頻繁に起こるので、「思い込みの激しい現実離れした精神状態」（かつての夫がそう言っていた）以上のものが働いていることを否定はできなかった。

導きを求めて波動を調整することが、私の生活スタイルとなった。不動産を売っていた時のように目標を設定する代わりに、自分の個人的願望全てを横に置いて、実際の出来事として、あるいは内なる導きとして何かが現れるのを待った。そして、何か選ばねばならない選択がある時はいつでも、いつも自分の内面をチェックして、私の意識にもたらされた導きに従った。その頃、マインドは私が必要としている答えを与えることができないことが分かっていた。

サンジェルマンと共に仕事をしたことで、どんな状況にもポジティブな目的があることを教えられた。たとえ受け入れるのが難しいほどの変化が起こったとしても、私はやがては困難な経験の一つ一つが助けとなることを理解し、変化を受け止めた。

講義や個人セッションのためにサンジェルマンをチャネリングしている時には、彼が語ったことの細かい詳細を覚えておくことはなかったが、メッセージの大体の要点は頭に入ってくる。時の経過につれて、私がクライアントに提供するそれぞれのチャネリングの中には、私のための重要な情報があることに気づき始めた。

例えば、複数のクライアントが連続して、同じ問題について尋ねたことがある。問題がどのように私に当てはまるかを認識し、私自身の中に必要な変化を取り入れると、また複数のクライアントが連続して、私が対処する必要がある別の問題について尋ねてくる。私の学びと成長は早く、強烈だった。というのも、サンジェルマンが私のために用意した旅で多くのクライアントを引きつけたからだ。

❖ サンジェルマンの領域

私は最初、サンジェルマンを、同時に複数の場所に現れることができる全てを知っている大きな幽霊で、彼が周りに漂っていない時は、私の人生の中のその他全ての登場人物のアレンジをしているぐらいに思っていた。私は、多次元的なスピリットの領域について知らなかった。理解が間違っていることに気づいたのは、私が車の鍵を紛失した時、「鍵がどこにあるかを教えてください」と彼に尋ねると、「私は遺失物係ではない」という答えが返ってきた時だった。私は、二度とそのようなお願いはしなかった。

シャーリー・マクレーンの書いた『アウト・オン・ア・リム』が、サンジェルマンが存在している意識の宇宙を私に紹介してくれた。あの本を読んでから、スピリットの次元についての私の理解は徐々に開花し、今日もまだ理解は深まっている。

❖ エネルギーの浄化、必須事項

1991年、ゾンドラが大きなクリスタルを用いてエネルギー浄化をしてくれたことに私は感謝していたし、サンジェルマンも感謝していたと思う。チャネルであることの裏と表について、さらに多くの体験を得ることができたからだ。私たちは大きなオーラフィールドを持つエネルギーの存在だから、「毎日、あなたとあなたの家のエネルギー浄化をしなさい！」と言うことを強調しすぎることはない。誰かがあなたの家に来る前にどこに行っていたかは分からないし、あなたが外出して帰宅する時に何を連れて帰るかも分からない。かといって、浄化のために大げさなことをする必要はなく、浄化をするのだと心に念じながら、何かのお香を焚くとか、高波動のエッセンシャルオイルのディフューザー（拡散器具）を使うといったシンプルなことで構わない。

存在たちは、あなたのエネルギーにくっついて、こちらが許す限り、長い間そこに留まることができるというのは事実だ。あなたが自分の心の知恵と繋がりを信頼することは、そのようなことに邪魔されずにいるための大切な鍵となる。

❖サンジェルマンの姿

肉体の形をしたサンジェルマンに会ったことがある、というクライアントが2人いた。彼らのためにチャネリングをした際に、サンジェルマンがそのことを認めたので、私には嫉妬心が芽生えた。もし彼が、他の人のために現れることができるのなら、なぜ私のもとへは現れてくれないのだろう？　特に、1986年に友人のメラニーとセドナに行った時、彼は彼女のいる前で現れると言ってくれたのに……。

今となれば、彼が私に何を教えたかったのかが理解できる。チャネリングの時のエゴの影響には、どんなに小さいものであっても注意をすることが、どんなチャネルにおいても重要な条件ということだ。また、その教訓は私があまりにもひたむきで、世間知らずで、サンジェルマンに成りすます詐欺師への準備ができていなかったことを明らかにしてくれた。彼は、チャネリングは誰にでもできるほど簡単なものではないということ、そして、私は自分がチャネリングする相手を、誰でも信じていいわけではないことを知ってもらいたかったのだ。

❖時間の外側のタイミング

サンジェルマンは、受け取ったガイダンスを「グラウンディングさせる」（現実に根を下ろさせる）ことの必要性を教えてくれた。それは私には難しかった。ガイダンスを受け入れることは、すぐに行動しなければならないことだと思っていた。パズルのピースはふさわしい時間が過ぎれば組み合わされるということが分からず、早過ぎた行動がしばしばあった。次のステップが何かを知っているからと言って、すぐに走っていって、次のフライトの切符を買うことを意味しているのではない。

私は辛抱することを学び、どう予定を組むかを決める助けとなる外側のサインに注意を払う必要があった。アセンデッドマスターは時間の中に存在していない。サンジェルマンのタイミングは地球の時間とはマッチしてない。チャネリングの際には、そのことを意識しておくことが重要だ。

サンジェルマンのチャネリングを始めた頃、サンジェルマンが「起こるだろう」と言ったことが、そのタイミングで起こらないことがあった。私には、悩みの種だった。私の誠実であろうという誓いは、自分がすると言ったことは、必ず行なうというものだったからだ。もし当てることができないのなら、予測を止めるようにサンジェルマンにお願いした。私の心配を、彼は面白がっているようだった。おそらく、私の心配は正当性を欠いていたのだろう。なぜなら、タイミングがずれていたことを除けば、ほとんど全て彼が予測したことは実際に起こったからだ。

例えば、サンジェルマンがソビエト連邦の崩壊を予測した時、その可能性を指摘する新聞はなかった。解体が実際に起きたのは、彼の予測よりも1年ほどあとだったが、実際に解体が起こるまで、彼の予測は間違っていると私は思いこんでいたのだ。時間の外側にいる存在に物事のタイミングを正確に予測するように期待することは妥当ではないこと、そして、彼が日程や時間について語る時は「それほど遠くない未来のいつか」という風に解釈すればいいということを学んだ。

つまり、識別する力が重要なのだ。だから私は、特定の日に何かの出来事が起こると他のチャネルが書いたものを読むと、タイミングについての注意書きがない限り、たいていはそのチャネルの意識レベルを疑うことにしている。唯一、予測のタイミングが地球時間と合っていると思えることがあるとすると、予測を行なっている存在が、第7次元のアセンデッドマスターの領域よりも、第3次元に近い存在の場合だ。特定の時間を予測しているのは、アストラル界あるいは第4次元の存在の場合が多い。

❖ ホワイト・ブラザーフッド――多くのマスターたち

サンジェルマンが私とのチャネリングをドイツで再開した時、私がチャネリングしたのは彼だけではなかった。エル・モリヤ、クートフーミ、大天使ミカエル、アシュタール、サイババをチャネリングし、彼らの教えを人々に分かち合うようにとも依頼された。サン・ベアが亡くなった数年後には、彼の生徒のためにチャネリングした。私がチャネリングできる対象は、決して誰か一人に限定されるものではなく、私が契約を結んだのはホワイト・ブラザーフッドのための奉仕で、サンジェルマンのチャネリングだけではなかった。

チャネルとしての新しいキャリアが始まって6カ月も経っていない1985年6月から、私のペンは、善意ある霊的同胞団のさまざまなメンバーからのメッセージを伝えるようになった。それはイニシエーションの一部であり、宇宙意識の第7次元への案内だった。私はそれらのチャネリングを、自分以外の誰の目にも触れることなく行なった。彼らの一人ひとりからの情報とガイダンスは、まもなく私が行なっていくことになる仕事の準備だった。その中には、この惑星上の広範囲にわたる場所で行なう光のアンカリングが含まれていた。とはいえ、私の自己実現のためのメンターであるガイドであるサンジェルマンからのメッセージを伝えることが、引き続き私の主たる活動だった。

そのようにして2回目の再開を果たしたサンジェルマンのリーディングは、1年半しか続かなかった。ドイツで始まり、1993年初頭のインドでの私の覚醒で終わった。それ以降、チャネリングを止めた。その短い間に、サンジェルマンと私は多くのことを達成した。彼は、マスタリー(熟達)の集中コースを教え、数え切れないほどの講義をし、チャネリングとはどのようにして起こるのかについてのたくさんの解説(ゾンドラとアンドレとの共著の本に使われた)を提供した。

また、私をインドへと誘《いざな》ってくれた。それから、私がパパジの手ほどきで到達した、覚醒した意識の中に腰を下ろす大仕事を成し遂げることを信頼しつつ、私から去っていった。

なぜサンジェルマンは、彼自身で私の覚醒をお膳立てすることができなかったのだろう？ それは私の信頼感の不足のせいで、私の心の中にあった執着のせいで、サンジェルマンが私に教えようとしてきたことを、私が受け入れ、理解するには、アドヴァイタ（ヒンドゥー教における不二一元論）の教え、そしてパパジの並はずれた導きの助けが必要だったのだ。正直に言うと、私はサンジェルマンの教えを覚醒のあとになるまで十分には理解していなかった。

私が遂げた変容と、その間の学びはとても大きなものだったので、サンジェルマンと共に世界中を冒険した結果、私が吸収した全ての体験と教訓を列挙するには、数冊の本が必要だろう。そのうち、いくつかの際立った重要なことを読者の皆さんと分かち合いたい。

❖ 15の知恵

（1）スピリットの存在を招き入れる前には、意識が自分の中心に据えられ、自分がクリアな状態なことを確認する。コンタクトがある時は、毎回その存在がキリスト意識の存在かどうかを尋ねる。

（2）自分が真実であると知っているものと整合性がない情報やエネルギーには、疑いを持ってみる。

（3）誰かについてサイキック的に手にした情報は、本人が要望したり、許可しない限り、本人に伝えない。
（4）スピリットからのメッセージは提案であり、命令ではない。
（5）アセンデッドマスターをチャネリングするには、オープンな心が必要。
（6）権力を願うと、第4次元意識のアストラル界のエネルギーや存在を引きつける。
（7）マスターやアセンデッドマスターは、決して人の選択に要求を押しつけたり、邪魔をしたりはいかなる場合にもしない。
（8）過去世はマインドにとっては興味深いが、私たちが学ぶべきことのために必要な全ては今世にある。
（9）私たちの人生で起こっている全てのことは、私たちのものだ。「他の人たち」の問題で私たちを動揺させているものがあっても、実は自分たちの問題だ。
（10）チャネリングで繋がる存在は、私たちから分離されているわけではない。彼らも大いなる意識の側面で、私たちは皆、その大いなる意識の一部だ。
（11）本当に自由な人には、秘密がない。
（12）どの人生においても、唯一の目標は意識を覚醒させることだ。
（13）愛は、執着することとは何ら関係がない。

（14）霊的な教訓を学んでいる時は、その学びを完成させたかどうかを判断するテストが必ず与えられる。そのテストは完全に合格するまでは与えられ続ける。

（15）ハートのガイダンスに従うことは、その人のための独自の霊的な旅の始まりだ。

❖準備の整った生徒

生徒の準備が整うと、その人に合った正しいマスターが現れる。１９８９年にまだロンドンに住んでいた頃、『ドーター・オブ・ファイヤー』の著者で、イスラム教スーフィー派のマスターである、イリーナ・トウィーディの行なうサットサンに参加した。当時は、サットサンとはどういうものか、なぜそこへ行くのかも分かっていなかった。ある時、空港に迎えに来てくれた女性が、「ミセス・トウィディに会いに行きたいですか？」と訊いてきたので、それは誰なのかと尋ねると、「彼女に会いに行くことになっているかどうか、あなた自身のガイダンスに尋ねてみてください」と言われた。その通りにしてみたところ、答えはイエスだったので、何に遭遇することになるのかを女性に尋ねてみることもせず、サットサンへ行くことにした。

私たちは、ある家のひどく混雑した部屋に入っていった。そこに居る人たちは皆、靴を脱ぎ、部屋の正面に腰かけている白髪で大きな青い目をした女性の足元の床に座っていた。15分ほど、共に瞑想した後、彼女はとても打ち解けた雰囲気で天気や気温について話し始め、何人かに「気分はどうか」と尋ねていた。彼女は特に教えを講じたわけではなかった――まるで、私たち皆が気楽なおしゃべりのために集まったかのようだった。

彼女が知り合いらしい人たちに、一言か二言、何かを尋ねたりするうちに、彼女に質問をする人たちもいた。それに対して彼女は、彼女のグルと繋がり、グルがそれらの質問に答えると言った。それを聞いて、彼女は霊媒者か何かなのかしらと思った。彼女のやり方は、私がサンジェルマンをチャネリングする方法ではなかったからだ。

そんなことが45分ほど続いたあとで、私は「これは、あなたが、やがて行なうことになることだ」という内なるメッセージを受け取った。「これとは何だ?」とマインドが答えた。彼女は、雑談以外は何もしていない。なぜそれらの人々はやって来たのだろう? なぜ、私はここに居るのだろう? 彼女と気楽な時間を過ごすためだけに皆を集められるなんて、彼女の何が特別なのだろう?

ティータイムの時、私はチャンスとばかりにサットサンの受付にいた男性に質問してみた。彼は、「彼女は悟りを開いたんだ。彼女が居る所で、ただ座っているだけでも、あなたが覚醒する引き金を引くのには十分ですよ」と言った。覚醒? あれこれ考えてみたが、馬鹿だと思われるのが恐ろしくて、尋ねることができなかった。

休憩のあとに誰かが、ミセス・トウィーディに、「もし夫が、妻には霊的探求の道を進んで欲しくないと願うならば、彼女は探求の道を断念すべきだろうか」という質問をした。ミセス・トウィーディは、夫の望みを尊重すべきだと答えた。私はショックを受けた。私の結婚生活が、夫の願望を尊重しなかったせいで破綻したばかりだったからだ。

私は、外部の権威にではなく、チャネリングで与えられたガイダンスと私のハートの案内に従うことを選んだ。自分にとって真実であることに照らし合わせると、私はミセス・トウィーディの答えには同調できなかったので、彼女の答えにはスーフィー派の神秘主義の伝統が反映されているのだろうと理解し、霊性へのアプローチは私のものではないと結論づけた。

私は彼女のアドバイスには同意せず、彼女のサットサンに参加することは二度となかった――しかし、私はその出来事を忘れてはいない。あの日、私が受け取った内なるメッセージは、その後も私の中に残り続けた。そのメッセージに導かれて、私はついに自分のサットサンを開催することになったのだ。

誰かのためのガイダンスが、そのまま別の人にも当てはまるとは決して考えてはいけない。私自身も教師となった今であれば、スピリチュアル・ティーチャーがある個人に向けて語ることは、たとえ個人もその他の誰かも理由を理解できなくとも、個人にのみ当てはまることだと理解できる。

部屋の後ろにいたため、私は最初に部屋を退出したうちの一人だった。その家をあとにして歩き出し、ふと振り返るとミセス・トウィーディがやって来た。彼女は私に近づき、肩に手を置き、鋭く光る青い瞳で見つめ、「また、いらっしゃってください」と優しく言った。考えたことはあったが、結局その後は一度も行っていない。どうやら私には、悟りを開いた教師と会う準備がまだできていなかったのだ。

❖アセンションプログラム

ミセス・トゥウィーディやパパジのような、肉体を持った教師や、サンジェルマンのようなチャネリングによる存在の導きのもとに居た時期から、自分自身の内なる知恵が提供する快適でしっかりとした基盤を獲得するまでの間には、変容のプロセスにおける「何も知らない」という時期があり、それは困難な体験となるかもしれない。

覚醒の直後の1年間、チャネリング用のペンを持とうとする衝動にしばしば襲われた。サンジェルマンが何か私に伝えたいことがあるのか、私が変容のプロセスのどの辺りにいるのかを確認してくれるのかと尋ねても、彼の答えはたいていは「ノー」であったが、時々はガイダンスを与えてくれた。私は静かに辛抱強く、その時が過ぎるのを待った。その後、10年間、チャネリングをしなくなったが、それはサンジェルマンとの関係とはかかわりがなかった。

ある時、私はそれまでコンタクトを取ったことのなかった、ホワイト・ブラザーフッドの他のメンバーからメッセージを受け取った。彼はマチヴェンタ・メルキゼデクと名乗り、キリストの到来の準備のために地球に現れる存在の最初の一人だ、と言った。サンジェルマンは以前、私がメルキゼデク修道会のメンバーの一員だと言っていたので、マチヴェンタ・メルキゼデクという存在が何を言うのか興味を惹かれた。彼は、私がかかわることになっているアセンション計画について話し始めた。それは、信じがたいことだった。彼は私に、「消える準備はできているか」と尋ねた。

おそらく、悪戯好きのスピリットが私をからかっていたのだろう。私を通してチャネリングされた内容は、その存在が信頼できるものだと何らかの確認が取れるまで、何も信頼しない決心をした。私はサンジェルマンにコンタクトを取ろうとせず、メルキゼデク修道会のメンバーであるセドナ在住のドランヴァロに電話をした。

マチヴェンタ・メルキゼデクは、私が頭の中で作り上げた名前ではなかった。ドランヴァロは、私にウランティアブックを読み、もっとメルキゼデクについて学ぶことを勧めてきたので、その通りにすると、その存在は真実を伝えてきているかもしれないと納得した。私の次のステップは、アセンション計画について知っているかもしれない人たちと連絡を取ることだった。

その一人が、ジョン・ホルネッカーという名の男性で、彼は導きに従って行った聖地への旅についての本を書いていた。彼の旅程は、偶然にも私の1986年から1990年までの間の旅程と同じだった。唯一の違いは、彼が私よりも数カ月前に旅を開始したことだった。私たちは2人とも、それらの旅は地球上にエネルギーの網を張るという目的の一部であり、他の人たちも他の場所で同様のことを行なっていると言われていた。私はジョンに電話を掛け、記録を照らし合わせるために会った。彼はまた、その他の人々と同様に、アセンション計画の一員だと言われていた。どうやら、マチヴェンタ・メルキゼデクは本物であるという可能性が高まったように思えた。

❖ 次の意識の冒険

そのようなことが起こる可能性は、私が肉体や生きてきた人生にどれほど執着しているのかを見直す機会となった。同居人であるアチャラとアセンションについて話し合った。彼女は、私がアセンションし、彼女がアセンションする時期が来るまで私が彼女のガイドになるということで落ち着いているように見えた。

しかし、息子の会社で働き始めていたので、何も知らせずに私が消えてしまうことで息子を落胆させたくなかった。私はそのことに関して、マチヴェンタ・メルギゼデクと話し合った。「私は行っても大丈夫です。しなければならないことがあれば教えてください」と私は伝えた。彼の指示に従い、私は遺書を準備した。アチャラも心構えをし、私は息子のために万事を取り計らっておいた。そして、次の意識の冒険を楽しみに待った。しかし、それは起こらなかった。ジョンいわく、「立ち去る準備が出来た人数が十分ではなかったため、アセンションは延期されることになった」と告げられたということだ。

事件全体を今日の視点から振り返ってみると、アセンションという概念は、当時よりも今の方がより妥当性があるように思われる。それ以降多くのアセンションの試みがなされ、それらは全く同じ理由で実際には起こらなかったということを知った。しかし、肝心なことは実際にアセンションするしないではなく、執着をしない生き方が出来ているかどうかということなのだろう。

❖生計を立てる

チャネリングやそれに関連する活動の対価として受け取る料金は、サンジェルマンによって決められていた。１９８５年の11月に初めて日本に招かれた時、私のセッション料金は幾らと答えればいいかと、山川亜希子さんに尋ねられた。サンジェルマンはすぐに口を挟み、「１００ドルだ。そうしなければ、人々は価値があると思わない」と言った。その後、帰国してヴァージニア州でもチャネリングをした時、サンジェルマンは、「私をチャネリングするセッションは、全て１００ドルとするように」と言った。しかし、私が財政難に陥っていたこともあり、それではあまりに高いと思ってしまい、クライアントに金額を告げることは難しかった。

セッション料金を尋ねられると、１００ドルではなく75ドルと言ってしまうことがあった。すると、その人は友人も連れて来てもいいかと言ってきた。すると、サンジェルマンは、「１００ドル支払えば構わない」と告げるのだった。しかし、そういったことが何回か起こり、セッションが幾らの価値があるのかとか、幾らなら人は支払うのかといったことが問題なのではないことに気づいた。

対価を私が受け取ることができるのか、私の努力は自分自身にとってどれほどの価値があるのか、ということが問題だった。それが分かった時、私はサンジェルマンに「降参します。私のチャネリングの値段はあなたが決めてください」と伝えた。それ以降は、彼が料金を決めている。第三世界の国に行った時は、現地の経済状態に応じて料金は調整されたが、サンジェルマンはいつも、支出よりも多くのお金を家に持って帰れるようにしてくれた。

❖ マスターメッセージ

本章を終えるにあたり、最近のサンジェルマンに関する主な情報と、啓蒙のための彼の取り組みについて少しお知らせしたいと思う。『マスターメッセージ』（"The Master Messages"）は3巻から成っており、2005年から2007年に受け取られた167のメッセージを収録している。それらのメッセージは混乱と助長された恐怖がはびこる現代における霊的意識にとって何が重要かに光を当てており、環境の変化、世界的な社会不安、世界政治上の策略、支配者勢力の興亡といった分野を扱っている。また、サンジェルマンや他のアセンデッドマスターや大天使からのコメントによって思慮深い味付けが施された文章となっており、上記の状況全てへの注意を喚起するものになっている。

2010年に、サンジェルマンはどのように覚醒とアセンションを達成するかということの詳細について、より具体的なメッセージを発するようになった。それらはインターネット上で、最新のブログ形式で掲載されている。サンジェルマンは他にも、ザ・マスターズ・アンド・マンカインド・ブログ（The Masters and Mankind Blog）という名の短いブログを開始した。そのブログには、他の天使やアセンデッドマスターたちからのコメント――短く、鋭く、心温まる、励みを与えるもの――が含まれている。

それらのメッセージの全ては私を通してもたらされたが、私自身の興味や関心などは付け足されてはいない。私は頼まれた通りにメッセージを書き、分かち合い、その内容に個人的な思い入れを差し挟むことは一切無く、メッセージの中には何が語られているかを説明するのみだ。私は、それらのメッセージが正確であると確信しているのか？　イエスだが、タイミングは除く。私は彼らが提案していることを行なっているのか？　イエスだが、そうすることが私にとって正しいと分かる時のみにそうしている。

❖ スクリーン

私は、それらのチャネリングされた情報の重要性と、人類の置かれている状態に対する有用性を理解してはいるが、情報の具体的な内容についてはこだわってはいない。なぜならば、世界で何が起ころうとも真実とは何ら関係がないからだ。それはなぜだろうか？　世界のあらゆる部分が、マインドが意識のスクリーンに投影している幻想なのだ。スクリーンに投影されている何ものも大切なことではない。私は、投影された映画の中に登場して、筋書きに影響されているように見える役者ではない――私は、そのスクリーンなのだ！

第22章

プレゼンスから深遠さへ

アセンションは、夢を手放して生きること。

歴史上、いつの時代でも、人は自分よりも偉大な力が存在することを認識し、「それ」が平和と幸福を与えてくれることを希望し、祈り、捧げ物をしてきた。人の生涯に起こることをコントロールする神がいるという概念は、多くの宗教の苗床となり、ほとんどの人は司祭、牧師、教主、ラビたちの教えを受け入れてきた。しかし、そうした教えに表面的なレベルで参加するだけでは満足しない人たちがいつの時代にもいて、そうした人々は修道士や神秘主義者として、自ら神との繋がりを探求してきた。仏教、ヒンズー教、道教といった東洋の伝統の中で発達した悟りの可能性は、意味や幸福の探求に別の次元をもたらした。

そして1875年に、神智学協会がより高次の領域から教師やガイドとして奉仕をする霊的マスターの概念を西洋に紹介し、1930年代にはエドガー・ケイシーがトランス・チャネリングを紹介した。天体物理学や量子物理学を含め、神聖なる意識への新たなアプローチは現在、ニューエイジという言葉で表されている霊性探求のルーツになっている、と私は考えている。チャネリングは、1963年に出版された『セス・マテリアル』（邦訳未完）の登場で再び脚光を浴び、以来、霊的英知の源泉としてのチャネリングが花開いていった。

トランス・チャネリングやコンシャス・チャネリング、そしてフルボディー・チャネリングは、数十年にわたって霊的探求者たちにインスピレーションを与え続けている。チャネリングは、有効な霊的道筋だろうか？　そうかもしれない。しかし、何かがチャネリングによってもたらされたからといって、すぐそれに価値があるということにはならない。その価値は、チャネリングされた教師の意識レベルと、チャネルのクリアさ次第だ。アセンデッドマスターや大天使は、ネガティブな態度のせいで不十分な波動周波数を放っているチャネルには、コンタクトを取ることができない。非常に強い意見を持った人も良いチャネルではない。

というのも、チャネルはマスターに「導管」として使われている時は、チャネルのエゴは中立を保たなければならないからだ。そのため、個人の強い態度や意見が生み出す密度の濃いエネルギーを排して自分を純化することが「クリアなチャネリング」に向けての第一歩となる。チャネリングをするための、人としての最高の状態は、オープンな心、平穏な物腰、そして静かなマインドだ。覚醒者は、それら全ての要素を備えている。

1985年に、私がチャネリングを始めた時にはチャネリングという現象は、まだ一般的には認知されていなかった。今日ではチャネリングという言葉は普通に使われているので、チャネリングを有効な情報源だと考えていない人々でも、それがどういうものかを知っている。チャネリングで降ろされた情報を目にする機会はたくさんあるが、一体そのうちのどれだけが的を得た、賢明なものだろう？　それほど多くはないのでは、と私は思う。誤った情報や不正確な情報がはびこっているのが現状だ。

もし、あなたがキリスト意識のレベルにいるマスターたちの「導管」になりたいのであれば、ペテン師ではなく真実のマスターと繋がれるように自分自身を純化する必要がある。チャネリングの対象が真実のマスターなのかどうかを見抜くことも学ばなければならない。もし、信頼できる有用なチャネリングによる情報を見つけたいと思うなら、クリアなものとそうでないものを識別する方法を学ぶ必要がある。識別力は、あなたの真実の本質からやって来るので、ただ、それにアクセスする方法（第19章「識別力」２８４ページを参照）を学ぶだけでいい。

その内なるマスター以上に頼りになるものはない。内なる英知を必要に応じてチャネリングする方法を学ぶことを勧める。その英知は、アセンデッドマスターがあなたに与えるものとあらゆる点において同等だ。しかし、もし常にあなたを通して内なる英知が流れていて欲しいのであれば、覚醒が必要だ。私は、覚醒後はもはや、サンジェルマンや他のマスターを自分個人のガイダンスのためにチャネリングする理由がなくなった。

「でも、人々は何千年もの間、悟りの境地を求めてきたけれど、その意識レベルに到達するには、何度も生まれ変わるほどの時間が必要になるだろうし、私がそこにたどり着くにはまだまだ……」

とあなたが考えているとしたら、それは、間違っている！　あなたは、この本を読んでいるのだから、準備ができているし、あなたについての真実へとリードしてくれる、すでに覚醒している誰かが必要なだけだ。それは複雑なことでもなければ、霊的実践を何年もしなければならないということでもない。私たちが全員、そもそも肉体を持って生まれてくる理由は、そのことに気づくためだ！

あなたがすべきことは、ただ静かにして、個人のストーリーの全ての考えを無視することだけだ。注意を現在に向け続ければいい。何かを考えることで、今の時間を立ち去ってはいけない。宗教、瞑想、チャネリングを通してあなたが探し求めてきたものを、あなたはすでに自分の手の中につかんでいる。今、あなたがしなければならないのは、あなたについての真実に気づくこと。そうすれば、覚醒した状態が提供する究極的な自由への道をうまく歩んでいくことができる。

❖プレゼンスとは、ハートに導かれた生き方のこと

覚醒の瞬間は、エゴ／マインドの精神構造に実体がないことを突然、認識する。覚醒を体験した肉体は、周りの世界からは覚醒以前と変わりがないように見える。しかし、満足のために五感を通して外側へ向けられていたエネルギーの焦点が、覚醒後は内側に向かうようになる。探求者もなく探求される物もないことを認識するのと同時に、幸福の探求は終わりを迎える。過去、現在、未来

について何ら考えることなく、今この瞬間に生きることが、覚醒した境地だ。初期の覚醒が悟りの境地へと深まっていくと、エゴ／マインドの誤ったアイデンティティが心の中へ吸収される。その内向きのエネルギーは、真の本質の神聖なるプレゼンス（存在）を拡大させ、マインドによる逸脱は起こることなく、プレゼンスは無条件の愛として体験される。

覚醒の重要な側面は、世の中の出来事に思いを巡らせる活発なマインドがもはやないので、日々の生活での心配事がなくなるということだ。肉体は引き続き、他の全ての肉体が体験する世の中の出来事と同様に、カルマによる計画を体験するが、現れてくる物事を拒むこともなければ物事が違っていて欲しいと願望することもない。好みはまだあるが、それらが満たされない時にも動揺することがない。覚醒した意識は、ワンネスの見地から世界を見るようになるが、ワンネスの見地による世界観には、良い、悪い、正しい、間違っているとか、私のもの、あなたのものという認識はもはや存在しない。マインドは二極性という幻想で肉体に影響を与えることがないので、多様性は「人生のスパイス」になる。違いというものはメインディッシュの中に折り重なる風味となり、一口一口《ひとくち》がプラサード（供え物）、すなわち神からのギフトとして認識される。

覚醒した意識で人としての生活を送ると、平穏で喜びに満ち、全ての可能性にオープンになる。エゴ／マインドは静かで、活発ではなくなるので何も生み出さなくなる。肉体は、現れるものに対して心の意識から自然に表現された言葉や行動によって応じるだけとなる。言葉を発したり行動することについての意識はあるが、自然にそうなるため、前もって練られた計画はそこには不在だ。

他の人たちの行動、話すことや、その理由についての意識もあるが、マインドの懸念や意見は生じず、ただそれらを明確に認識するのみだ。

覚醒後も、日々の生活でスムーズに物事が運ばない状況や、人間関係が壊れたりすることが引き続き起こるのだろうか？　確実にそうだ！　では、それらの中には修正されるべきものがあるのだろうか？　もしも心の意識が修正することが必要だと思い、肉体に修正させようと決心するなら、そうなるだろう。

覚醒をしていると、試練に直面する時に主導権を握るのは、常に真実の本質だ。そのやり方で世の中を生きていくと、個人の選択でことを進めていかなくなる。なぜなら、マインドは人生という劇の脚本家、監督、プロデューサーである神聖なる自身（大いなる全ての意識と源泉）に全てのコントロールを委ねたからだ。

❖ この肉体

本書の著者で、アルーナと呼ばれる存在は、１９９３年に覚醒した意識と共に生きることを開始した。その重要な瞬間以来、私は肉体の記憶の感情的反応を呼び起こす数多くのことを体験した。それらの感情の一つ一つは体験されることによって消えていき、そうすることで私は、覚醒前の反応的な無意識のプログラミングを脱ぎ捨てていくことができた。

覚醒後の私の肉体の人生経験を見てきた人の中には、私が対処しなければならなかった多くの試練が起こったことを引き合いに出して、私の言動は彼らの考える「覚醒している状態」とは合わないとコメントする人もいる。

彼らが理解していなかったのは、それらの出来事全ては波動の周波数を浄化し、覚醒した境地と一致しないものをエネルギー体から除去するために必要だったということだ。エゴが、真実の本質が物事に対処していく方法に完全に委ねると、古い言動は働かなくなる。すると人々は、「なぜ、困難な財政状況や人に利用されることの代わりに、安楽さと財政的な豊かさを生み出さなかったのですか？」と私に尋ねてくる。その質問には「それが必要だったからです」としか答えられない。それらの試練が苦しみを引き起こしたか？　確かに、いくつかのことは苦しみをもたらしたが、衰えていくエゴにとってのみ苦しみと感じられるものだった。

覚醒した意識と共に生きることとは、エゴが支配する人生を生きることとは大きく異なっている。エゴは、エゴが欲しい物を具現化するために、目標設定や意図の力といったマインドが生み出したテクニックを使うが、それらは人の願望を満たすために用いられる方法だ。しかし、覚醒とはエゴの支配や願望が消失することなので、何かを「具現化する」ためにマインドを使うことは、真の本質に完全に委ねられるようになるためには反生産的だといえる。真の本質は、かかわる全ての人にとって最善となるように物事に対処してくれる。

❖反応しない──動揺しない

仏教の伝統では、覚醒した人の状態を空とか無心と呼ぶ。そのような境地に至ると、人生に現れる出来事に対して反応しなくなる。そのような生き方の身近な例として、何十年もの間、世界中のニュースで頻繁に取り上げられてきたダライ・ラマを挙げたい。今回の彼の人としての転生の人生にもたらされた、全ての個人的、政治的な困難にもかかわらず、そして、チベットが中国に併合された結果、彼が直面してきた難題にもかかわらず、彼は平穏で穏やかで微笑みを絶やさず、ときおりクスクスと笑いながらも、いつも愛と慈悲に溢れている。しかも、不当な処遇を与える者たちに対して、特にそうなのだ。

❖東洋／西洋、そして、その中間

仏教やヒンズー教、さらにラマナ・マハリシのアドヴァイタ・ヴェーダーンタ哲学（不二一元論）のような東洋の悟りの伝統に従う人たちは、チャネリングを一つの現象以上のものとしてはとらえないので、彼らにとってチャネリングは覚醒とは無関係だ。西洋の思想に従う人たちはその逆で、チャネリングを高度な霊的達成の証拠として考えている多くのニューエイジ系のスピリチュアル・ティーチャーがいる。

それに対する私の見解は、覚醒には到達すべきさまざまなレベルはなく、覚醒しているか、幻想を今だに現実と信じているかのどちらかというものだ。チャネリングは幻想の一部だ。だから、チャネリングを意識が高いレベルにあることの証拠だと考えている人々は、間違っている。エゴは探求者で、自らの進歩を確証するための証拠を求めるが、悟りを開いたエゴというようなものはない。どれほどわずかでも、そこに個人のアイデンティティが残されているなら、悟りはやって来ない。

霊的現象はいつの時代も広く聴衆を引きつけたし、中には私のように、やがては覚醒を探求する人もいる。チャネリングは、霊的探索への最初の一歩を踏み出す多くの霊的現象のうちの一つだ。私の霊的探求はチャネリングを紹介してくれた本から始まり、初めてのスピリチュアル・ティーチャーはチャネリングされた存在だった。私もチャネルとして、多くの人々に同様の探求の機会を提供してきた。しかし、私がチャネリングをしていた時代、私の覚醒のためにサンジェルマンができることには限界があったため、私がパパジに会うように彼は導いてくれた。エゴは私がパパジのプレゼンスから生じた神聖なる恩寵を避ける力がなく、パパジは覚醒を触発することができた。

もし、サンジェルマンが私の覚醒が起こる前に肉体のエゴを消失させることを目的としていたら、エゴは私の肉体を通して彼が語ることを決して許さなかったかもしれない。サンジェルマンは、パパジが私を覚醒させる時に備えて、私の協力的マインドを育むという限定された役割に専念しなければならなかった。サンジェルマンが再び自分をチャネリングするように依頼してきたのは、私が覚醒してから12年後だ。エゴが自分の消失を怖れることによる妨害を私が受けずに、肉体を通してサンジェルマンが覚醒について教えることが可能になったからだ。

❖マインドには分からない

究極の真実は、肉体がどれほど多くのスピリチュアルな本を読んでも、どれほど多くのマスターのクラスに参加しようとも、マインドが手にできるものではない。真実は、心の静けさの中にのみ存在し、エゴの理解を超えている。ワンネスをマインドで理解するだけでは十分ではない。マインドが心に吸収されるためには、ワンネスは直接的に体験されなければならない。私たちの正真正銘の自身である真の本質は、認識され、開花することを待っているが、それが起こるには、私たちはマインドの活動の下にある沈黙の中へと入っていかなければならない。真の本質を求めて、多くの本を読んだり、勉強することは、反生産的でさえある。なぜならマインドを働かせ続け、覚醒した意識とは相容れない概念でいっぱいにしてしまうからだ。

❖チャネリングの位置づけ

チャネリングは、真実の領域を束の間、垣間見る可能性を与えてくれる。なぜかというと、チャネリングを学ぶと、思考と思考の合間（神聖な知恵と究極の真実が見つかる場所）を直接的に体験させてくれるからだ。思考と思考の合間は、空から湧き上がってくるものとエゴ／マインドの間の違いが明らかになる場所でもある。その場所への入り口に立つことは、一時的にせよマインドのない状態を体験し、マインドが働かない空間とはどのようなものかを知る機会だ。

チャネリングから、覚醒した意識へと移行していく鍵は、役割や伝えられたメッセージと自分を同一化しようとしないことだ。どちらも「私と私の人生」のストーリーに属するものだから、究極的な幻想だ。ニューエイジ系の思想の中には魅惑的なものもあるので、次のことを強調しておく必要がある。つまり、チャネリングの世界と関係を深めていく中で、チャネリング自体、またチャネリングによってもたらされる内容が究極の真実だという考えに陥らないように注意しなければならない。もし、そのようなことになれば、あなたは人生で最大の機会（エゴ／マインドの超越、覚醒の意識への入り口）を見失ってしまう。

空っぽになったボディ／マインドには、言動の規則も信念も限界もない。それは、何もコントロールしないし、現れるものに対しても何の抵抗もない。サンジェルマンは、「彼女を選択を超えたところへ連れて行ってください」というメモをパパジに渡すことによって、そのことを示した。覚醒した意識を持って人生を進んでいくと、選択者（エゴ）がいないので、選択肢もなくなる。起こることは全て、さえぎられることのない覚醒した人の行動の自然な表現となる。

ある人格が一時的に脇へ退いて、別の存在が自らを表現するためにその肉体を使うというチャネリングの基本的な定義は、「覚醒していない」意識の持ち主に当てはまるものである。典型的なチャネリングでは、情報は理解力が限られたマインドを通過しなければならないので、情報の一部はエゴ自身の意見や意図が付加され、ブロックされたり歪められることもある。サンジェルマンは、アセンデッドマスターの見地からは、彼らが意図することの少なくとも70%が正確であれば、メッセージの伝達は成功したと考えられる（90%正確であることは非常に珍しい）と言っている。私はチャネリングを始めた頃から、そのことを認識していたし、純粋で明確であろうと努めていたが、それでもそのような不正確さから完全に逃れることはできなかった。覚醒の時までは……。覚醒し、エゴが心に吸収された時に、先ほど述べたチャネリングの基本的な定義は妥当性を失った。伝達される内容の流れに影を差したり、制限したりする人格（エゴ／マインド）はなくなった。

❖ 最後のポイント

私のボディ／マインドから精神的な態度や意見がなくなったことで、私は、もはや多くのチャネルたちのように機能することはない。内なる静けさから何が湧き上がってこようとも、自らを好きな名前で自由に表現することができる。それが、サンジェルマンと名乗ろうとも、大天使ミカエルと名乗ろうとも、アルーナと名乗ろうとも、あるいは「アイアム意識」と名乗ろうとも違いはない。なぜなら、キリスト意識の普遍的な愛と覚醒した意識の無条件の愛は、一つであり、同じだからだ。

本書が出版される時、アルーナの肉体は日本にいるが、アルーナの本質（意識そのもの）は、あなたを含め地球上のあらゆる人の心の中にある！

アルーナ・バイヤースについて

アルーナ・バイヤースは、1999年、「アウェイクニング・コーチ（覚醒を助けるコーチ）」という言葉を初めて作り、彼女が行なっていた「コーチUトレーニング」と長年のコーチング経験をまとめ、彼女の覚醒という認知を加えて世に送り出しました。当時、アウェイクニング・コーチは他のコーチングのアプローチからは大きく逸脱したものでした。というのも、主たるフォーカスは霊的な目覚めで、物質社会での成功や人のエゴ的な開発は含まれていなかったからです。

アルーナは、1995年に物質主義へのフォーカスを止め、不動産業界でのキャリアから身を引くと、サンジェルマンやホワイト・ブラザーフッドのメンバーを意識的にチャリングし始めます。彼らとの関係の中から、彼女はスピリチュアルティーチャーとして、光のアンカー（錨）として、カウンセラー、ガイドとして世界中の多くの国でワークショップや個人セッション、講演を行ないました。

ドイツに住んでいたアルーナ（当時はリアという名前）は、1992年にインドへ行き、シュ・H・W・L・プンジャジ（パパジ）のいる場所でしばらく過ごすようにという神秘的な呼びかけを受けました。そしてその結果、1993年2月12日に霊的な覚醒を体験し、そのことはパパジによって確認されました。新たな気づきの環境が整いましたが、そ

れをより深めるプロセス（肉体／マインドの無意識なプログラミングを解放するというもの）は本当に始まったばかりでした。

彼女は、その後4年間、マインドが判断を下していた「全てのこと」に直面し、個人としてのストーリーを二度と自己証明しない（それは彼女の深めていくプロセスの主たるステップでした）ことに取り組みました。そして、パパジの肉体が死を迎えた10カ月後、パパジのエネルギーが彼女のもとに現れ、「あなたは今やサットサン（最終的真実を探求する集会）を行なう準備が整った。開催の機会がある場所へは、どこでも出向いて行って、それを行ないなさい」と伝えたのでした。

１９９８年7月に訪れた貴重な瞬間に、アルーナはスーツケースに荷物を詰め、オーストラリアのアリススプリングスに6カ月間滞在し、あるアボリジニの男性が自叙伝を書く手伝いをします。オーストラリアのアウトバックでは数カ月間、サットサンを率いる機会は到来しませんでしたが、ある日、彼女のサットサンを体験した一人の男性が、日本でサットサンを行なうように招待しました。その結果、彼女は、地球上で「心のふるさと」と呼ぶ日本を5回も訪問することになります。その後、彼女は大阪で生活しました。それは、日本における4年間におよぶサットサンの始まりで、彼女が継続して滞在した結果、いくつかの覚醒体験が起こりました。

２００２年には、さらに深く目覚めの度合いが高まり、彼女はその他に残っていた全ての役割や自己証明を手放し、教師、親、そして個人としての人生すら手放してしまいました。２００２年秋、アルーナは交通事故で被った複雑むち打ち症のため服用していた鎮痛剤「タイレノール」への過敏症反応で瀕死の状態に陥ります。回復した時、サンジェルマンは再びアルーナの覚醒におけるもっと優れた役割、チャネリング能力を使って彼のメッセージを世の中に提供するように要求しました。彼女はそれに同意しました。その結果は『Master Mesaages（マスターメッセージ）』と呼ばれる3巻セットの本にまとめられました。『Guide to Ascension（アセンションへの指南書）』と『The Days to Come（これからの日々）』、『The New Creation Story（新たな創造の物語）』と『A Manifestation of Change（変化の具現化）』が2007年10月に米国で出版（いずれも未邦訳）されました。

2008年、誰でも自分の内なる叡智に繋がることができなければならないと、サンジェルマンは「A Course in Channeling（チャネリング講座）」をアルーナと共同創生しました。それは、個人が使うものとしては、チャネリングの技術を最も深いレベルでまとめた研究資料と言えます。それはまた、明確なチャネリングを学ぶための入門書で、非常に貴重な指南書です。

本書を執筆中（2011年~2012年）に、アルーナはウルグアイで静かな生活を、日本では忙しい生活を送ることになりました。2011年3月11日に東日本大震災が起こると、数週間後に来日し、日本人に向けたサットサンを再開しました。また、海外クライアントのためにアウェイクニング・コーチングを行ない、サンジェルマンよりチャネリングで降ろされる情報を掲載したブログ2つを主宰しています。

最初のブログには、サンジェルマンの愛溢れるガイダンスが、覚醒とアセンションの全ての側面についての最新情報が掲載されています。サンジェルマンは「どのようにして」、「なぜ」覚醒とアセンションの試みをすべきなのか、必要な新情報を追加し続けています。（２０１７年11月現在、２０１４年までの記事になっています）

http://comptedesaintgermainsblog.blogspot.jp/

２つ目のブログは「Master and Mankind（マスターと人類）」と呼ばれ、大天使ミカエルによって主宰されています。その中で彼は、大天使とアセンデッドマスターの領域にいる彼の同僚の何人かと共に短く心に染みるような知恵のあるメッセージを提供しています。彼らであれば、その速いペースで問題の山積した世の中の変化に人類が対応するのを助けるのには完璧です。（２０１７年11月現在、２０１２年までの記事になっています）

http://mastersandmankind.blogspot.jp/

アルーナによる覚醒のさらなる掲載記事およびアウェイクニング・コーチをもう少し深く知りたい、どのように役立つかを知りたい方は、左記日本語サイトを訪ねてみてください。

https://www.awakeningjapan.com/

◆訳者プロフィール

中嶋 恵 Megumi Nakajima

通訳・翻訳者、スピリチュアルカウンセラー。

会議通訳、イベント通訳、ワークショップ、セッション通訳の傍ら、出版翻訳では、オラクルカード８冊の翻訳を担当。自らスピリチュアルカウンセラーとして、クライアントへのリーディング活動が好評。以前よりイギリスでのミディアムシップの勉強を重ね、ミディアムシップ・サークルでも活動中。

◆監訳者プロフィール

加藤成泰 Nariyasu Kato

翻訳者。大学院時代の専攻はドイツ文学。

都内の翻訳会社にて渉外・品質管理に従事し、担当顧客の売り上げを5倍に引き上げるなどの活躍の後、独立。スピリチュアル系からビジネス系まで幅広い翻訳に従事している。

スキップ・スワンソン Skip Swanson

米国ワシントンD.C.生まれ。南山大学留学を経て日本移住。

日本でセミナー企画会社に勤務する傍ら、多岐にわたる精神文化への造詣を深める。

1999年より人間関係コーチのパイオニアとして著名な米国のヘンドリックス博士夫妻に師事。加えてユング等をはじめとする心理学を学ぶ。多国籍的な観点と心理学的アプローチを取り入れたコーチングスキルを駆使し、個人・企業・団体を対象に15年間にわたり活動中。

通訳としては人材開発、心理学、組織開発、リーダーシップ、マインドフルネスなどさまざまな分野を担当。

覚醒の道

マスターズ・メッセンジャー

●

2017年12月15日　初版発行

著者／アルーナ・バイヤース
訳者／中嶋 恵
監訳／加藤成泰、スキップ・スワンソン

編集／磯貝いさお
本文DTP／小粥 桂

発行者／今井博央希
発行所／株式会社ナチュラルスピリット
〒107-0062 東京都港区南青山5-1-10
南青山第一マンションズ602
TEL 03-6450-5938 FAX 03-6450-5978
E-mail: info@naturalspirit.co.jp
ホームページ http://www.naturalspirit.co.jp/

印刷所／中央精版印刷株式会社

©2017 Printed in Japan
ISBN978-4-86451-254-1 C0010

落丁・乱丁の場合はお取り替えいたします。
定価はカバーに表示してあります。